中国消费大数据研究院文库

主 编：柳学信 陈立平

我国中小型零售企业联合自有品牌研究

邱 琪 王紫薇 黄苏萍 张译文 著

Research on Joint Private Brand for
Chinese Small and Medium Retailers

经济管理出版社
ECONOMY & MANAGEMENT PUBLISHING HOUSE

图书在版编目（CIP）数据

我国中小型零售企业联合自有品牌研究/邱琪等著 . —北京：经济管理出版社，2023.5
（中国消费大数据研究院文库/柳学信，陈立平主编）
ISBN 978-7-5096-9039-0

Ⅰ.①我…　Ⅱ.①邱…　Ⅲ.①中小企业—零售企业—品牌战略—研究—中国　Ⅳ.①F724.2

中国国家版本馆 CIP 数据核字（2023）第 091699 号

组稿编辑：梁植睿
责任编辑：梁植睿
助理编辑：李光萌　詹　静
责任印制：黄章平
责任校对：张晓燕

出版发行：经济管理出版社
　　　　　（北京市海淀区北蜂窝 8 号中雅大厦 A 座 11 层　100038）
网　　址：www.E-mp.com.cn
电　　话：（010）51915602
印　　刷：唐山玺诚印务有限公司
经　　销：新华书店
开　　本：720mm×1000mm/16
印　　张：18.75
字　　数：357 千字
版　　次：2023 年 5 月第 1 版　　2023 年 5 月第 1 次印刷
书　　号：ISBN 978-7-5096-9039-0
定　　价：78.00 元

中国消费大数据研究院文库

总　序

消费是最终需求，是经济增长的持久动力。我国人均 GDP 已经达到中等发达国家水平，中国整体消费水平不断提高。国家统计局公布的 2020 年国民经济运行情况显示，我国居民最终消费率接近 55%。但不论与美国、法国、日本等发达国家相比，还是与俄罗斯、巴西、波兰等与中国人均 GDP 相近的国家相比，中国的居民消费率均偏低，表明我国居民合理的消费需求并未得到很好的满足。需求不足成为制约我国经济高质量发展的主要原因之一。要想打通制约经济增长的消费堵点，增强消费对经济发展的基础性作用，需要满足居民消费升级趋势，逐渐完善促进消费体制机制，不断优化消费环境，形成强大的国内市场，逐步构建新型消费体系，通过消费升级引领供给创新，更好地发挥消费在双循环新发展格局中的基础性和引领性作用。

随着万物互联和移动互联网等成为当下颇具影响力的时代变革力量，大数据也成为企业的重要资产组成和推动行业变革发展的核心要素。数字经济和互联网已经重构了零售行业的产业结构和商业模式。如何更好地利用大数据为零售行业发展赋能，是构建新型消费体系的关键所在。一方面，在数字化的推动下，零售行业的新模式和新业态不断涌现，企业迫切需要发展新的商业模式；另一方面，零售业的核心竞争力在于能否理性洞察并满足消费者的各项需求。通过大数据的技术手段，与目标用户建立更深刻的联系，更好地满足消费者不断升级的需求。

当前我国零售行业正在发生着深刻的变革。零售行业如何结合大数据技术实现商业模式转型，增强核心竞争力，从而更好地满足消费者不断变化和升级的需求？如何融合市场驱动和大数据技术发展提供的无限可能性，通过我国有为政府的政策引领和支持，实现消费对我国经济社会高质量发展的引领和驱动作用？这不仅是零售行业面临的挑战和机遇，也是中国新时期亟须解决的重要问题。在此背景下，首都经济贸易大学和蚂蚁商业联盟于 2019 年发起成立了中国消费大数据研究院（China Institute of Consumption Big Data），通过结合蚂蚁商业联盟的商业化数据优势和首都经济贸易大学的科研优势，对蚂蚁商业联盟成员企业的大数据资源进行分析和研究，揭示中国社会消费发展的趋势和规律。中国消费大数据研究院作为联结企业、高校和政府的纽带和中枢，致力于建设中国零售行业大数据创新平台，实现研以致用，服务于我国零售行业管理实践和政府决策咨询。中国消费大数据研究院构建了以理事会和学术委员会为主要架构的治理机制，制定了《中国消费大数据研究院理事会章程》和《中国消费大数据研究院专家委员章程》等重要文件，完善了中国消费大数据研究院的组织架构、规划以及工作计划，加强科研项目管理办法、科研经费管理办法、科研奖励管理办法等制度建设，并根据研究方向和工作安排下设行业发展研究中心、生鲜标准制定中心、自有品牌研究中心、零售指数开发中心、案例与理论研究中心、人才发展培训中心共六个研究中心。来自首都经济贸易大学从事企业管理、市场营销、财务金融、大数据和统计相关领域的教授、副教授、讲师、博士后和研究生以及校外从事零售和大数据领域相关专家共计50多人投入到中国消费大数据研究院的各项工作中。

自成立以来，中国消费大数据研究院陆续发布了《中国自有品牌发展年度研究报告》《中国社区商业发展年度报告》等一系列有社会影响力的报告。特别是新冠肺炎疫情暴发后，我们于2020年组织科研力量研究和发布了《疫情对中国社区商业的影响》报告，为行业发展和政府决策提供了重要参考和指引。同时，我们也通过中国消费大数据研究院创新平台，打通高校人才培养和科学研究与社会发展和企业实践的隔阂，将社会需求和技术发展融入我们的人才培养过程，通过提供研究数据和案例让我们的学术研究更好地服务于国家战略和社会需求。目前，中国消费大数据研究院已经成为首都经济贸易大学工商管理学科服务中国商业发展的高端智库以及培养专业人才的重要平台。作为国内首家专门致力于消费大数据研究的平台，中国消费大数据研究院连续举办了多次高水平学术研讨会，促进政府、研究机构、行业和企业之间的沟通和交流，更好地服务于我国零售行业的高质量发展。2021年7月，依托中国消费大数据研究院，中国高等院校市场学研究会专门成立零售管理专业委员会，进一步团结高校从事零售领域教学与研究的学者和研究机构，开展学术和教学方面的交流。未来，中国消费大数据研究院将继续深耕学术研究，持续发挥智库作用，推动政、产、学、研深度融合，推动中国零售行业健康发展，为促进中国经济高质量发展贡献力量。

首都经济贸易大学工商管理学院院长

中国消费大数据研究院院长

柳学信

前　言

近年来，科技的发展加剧了零售业的竞争程度，实施自有品牌战略已经成为国内零售商实现差异化竞争和促进转型升级的有效途径。同时，受经济下行的影响，自有品牌的高性价比也受到了消费者的广泛关注。虽然从整体来看，我国自有品牌的总体份额较低，但是从发展速度来看，自有品牌市场增速已达22.7%，是同期快消品市场的12倍以上（达曼国际、凯度消费者指数，2020）。由此可见，我国自有品牌正在迎来发展的高光时刻，值得我们对其进行研究。

自有品牌产品作为消费品市场的一个重要组成部分，已经引起了学术界的兴趣。但就当前的学术研究来看，现有成果更多地集中于大型零售商，对于国内中小型零售商自有品牌开发的研究相对不足。但事实上，中小型零售商是我国零售市场的主体力量，其在资源禀赋上与大型零售商存在较大差距，这就导致其自有品牌运营的目标设定、实现路径、发展问题截然不同。因此，研究中小型零售商自有品牌开发情况对丰富和完善自有品牌研究具有重要意义。

本书整体分成十一章内容。第一章从宏观和微观两大角度出发对我国零售环境进行分析，揭示了中小型零售商在开发自有品牌过程中面临的机遇和挑战。第二章描述了国内外自有品牌的发展历程，并对我国中小型零售商自有品牌开发进行了重点介绍。第三章和第四章采用文献综述的方式分别从企业视角和消费者视角对现有自有品牌的研究成果进行了回顾。第五章至第八章采用我国中小型零售商的企业资源计划（Enterprise Resource Planning，ERP）数据，揭示了近年中小型零售商经营及其联合自有品牌的发展情况。第九章和第十章采用案例研究法，探索了蚂蚁商联的自有品牌开发情况与零供关系。第十一章探讨了政策建议和管理启示。

本书的主要研究发现如下：

第一，中小型零售商实施自有品牌战略中机遇与挑战并存。从宏观环境来看，中小型零售商的机遇主要包括政策支持、经济增速放缓和数字化技术发展三大方面，面临的挑战则包括新冠肺炎疫情影响和消费者信任度低两大方面。从微观环境来看，中小型零售商的机遇包括零制关系融合和自有品牌市场广阔两大方面，面临的挑战主要包括与供应商的议价能力弱、与大型零售商的竞争力弱、行业进入壁垒低、受自有品牌替代品威胁大、行业竞争程度大五大方面。

第二，自有品牌研究的企业视角包括零售商视角、制造商视角、零售商和制造商双重视角。学者已从不同利益方的角度、不同的决策考虑点、不同的前提对自有品牌进行了剖析，研究主题众多，涉及全面。从零售商视角出发，研究内容包括自有品牌开发动机研究、引入决策研究、供应链研究、战略管理研究和策略研究五大方面。从制造商视角出发，研究内容包括自有品牌的影响研究和制造商应对策略研究两大方面。从零售商和制造商双重视角出发，研究内容包括双方的博弈研究和福利影响研究两大方面。

第三，影响自有品牌购买意愿的因素包括内部线索和外部线索两大方面。内部线索是消费者因素的集合，包括消费者心理因素、购买行为因素和人口统计因素三大方面。外部线索则反映了非消费者因素，包括产品因素、零售商因素、制造商因素和促销因素四大方面。

第四，自有品牌为我国中小型零售商经营做出了重要贡献。从自有品牌的整体发展情况来看，自有品牌的销售贡献、毛利贡献和订单贡献均处于增长态势，这也证实了自有品牌的发展潜力好。从自有品牌的品类发展情况来看，中小型零售商主要选取了市场集中度不高的大型品类和进入市场规模较小的品类来开发自有品牌。从自有品牌的业态发展情况来看，大卖场处于领先发展地位，其次为便利店，最后为大型超市和小超市。从自有品牌的地区发展情况来看，自有品牌的地域发展存在不平衡，其中北部地区处于领先发展地位，其次为中部地区，最后为东部和南部地区。

第五，蚂蚁商联的案例为我国自有品牌开发提供了成功经验。从蚂蚁商联的自有品牌开发战略来看，未来中小型零售商可以从便利店业态打造、线上渠道运营和消费需求满足等方面开发自有品牌。从蚂蚁商联和蓝亨啤酒的关系来看，未来中小型零售商可以通过与供应商建立信任机制、培养自有品牌专业团队、建立沟通机制等方式来重建零供关系，最终达到合作共赢的目的。

致 谢

本书的完成要特别感谢蚂蚁商联董事长吴金宏、副总经理金光、食品开发负责人陈佩佩、非食品开发负责人周小波、全渠道负责人李登辉，以及蚂蚁商联前员工张帆和陈钊，感谢他们在实地调研、大数据提取和企业资料方面给予的鼎力支持。

我们也要感谢北京码上赢网络科技有限公司的 CEO 王杰祺和 CTO 郗金甲在数据提取方面给予的大力支持。河北蓝亨啤酒有限公司总经理吴晓峰和自有品牌总监王俊秀在访谈和资料方面提供了很多有力的帮助，我们向他们表示由衷的感谢。

特别感谢首都经济贸易大学的陈立平教授，陈教授对于中国的零售行业拥有丰富的理论和实践经验，不仅为我们提供了很多行业相关的宝贵洞见，在报告形成过程中给予了诸多帮助和指导，还协调安排了零售企业的实地参访，为本书的形成做出了重要的贡献。此外，我们还要感谢首都经济贸易大学工商管理学院的教师李林泽和徐志轩，感谢他们在数据提取方面提供的大力支持。

目　录

第一章　我国中小型零售商面临的机遇与挑战 ………………………… 1

一、我国中小型零售商面临的机遇 ……………………… 4

二、我国中小型零售商面临的挑战 ……………………… 6

第二章　自有品牌的发展历程 …………………………………………… 9

一、全球自有品牌的发展历程 …………………………… 13

二、中国自有品牌的发展历程 …………………………… 18

三、中国中小型零售商自有品牌的发展情况 …………… 21

第三章　企业视角下的自有品牌研究综述 ……………………………… 25

一、基于零售商视角的自有品牌研究 …………………… 28

二、基于制造商视角的自有品牌研究 …………………… 36

三、基于零售商与制造商双重视角的自有品牌研究 …… 38

四、研究评述 ……………………………………………… 40

第四章　消费者视角下的自有品牌研究综述 …………………………… 41

一、内部线索 ……………………………………………… 45

二、外部线索 ……………………………………………… 51

三、影响机制 ……………………………………………… 57

四、研究评述 ……………………………………………… 61

第五章　中小型零售商自有品牌整体发展情况 ………………………… 63

一、中小型零售商自有品牌销售情况 …………………… 66

二、中小型零售商自有品牌毛利情况 …………………… 68

三、中小型零售商自有品牌订单及客单价情况 ⋯⋯⋯⋯⋯ 72

四、中小型零售商自有品牌贡献情况 ⋯⋯⋯⋯⋯ 76

五、小结 ⋯⋯⋯⋯⋯ 77

第六章 中小型零售商自有品牌品类发展情况 ⋯⋯⋯⋯⋯ 79

一、中小型零售商自有品牌品类开发情况 ⋯⋯⋯⋯⋯ 82

二、自有品牌优势品类发展情况 ⋯⋯⋯⋯⋯ 89

三、自有品牌品类发展情况 ⋯⋯⋯⋯⋯ 95

四、小结 ⋯⋯⋯⋯⋯ 160

第七章 中小型零售商自有品牌业态发展情况 ⋯⋯⋯⋯⋯ 163

一、中小型零售商自有品牌各业态销售情况 ⋯⋯⋯⋯⋯ 165

二、中小型零售商自有品牌各业态毛利情况 ⋯⋯⋯⋯⋯ 170

三、中小型零售商自有品牌各业态订单及客单价情况 ⋯⋯⋯⋯⋯ 179

四、中小型零售商自有品牌各业态品类销售情况 ⋯⋯⋯⋯⋯ 187

五、小结 ⋯⋯⋯⋯⋯ 193

第八章 中小型零售商自有品牌地区发展情况 ⋯⋯⋯⋯⋯ 195

一、中小型零售商自有品牌各地区销售情况 ⋯⋯⋯⋯⋯ 197

二、中小型零售商自有品牌各地区毛利情况 ⋯⋯⋯⋯⋯ 200

三、中小型零售商自有品牌各地区订单及客单价情况 ⋯⋯⋯⋯⋯ 206

四、中小型零售商自有品牌各地区品类销售情况 ⋯⋯⋯⋯⋯ 210

五、小结 ⋯⋯⋯⋯⋯ 215

第九章 蚂蚁商联：自有品牌的众创之路 ⋯⋯⋯⋯⋯ 217

一、蚂蚁商联创业历程 ⋯⋯⋯⋯⋯ 219

二、中国零售业的巨变 ⋯⋯⋯⋯⋯ 221

三、蚂蚁商联的多品牌战略 ⋯⋯⋯⋯⋯ 225

四、总结与业绩 ⋯⋯⋯⋯⋯ 236

五、展望未来 ⋯⋯⋯⋯⋯ 238

第十章 蚂蚁商联零供关系案例研究 ⋯⋯⋯⋯⋯ 241

一、蚂蚁商联简介 ⋯⋯⋯⋯⋯ 243

二、蚂蚁商联主营业务 ⋯⋯⋯⋯⋯ 245

三、支持机构 ………………………………………………… 249

四、蚂蚁商联的特色与优势 …………………………………… 251

五、蚂蚁商联的供应链 ………………………………………… 254

六、蚂蚁商联的零供关系 ……………………………………… 257

七、以蓝亨啤酒厂为例 ………………………………………… 258

八、发展建议 …………………………………………………… 262

第十一章　政策建议和管理启示 ……………………………… 265

一、政策建议 …………………………………………………… 267

二、管理启示 …………………………………………………… 268

参考文献 ………………………………………………………… 273

第一章

我国中小型零售商面临的机遇与挑战

从移动互联网的兴起带动电商腾飞，到"新零售"概念的诞生，互联网巨头布局实体零售，通过数字化手段对这一传统行业进行改造，再到2020年初暴发的新冠肺炎疫情加速消费者购物观念的转变……十多年来，我国零售业格局正在以前所未有的速度被颠覆、被重塑。

在这一背景下，我国中小型零售商普遍面临盈利能力不足的压力，它们迫切需要新的发力点来提升盈利能力，自有品牌是一个不错的选择，越来越多的零售商关注并实施自有品牌战略。自有品牌是指带有零售商选择的品牌名称并且完全由零售商拥有、控制和销售的产品（Kumar & Steenkamp，2007），它的发展在一定程度上代表了零售商的实力水平，是未来零售市场重要的发展方向，也是零售市场发展程度的重要指标。

根据达曼国际和凯度消费者指数共同发布的《2021年中国自有品牌行业发展白皮书》，2020年中国自有品牌市场总体增速达到22.7%，相较于同期快速消费品市场1.8%的增速，是其12倍以上（见图1-1）。由此可见，我国自有品牌正在迎来发展的高光时刻，值得我们对其进行研究。

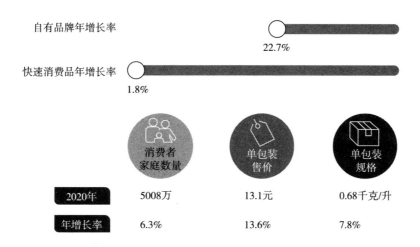

图1-1　2020年自有品牌增速是快速消费品增速的12倍以上

资料来源：笔者根据《2021年中国自有品牌行业发展白皮书》整理。

目前来看，自有品牌在大量市场和类别中的日益渗透、消费者主体的变化以及消费者对其广泛的接受，增强了零售商开发自有品牌的兴趣。此外，自有品牌产品作为消费品市场的一个重要组成部分，也引起了学术界的兴趣。就当前的市场研究和学术研究来看，学者的关注点仍集中于大型零售连锁企业和大型零售电商，关于国内中小型零售商自有品牌开发情况的分析屈指可数。因为中小型零售商是我国零售市场的基石，很多敏锐的中小型零售商已经发现自有品牌的发展潜力并率先进行了相关尝试，因此我们需要提高对中小型零售商的关注，掌握其自有品牌开发情况，帮助他们更好地进行品牌决策。

本着这一目的，我们与国内首屈一指的中小型零售企业联盟——蚂蚁商联合作，通过多种途径收集了多角度的相关数据，组织并撰写了本书。本书具有以下三个鲜明的特点：第一，本书的研究对象为我国的中小型零售商，它们是我国零售市场发展的主体力量；第二，本书采用我国中小型零售商的企业资源计划（ERP）数据进行数据挖掘，具有一定的前瞻性；第三，本书从消费者和企业双重视角回顾了自有品牌的相关研究，为学界和企业界提供了参考依据。

本章后续将分析近年来我国中小型零售商在发展自有品牌过程中所面临的机遇和挑战，其中第一部分为我国中小型零售商所面临的机遇，第二部分为我国中小型零售商所面临的挑战。

一、我国中小型零售商面临的机遇

零售环境的改变会影响我国中小型零售企业对自有品牌的开发，因此我们将对零售环境进行分析，揭示中小型零售商自有品牌战略的实施机遇。零售环境分析包括宏观环境和微观环境两大部分，其中宏观环境分析主要运用 PEST 分析方法，包括政策环境分析、经济环境分析、社会环境分析与技术环境分析；微观环境分析主要运用波特五力分析方法，包括供方议价能力分析、买方议价能力分析、新进入者威胁分析、替代品威胁分析与现有市场竞争程度分析。

（一）宏观环境分析

1. 供给侧结构性改革政策推动自有品牌发展

供给侧结构性改革的贯彻落实是我国经济结构转型的重要举措。供给侧结构性改革的深层推进能够极力改善传统行业的环境，零售业就是改革重点之一。在 2016 年 11 月 11 日，国务院办公厅印发了《关于推动实体零售创新转型的意见》，其中明确指出在供给侧结构性改革背景下，实体零售企业需要加快商业创新模式，强化市场需求研究，改变引厂进店、出租柜台等传统经营模式，将自有品牌视为企业核心竞争力的要素之一。由此可见，我国已在制度层面重视自有品牌的发展，能够为零售企业给予相应的政策条件支持。

2. 经济增速放缓促进高性价比商品的选择

近年来，随着我国经济体量的逐渐扩大、劳动力资源环境约束的不断增强，我国经济增速逐步放缓。根据经济发展的一般规律，经济下行时消费者更在乎性价比，也更愿意选择自有品牌（Lamey et al.，2011）。由于自有品牌归零售商所有，它可以省略中间环节在商品定价上占据优势。一般而言，自有品牌的商品价格为同类制造商品牌产品的80%，具有较高的性价比。由此可见，在我国整体经济增速放缓的背景下，自有品牌将迎来良好的增长机会。

3. 数字化的发展带动零售业赋能升级

近年来，随着人工智能和5G的快速落地和应用，数字化在驱动零售行业发展中扮演着越来越重要的角色。目前来看，数字化赋予了零售企业更强大的消费者信息收集能力、更专业的消费者信息分析能力以及更灵活的消费者互动能力。与传统制造商相比，零售商位于零售终端，与消费者有着更近的距离，信息技术的发展又进一步扩大了零售商的这一优势。"数据是第一生产力"，零售商们可以通过线上和线下的浏览或购买数据来明确消费者的需求。由此可见，在大数据时代，数字化转型对于零售商产品研发来说是巨大的优势，为自有品牌开发提供了坚实的基础。

（二）微观环境分析

1. 零制融合关系助力自有品牌开发

在传统的商超运营体系中，制造商和零售商分别位于产业链的上游和下游，各自承担着生产与销售的工作，两者之间仅存在单向的供给关系。但近年来，零售商开始涉足产业链上游的研发生产，使双方的关系从原有的互不干涉转变为现有的合作融合。实质上，自有品牌是制造商和零售商以各自比较优势共同完成的产物，其中，制造商提供的是专业且强大的按需定制的生产能力，零售商提供的是强大的数据收集和分析能力。这种零制融合一方面使制造商通过稳定的零售商订单获取收益，另一方面使零售商获得了规模经济和范围经济，满足了双方各自的利益需求（王晓平，2018）。由此可见，自有品牌的开发为制造商和零售商提供了一种新型合作模式，使它们可以相互扶持、相互培养，形成"1+1>2"的协同效应。

2. 我国自有品牌市场发展空间广阔

虽然我国自有品牌持续多年保持强劲增长，增速从未低于8.5%，但从总体市场规模来看，我国自有品牌市场占有率仍只有1%~2%，渗透率低。目前来看，我国自有品牌市场仍属于蓝海市场，发展潜力巨大。零售商们可以通过大数据洞察趋势、适配业态、抓住细分机会来持续深耕已有品类，或是利用终端优势发掘自有品牌发展空间、适配新的生活方式来拓宽品类边界。

二、我国中小型零售商面临的挑战

本部分将对宏观和微观两大环境进行分析，揭示中小型零售商在发展自有品牌过程中所面临的挑战。

（一）宏观环境分析

1. 中小型零售商的需求、供给和运输受新冠肺炎疫情影响较大

零售行业的发展高度依赖市场需求端、生产供给端、产品运输端，但在新冠肺炎疫情下，这三大端口均受到不同程度的打击。首先，从市场需求端来看，受疫情防控和线上消费的影响，消费者对线下购物的需求减少，更多依赖社区团购、无接触式配送等服务，这就导致线下零售商的店铺客流锐减、货物挤压，使其承受了较大的租金压力和人力成本。其次，从生产供给端来看，受新冠肺炎疫情期间停工、停产的影响，部分供应商存在生产困难的情况，这就导致商品原材料价格上升、供应链中断等问题的产生。最后，从产品运输端来看，新冠肺炎疫情因素造成了物流成本上升、货物周期不稳定等问题。由此可见，对于我国很多中小型零售企业而言，新冠肺炎疫情带来的不仅是机遇，更是一项多维度的挑战。

2. 消费者对自有品牌信任度较低

随着人民生活水平的提高，我国消费者越来越追求生活品质、注重产品质量，但如今的中国市场上产品质量问题频发，在食品安全领域问题尤为严重。对于零售商而言，在自有品牌开发过程中如何进行质量管理是一个难题，而在自有品牌上市推进过程中如何让消费者相信品牌的质量更是一项挑战。在其他质量来源缺乏的情况下，品牌是质量安全的一个重要参考指标，消费者会依赖品牌确定商品质量并确定购买意愿。但由于中小型零售商的品牌知名度较低，难以为其自有品牌产品做背书，因此在自有品牌初入市场阶段，中小型零售商存在赢得消费者认可困难的问题。

（二）微观环境分析

1. 中小型零售商与供应商的议价能力较弱

目前来看，中小型零售商缺乏独立开发自有品牌的实力，需要依靠制造商的

力量进行研发生产，决定中小型零售商与供应商议价能力的因素主要是零售商的采购量对于供应商的重要性。然而，中小型零售商存在一个天然的劣势，即它们的市场占有率很低、市场资源有限，这使它们给出的自有品牌生产订单相对较少。事实上，现有很多中小型零售商能够给出的自有品牌订单根本无法满足制造商的最低起订量要求，即使达成了起订要求，其起订量也往往难以实现规模经济。这一劣势直接导致中小型零售商对供应商的议价能力和控制能力相对较弱，在自有品牌产品开发中受到限制。

2. 大型零售商的竞争优势显著

决定消费者议价能力大小的因素包括中小型零售商的相对市场份额、产品差异性、品牌认可度，但目前来看，中小型零售商在这三大因素上均处于弱势地位。首先，从相对市场份额来看，相较于沃尔玛、盒马鲜生等大型零售企业，中小型零售商虽然数目较多，但市场份额远不及这些大型企业。其次，从产品差异性来看，中小型零售商给予自有品牌的资源投入有限，开发的自有品牌仍处于模仿制造商品牌阶段，创新性低、同质化严重、竞争力弱。最后，从品牌认可度来看，由于中小型零售商的知名度较低，它们在构建消费者认可度方面存在明显劣势，自身品牌力量难以维持消费者信任与品牌认可。

3. 零售行业进入壁垒较弱导致潜在进入者威胁较大

在以前，新进入者想要进入零售行业，需要进行大量固定资产投资以完成所有零售活动，但近年来，外包、分包模式的出现使新进入者可以与其他零售商分担固定资产投资，大大降低了进入市场的必要资本量。此外，自有品牌的蓝海性质一方面为中小型零售商提供了发展的机遇，另一方面也引来了潜在竞争者的觊觎。与大型零售商相比，中小型零售商缺乏雄厚的经济实力，这就导致中小型零售商很难忽略潜在进入者的威胁，需要在维持正常运营与提高盈利水平之间保持一个平衡。

4. 中小型零售商自有品牌的替代品威胁较大

中小型零售商自有品牌的替代品主要有两类，一类为同类制造商品牌，另一类为其他零售商自有品牌。决定替代品威胁性的主要因素包括替代品价格、转换成本以及消费者对替代品的接受程度。由于中小型零售商开发的自有品牌创新含量较低、同质化水平高，即便自有品牌能够在价格上占据制造商品牌优势，与其他零售商自有品牌相比，也难以取得绝对优势。同时，由于它们开发的自有品牌处于完全竞争市场，消费者的经济、时间、精力转化成本均较低，对于替代品的接受程度也较高。

5. 零售行业内部竞争激烈

我国的自有品牌发展面临着激烈的市场竞争。除了来自传统制造商品牌的挑战，我国零售商发展自有品牌时还面临着来自国外零售商的挑战。中国市场的发展潜力逐渐得到了全世界的认可，越来越多的国外零售企业开始进入中国市场。这些零售企业发展相对成熟，拥有较高的管理和运作水平、充足的资金经验人才储备以及良好的产品品质和服务，给中国的零售商及其自有品牌带来了很大的冲击。此外，电子商务的兴起使很多小型供应商拥有了直接面对消费者销售的途径，其产品品类多样、定位明确、性价比高，形成了一股强大的竞争力量。甚至很多购物平台也相继推出了自有品牌，如网易严选、淘宝心选、京东京造等，进一步加剧了市场竞争密度和强度。

第二章

自有品牌的发展历程

伴随着我国零售业竞争的日趋白热化，零售商普遍面临盈利能力不足的压力，他们迫切需要新的发力点来寻求经营突破、提升自身价值。同时，受新冠肺炎疫情的影响，消费者出于收入下滑等原因，其消费行为越来越趋于理性。在此背景下，自有品牌以其高毛利率、高性价比等优势受到了供需双方的共同重视。

自有品牌又称商店品牌，是指零售商创立并拥有的品牌。具体来说，这是零售商通过收集、整理、分析消费者对某类商品的需求后开发出来的产品，且该产品从设计、原料、生产到经销环节都会受到零售商的控制（李辉等，2016；张庆伟，2017）。

开发自有品牌有助于提高零售商利润、消费者忠诚度以及竞争力（谢庆红、罗二芳，2011；徐乔梅，2016）。具体如下：

第一，提高零售商利润。企业经营的最终目的在于获得利润，这也是零售商进行自有品牌开发的根本出发点。零售商开发自有品牌时，通常拥有更低的采购成本，外加中间商环节的省略，大幅度降低了流通成本，从而使自有品牌的毛利润率会比制造商品牌高出 25% ~ 30%（陈亮、唐成伟，2011）。此外，有研究发现，零售商不仅可以在自有品牌本身中获取利润，还可以通过压制制造商的利润提高自身利益（张赞，2009）。

第二，提高消费者忠诚度。零售商作为供应链中最先触及消费者的企业，这意味着他们可以更好地感知消费者的需求变化，并通过开发自有品牌来提高自身产品的多样性和差异性，最终提高顾客的满意度和忠诚度。同时，由于自有品牌的销售渠道具有排他性，若消费者是自有品牌的忠实顾客，那么消费者就极有可能因为产品无可替代的购买渠道，成为该零售商的忠实顾客（杨德锋、王新新，2007）。

第三，提高零售商竞争力。自有品牌不仅可以大幅提高零售商在与同行进行水平竞争时的差异化优势，还可以增加零售商在与制造商进行垂直竞争时的议价优势。在水平竞争中，自有品牌可以提高产品的差异化和市场进入壁垒，从而使其他零售商处于不利地位（张弘、昝杨杨，2016）；在垂直竞争中，自有品牌可以减少零售商对制造商的依赖，提高零售商的议价能力，进而提高其在供应链中的话语权和市场地位（Morton & Zettelmeyer，2004；Groznik & Heese，2010）。

面对开发自有品牌带来的多方面优势，越来越多的零售商开始重视并实施自有品牌战略。由表 2-1 可知，知名零售商如乐购、沃尔玛、宜家等旗下都有自有品牌，而且大部分零售商的自有品牌涉及品类众多，几乎涵盖了消费者的日常生活需要。

表2-1　各国零售商自有品牌示例

零售商	所属国家	主要自有品牌	涉及品类
马狮百货	英国	圣米高	服装、鞋类、日用品、酒类等
乐购	英国	Tesco Value、 Tesco Standard、 Tesco Finest	日用品、生鲜、零食、家庭用品等
沃尔玛	美国	惠宜、 沃集鲜、 George	惠宜：包装食品和快销品； 沃集鲜：鲜食； George：服饰、家居家纺、餐厨用具
家乐福	法国	福斯莱、 家乐福杂货、 家乐福质量体系、 TEX	福斯莱：电子类产品； 家乐福杂货：日用品、食品、饮料； 家乐福质量体系：生鲜； TEX：服饰
迪卡侬	法国	KIPSTA、Kalenji、 Domyos（动悦适）	体育用品
宜家	瑞典	Sandomon、Expedit、 Moment	以家具为主
永旺	日本	特惠优	食品、服饰、家居品
麦德龙	德国	宜客、荟食、METRO Chef、 METRO Professional、 喜迈、亭轩	宜客：食品和非食品基础商品； 荟食：零食和个人护理； METRO Chef：优质食品； METRO Professional：专业级非食品和洗化类产品； 喜迈：办公文具用品； 亭轩：家居品和季节性商品
永辉超市	中国	馋大狮、田趣、 优颂、超级U选	馋大狮：零食； 田趣：米面粮油等家庭食品； 优颂：家居品； 超级U选：海鲜肉类、生鲜蔬菜、干副食品
盒马鲜生	中国	盒马蓝标、盒马金标、 盒马黑标	盒马蓝标：基础商品； 盒马金标：特色品； 盒马黑标：星制品

资料来源：笔者整理。

本章后续将对自有品牌发展历程进行简要描述和分析，其中第一部分主要介绍全球自有品牌的发展历程，第二部分主要介绍中国自有品牌的发展历程，第三部分主要介绍中国中小型零售商自有品牌的发展情况。

一、全球自有品牌的发展历程

全球自有品牌发展最早可以追溯到 1882 年，截至 2022 年已有 140 年的历史。纵观自有品牌的发展历程，我们认为其有四个关键时间点，如图 2-1 所示。

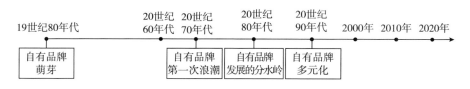

图 2-1 全球自有品牌发展历程

注：本部分未提及中国的零售商，本章会在后续"中国自有品牌的发展历程"中具体分析。
资料来源：笔者整理。

（一）19 世纪 80 年代：自有品牌萌芽

近现代真正意义上的自有品牌诞生于 19 世纪 80 年代。究其产生原因，主要有两点：一是内在原因，即连锁经营模式。连锁经营的出现促进了零售商组织规模的扩大，使其具有了开发自有品牌的实力。二是外在原因，即零售商与制造商、竞争对手之间的博弈。在 19 世纪 80 年代，制造商们凭借着在 19 世纪 50 年代诞生的制造商品牌获得了供应链中的主导地位，因此当时的零售商处于与实力强大的制造商和同行竞争对手双重的博弈之中，生存并不容易，而这也给自有品牌的开发带来了有效的外部刺激。

在内因和外因的双重作用下，英国玛尔科公司在 1882 年最先打造了自有品牌产品，自此开启了自有品牌的发展史。

如表 2-2 所示，在 1880～1970 年产生了很多知名的自有品牌零售商。这些零售商是以自有品牌建厂，共分成大型零售商、专业零售商以及中小型零售商联盟三类。大型零售商主要是指百货店、大型超市、大型专业店，如克罗格、乐购、沃尔玛等；专业零售商主要是指专门经营某一类商品的商店，如宜家单一销售家具，丝芙兰单一销售美妆产品等；中小型零售商联盟主要是指由一群独立的中小型零售商组建而成的联盟组织，中小型零售商独立开发自有品牌存在实力不足的问题，因此以联盟的形式联合开发自有品牌，如国际独立零售商联盟（Independent Grocers Alliance，IGA）。

表 2-2 1880~1970 年建立的全球知名自有品牌零售商

零售商业态	零售商名称	所属国家	建立年份
大型零售商	克罗格（Kroger）	美国	1880 年
	乐购（TESCO）	英国	1919 年
	LIDL	德国	1930 年
	家乐福（Carrefour）	法国	1959 年
	塔吉特（TARGET）	美国	1961 年
	沃尔玛（Walmart）	美国	1962 年
	阿尔迪（ALDI）	德国	1913 年
	麦德龙（METRO）	德国	1964 年
专业零售商	皇家阿霍德（Ahold）	荷兰	1887 年
	宜家（IKEA）	瑞典	1943 年
	Trader Joe's	美国	1967 年
	丝芙兰（SEPHORA）	法国	1969 年
中小型零售商联盟	国际独立零售商联盟（IGA）	美国	1926 年
	SPAR	荷兰	1932 年

资料来源：笔者整理。

值得注意的是，从整体来看，1880~1970 年自有品牌的增速并不快，仍处于萌芽阶段。究其原因，主要有两点：一是虽然这一时期诞生了许多零售商，但是这些企业并不是在建立初期就即刻开始打造自有品牌；二是制造商们创造性地应用了包括电视广告在内的多种营销手段，在消费者心目中构建了良好的品牌认知度和好感度，获取了巨大的品牌优势，进而导致自有品牌的购买量并没有显著增长。

（二）20 世纪 70 年代：自有品牌第一次浪潮

20 世纪 70 年代初，西方国家出现了经济滞胀危机。这次危机对零售商是一次机遇，促进了低端自有品牌的快速发展。

自有品牌的第一次浪潮主要源自消费者需求的变化和制造商带来的压力。从消费者端来看，经济危机产生的持续通货膨胀使消费者对于价格的敏感度大幅度上升，结果就是消费者更加喜欢购买低质低价的商品。从制造商端来看，经济下行的压力导致其利润受损，为保证利润，制造商不断上提产品的批发价格，给零售商带来了很大的经营压力。

为了满足消费者的需求变化以及提高自身的利润空间，零售商开始发展自有品牌计划。他们主要从消费者日常所需的耐用品入手，采用简陋的包装以低廉的价格进行销售，并与小型制造商合作生产。这些初代自有品牌产品虽然质量不高、包装简陋、不做营销，但其最大的优势是低廉的价格。毫无悬念，这次的自有品牌计划迎合了消费者的喜好，大为畅销。这促使零售商意识到经营自有品牌是一个能与制造商相抗衡的决策，但因为国内的目标顾客有限，所以在20世纪70年代，零售巨头为了扩大自有品牌的目标顾客群，开始了海外市场的开拓计划。

如表2-3所示，1970~1980年，国际市场上比较知名的一些零售商纷纷建立，如大型零售商7-11、开市客，专业零售商迪卡侬和中小型零售联盟组织——食品零售商的协同连锁（CGC）。从表2-3中可以看到，这一阶段自有品牌零售商开始出现在亚洲国家，其中有些零售商是通过吸取西方国家经验，而后在本国采取自有品牌的策略。例如，CGC创始人就是在美国学习了先进的经验，回到日本之后组建了该联盟组织。

表2-3　1970~1980年建立的全球知名自有品牌零售商

零售商	性质	所属国家	建立年份
7-11	大型零售商	日本	1973年
食品零售商的协同连锁（CGC）	中小型零售商联盟	日本	1973年
开市客（Costco）	大型零售商	美国	1976年
迪卡侬	专业零售商	法国	1976年

资料来源：笔者整理。

（三）20世纪80年代：自有品牌发展的分水岭

从19世纪80年代到20世纪80年代，自有品牌已有100年的历史。但在这100年中，人们普遍认为自有品牌不具有价格和质量的优势，难以与制造商品牌抗衡。然而这一状况在20世纪80年代得以转变。

具体来看，20世纪80年代，西方国家的经济危机得到缓解，经济逐渐恢复。随着经济的复苏，消费者开始关注到自有品牌的缺点——质量问题。相当一部分消费者将自有品牌看作制造商品牌的低质低价替代品，因而当个人收入开始提升后，消费者就转向购买质量更好的制造商品牌。这种趋势就导致了自有品牌占有率和经济呈负相关的关系，即占有率在经济下行时上升，在经济上行时下降（Lamey et al.，2007）。

在此背景下，为谋求进一步发展的零售商开始注重自有品牌的质量，将自有品牌从低质低价向高性价比的品牌转变。通过这一举措，在 20 世纪 80 年代，大量高性价比的自有品牌产生。这也就是学者将 20 世纪 80 年代作为自有品牌发展分水岭的原因。

20 世纪 80 年代到 90 年代，在国际市场上，产生了两个较为知名的大型零售商，即美国山姆（1983 年成立）和日本永旺（1989 年成立）。山姆是沃尔玛旗下的一个高端会员制商店，商品种类丰富，如电子产品、日用品、服装、食品等，而永旺是日本最大的零售企业，经营着多项业务，如百货超市、食品超市、药品销售等。

（四）20 世纪 90 年代：自有品牌多元化

20 世纪 90 年代后，自有品牌开发进入了一个多层次、多元化的发展时期。之后的自有品牌所追求的已不再是对标制造商品牌，而是超越制造商品牌。

20 世纪 90 年代后，零售商的组织化程度不断提高，外加电商元素的融入（如 1994 年成立的大型零售商亚马逊），他们在供应链中具有了更大的影响力。这些零售商们一方面向生产端延伸，扩展了产品领域和种类，对产品的设计和质量提出更严格的要求，对产品生产的成本进行有效的控制，甚至进行完全的自主研发生产，真正实现产品的物美价廉；另一方面向消费端延伸，更充分利用自己的渠道优势，对消费者进行更有力的品牌宣传和销售推广，推动品牌建设。这些举措说明零售商开始将自有品牌作为企业发展战略，对其进行完整的规划和把控，将其看作"真正的品牌"加以经营。零售商充分利用自己对市场的了解，为自有品牌进行更准确的市场定位并注入更多的创新基因，打造良好的产品形象，致力于让自有品牌成为消费者心目中不可替代的存在。

通过对全球自有品牌发展历程的分析，我们做出如下总结：

第一，自有品牌诞生的目的就是帮助零售商与制造商竞争，用于提高零售商的盈利。在与制造商品牌博弈的过程中，自有品牌受到了持续而灵活的调整，最后发展为如今的多层次品牌。

第二，从整体来看，全球的自有品牌发展可以分成四个阶段，但从局部来看，由于国情、零售商的组织化程度、相关制造业的程度等方面的不同，各国的自有品牌发展历史会有所差异。以日本为例，它的自有品牌发展是从 20 世纪 60 年代开始的，经历了三次热潮：20 世纪 70 年代到 80 年代的第一次热潮，20 世纪 90 年代的第二次热潮，2007 年次贷危机至今的第三次热潮。从最初的无品牌演变为现在的高性价比、实用性、个性化品牌（张满林、付铁山，2016）。

第三，全球自有品牌基本是从第一代无名品牌开始，然后经历模仿品牌、高端品牌，最后发展到第四代的创新品牌（见图2-2）。如子图（a）所示，第一代无名品牌，除了品牌名称和价格标签，没有任何品牌名称标识，也没有企业名称，低价是这类自有品牌的特征。一般而言，这是早期开发自有品牌的一种策略，可以帮助零售商节约成本。第二代模仿品牌，顾名思义，模仿制造商品牌的包装设计。子图（b）为阿尔迪（ALDI）和其制造商品牌产品的对比，可以看出两者产品之间具有相似之处。虽然制造商品牌提起过诉讼，但由于商标法主要保护品牌名称和标识，不涉及产品的包装设计，因此制造商们纷纷败诉，而模仿策略成为ALDI的商业模式。第三代高端品牌，主要是针对特定消费者设计。子图（c）中包装设计融入了图腾、文身等元素，而这些独特的包装，实际也已经体现了零售商差异化的策略。第四代创新品牌，重点就在于"新"。除了包装设计的新颖，零售商也在其产品本质上进行了革新。

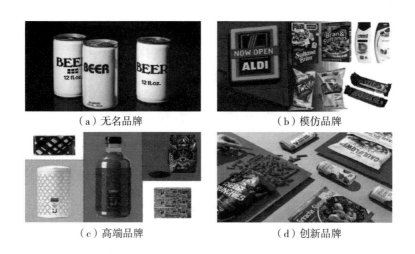

（a）无名品牌　　　　　　　　　（b）模仿品牌

（c）高端品牌　　　　　　　　　（d）创新品牌

图2-2　自有品牌发展类型

资料来源：尼尔马利亚·库马尔，简-贝内迪克特·E. M. 斯丁坎普. 自有品牌：狼来了［M］. 段纪超，译. 北京：商务印书馆，2010.

当然，自有品牌的成长不仅限于包装的升级改造，实际上还涉及了质量、价格、品类等。表2-4列出了自有品牌的成长路径，从该表中可以看出，从第一代至第三代，自有品牌进行了全方位的提升，而从第三代至第四代，自有品牌主要是在前者的基础上尽可能减少成本的投入，从优质高价升级为优质低价。此外，我们须知，这四代自有品牌并不是完全的迭代关系，零售商们会通过市场分析，采用多类型的自有品牌来吸引消费者。

表2-4　自有品牌的成长路径

	第一代	第二代	第三代	第四代
品牌类型	无名品牌	模仿品牌	高端品牌	创新品牌
品牌策略	无品牌标识	单一品牌策略	多品牌策略	差异化策略
价格	低于一线品牌价格20%～50%	低于一线品牌价格5%～25%	接近或高于一线品牌价格	低于一线品牌20%～50%
质量	较差	接近制造商品牌质量	等于或好于制造商品牌质量	质量等同一线品牌质量
包装	简易包装	接近一线品牌	包装独特	包装独特且成本低
品类范围	果蔬、熟食、粮油等基础品类	一线品牌涉及的大部分品类	独有的品类	所有品类
研发	—	制造商代为研发	自行研发	高投入研发和创新

资料来源：尼尔马利亚·库马尔，简-贝内迪克特·E.M. 斯丁坎普. 自有品牌：狼来了［M］. 段纪超，译. 北京：商务印书馆，2010.

二、中国自有品牌的发展历程

中国自有品牌是在20世纪80年代开始起步的，此时全球自有品牌开发正处于兴盛的阶段。中国自有品牌的发展史如图2-3所示。

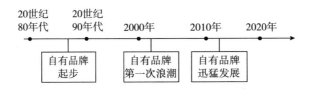

图2-3　中国自有品牌的发展史

资料来源：笔者根据周勇的《中国自有品牌发展纪实（1987-2021）》整理。

（一）20世纪80年代：起步于全球自有品牌开发的兴盛阶段

中国第一个自有品牌产品是开开百货的"开开牌"衬衫和羊毛衫等，诞生于1987年。自此，中国开启了自有品牌的发展史。

表2-5中列举了1970～2000年建立的中国主要自有品牌零售商。从中可以

看出，这段时期的零售商是以超市为主的大型零售商，如联华超市股份有限公司（简称联华）、华联超市股份有限公司（简称华联）、大润发是销售日常生活必需品的综合类超市，农工商超市（集团）有限公司（简称农工商）是销售农副产品的超市。

表 2-5　1970~2000 年建立的中国主要自有品牌零售商

零售商	性质	建立年份
开开集团	专业零售商	1979 年
屈臣氏	专业零售商	1989 年
苏宁	大型零售商	1990 年
联华	大型零售商	1991 年
华联	大型零售商	1993 年
农工商	大型零售商	1993 年
大润发	大型零售商	1997 年
京东	大型零售商	1998 年

注：开开集团的前身"开开百货"建立于 1936 年，1979 年成为公司制产业。
资料来源：笔者整理。

当然，由于改革开放政策的实施，外加全球自有品牌正处于兴盛发展时期，我国的自有品牌发展除了依靠本土零售商，还有赖于外资企业这一股重要力量。外资企业主要分成中外合资、中外合作和外商独资这三种类型的企业，如 1995 年联华超市和家乐福合资成立的上海联家超市有限公司、1996 年在深圳开设的沃尔玛门店等。

在外资零售企业进入我国市场后，部分本土零售商或是感受到竞争的压力，开始打造自有品牌。例如，华联仅花了 3 年时间就于 1996 年注册"勤俭"自有品牌，农工商于 1999 年提出"自种自卖，自产自销，产加销一体化"的自有品牌经营模式。但整体来看，由于我国零售商对于自有品牌仍处于探索阶段且消费者对于自有品牌并不了解，这期间的自有品牌发展并不快。

（二）21 世纪初：中国自有品牌开发的第一次浪潮

2001 年中国加入了世界贸易组织，受到了国际的认可，大量国外零售商进入我国市场，它们充分利用多年积累的技术经验，大力在我国推广自有品牌产品，这推动了我国本土零售企业自有品牌发展的步伐。在此背景下，我国第一次自有品牌开发浪潮启动。

2000~2010 年，我国零售市场的扩大主要源自外资企业如优衣库、迪卡侬、麦德龙、丝芙兰等著名国际零售商，本土新建的知名零售商并不多。即便如此，根据《中国自有品牌发展纪实（1987-2021）》，2007 年我国连锁百强企业自有品牌销售规模达到 43.5 亿元，相较于 2006 年增长 52%。可以看出，当时自有品牌的增速并不慢。此外，从零售商的经营范围来看，自有品牌的开发从日用品、食品拓展到服装、化妆品等，品类有所丰富。

此外，在这次浪潮的驱动下，国家和行业纷纷发布了制度和标准，如 2006 年国家出台的《零售商促销行为管理办法》和中国连锁经营协会发布的《超市自制食品调查报告》，大幅度规范了市场秩序。

（三）2010 年以后：中国自有品牌迅猛发展

2010 年以后，互联网技术大大提高，电商和直播购物成为消费者购物的主流平台，中小型零售商联合开发自有品牌成为其新的利润增长点。在此背景下，自有品牌发展阵地转为电商平台，发展呈现多元化、差异化、品质化趋势。

如表 2-6 所示，2010 年以后，我国又新建了较多知名的零售商。可以看出，零售商由传统零售商和网络零售商共同组成，类型具有多样性。我国零售商的性质仍以大型零售商和专业零售商为主，但近年来产生了中小型零售商联盟。

表 2-6　2010~2020 年建立的中国主要自有品牌零售商

零售商	性质	建立年份
元初食品	专业零售商	2011 年
盒马鲜生	大型零售商	2015 年
网易严选	专业零售商	2016 年
蚂蚁商联	中小型零售商联盟	2017 年
齐鲁商盟	中小型零售商联盟	2017 年

资料来源：笔者整理。

2010 年以后，外资零售巨头企业和我国本土零售商的开发差距逐渐显现，具体表现为外资零售商开发的自有品牌数量远超本土企业。例如，沃尔玛的 SKU 数为 4000 种，而永辉超市的 SKU 数只有 1000 种[①]；外资零售商开发的自有品牌阶段普遍快于本土企业；外资零售商在业态选取、品类管理等方面远胜于本土企业。

虽然目前我国自有品牌发展迅猛，但从整体来看，我国自有品牌发展仍处于

---

① 一图读懂自有品牌　零售商的自有品牌有哪些［EB/OL］.［2020-10-10］. https://baijiahao. baidu. com/s? id=1680134551084646427&wfr=spider&for=pc.

初级阶段。究其原因：第一，这与我国的零售市场结构有关。我国拥有广阔的国土面积，多样的风土民情，这一方面降低了零售商大范围铺货的效率，另一方面也增加了他们了解和适应不同地区市场需求的难度。同时据研究发现，零售市场集中度与自有品牌发展呈现正相关的关系（Rubio and Yagüe，2009），因此我国零售行业具有的分散程度高、地域性强特征，会限制自有品牌的发展。第二，这与我国零售商的认知和能力有关。我国零售企业对于自有品牌的发展潜力存在低估，而且企业管理能力水平仍存在不足之处，这会使企业无法充分抓住自有品牌的发展机会（Herstein et al.，2015）。第三，这与消费者的消费心理有关。消费者在购买过程中会在乎品牌和产品可能具有的风险。在消费者对自有品牌并不熟悉的情况下，损失规避的倾向会降低消费者选择自有品牌的可能性（Deleersnyder et al.，2009）。

三、中国中小型零售商自有品牌的发展情况

在看到我国强大的自有品牌发展潜力后，不少中小型零售商也加入了自有品牌开发阵营。但总体来看，我国中小型零售商的自有品牌开发较晚，而且体量较小。

第一，中小型零售商资源受限，能够给出的自有品牌订单量很小。目前来看，很多中小型零售商能够给出的自有品牌订单根本无法满足制造商的最低起订量要求，即使达到了起订要求，其起订量也往往难以实现规模经济。订单规模过小就会造成产品成本过高，这时产品涨价会使企业难以通过性价比吸引消费者，而维持产品低价则会大幅侵占销售利润，让企业无法通过自有品牌获利。此外，更少的起订量也使中小型零售商对供应商的谈判能力和控制能力相对较弱，无法对产品的开发和制造进行严格的控制，导致其无法对产品的性能质量全权负责。

第二，中小型零售商能够给予自有品牌的资源投入有限，资源主要包括资金、人力、物力的投入。资金、物资的限制会导致中小型零售商在产品品类选择、产品包装设计、营销投入等方面有所欠缺，而专业人才的欠缺会对其在规划、管理、运营等方面提出挑战。

第三，中小型零售商在构建消费者信任方面存在明显劣势。相较于大型零售商，中小型零售商在自身品牌力量上存在不足，难以为其自有品牌产品做背书，这就会导致消费者的信任度不高。

中小型零售商自有品牌开发面临诸多困难，整体开发程度尚处于初级阶段，这是一个不争的事实。但中国很多中小型零售商的管理者具有敏锐的嗅觉和良好的学习能力，这些先行者选择联盟的形式开发自有品牌，利用规模效应形成和供应商议价的能力以及和大型零售商竞争的实力。

我国中小型零售商联盟如蚂蚁商联、齐鲁商盟和保亭会，普遍成立较晚。但实际上，中小型零售商通过联盟的方式进行自有品牌开发并不是一个新概念，早在几十年前，国际上就已经出现了知名的中小型零售商联盟组织，如国际独立零售商联盟（IGA）、SPAR 和 CGC。下面我们将对国内外中小型零售商联盟进行介绍。

（一）国际中小型零售商联盟：IGA、SPAR、CGC

IGA 在 1926 年成立于美国，是国际上最早的自愿连锁组织。成员可以享受全球化的服务，通过共享采购平台，以团体的名义与供货商谈判获取优惠的采购价格。IGA 的成员企业拥有较大的自主权，即成员企业只接受 IGA 的帮助，不受 IGA 的控制；可以保持自己的资产所有权并进行独立财务核算；无须改变自己的经营特色；可以自由退出组织。目前 IGA 在全球拥有 6000 多家多业态门店及 100 多家现代配销中心。它在 2004 年进入中国市场后，吸纳了很多零售企业如步步高、博源超市、大家庭等，这些企业共同以 IGA 的名义开发自有品牌。

SPAR 在 1932 年成立于荷兰，是一个国际性的自愿食品零售连锁组织，拥有上千种自有品牌，品类众多，但以食品为主。截至 2021 年，SPAR 在全球 4 大洲 48 个国家拥有 13000 多家门店。与 IGA 不同的是，SPAR 的成员企业在享受其服务的同时，必须采用统一品牌、统一规则、统一理念。SPAR 与 IGA 同一年进入中国，按照省区市接纳成员，目前已有 SPAR 山东家家悦、SPAR 广东嘉荣、SPAR 北京华冠、SPAR 四川德惠、SPAR 河北家家悦、SPAR 云南金方、SPAR 西藏互惠互利 7 位成员。

CGC 在 1973 年成立于日本，是由日本全国独立经营的区域型食品超市加盟的自愿联盟组织。CGC 的成员仅限于日本本土企业，截至 2021 年，共拥有 206 家企业，如三德、伊藤连锁、友邦超市等，以及 4196 家门店。目前 CGC 共开发了 11 个自有品牌，如 CGC GROUP、CGC PRIME 等，推出约 1900 种单品，包括生鲜、日配、零食以及日用商品。

（二）国内中小型零售商联盟：蚂蚁商联、齐鲁商盟、保亭会

蚂蚁商联成立于 2017 年，最初由中国 6 省区市 12 家连锁企业共同组建，被称为中国的 CGC 组织。截至 2021 年，旗下成员企业已经增长至 89 家，横跨全国

29个省（自治区、直辖市），业务扩展至海外阿拉伯联合酋长国阿布扎比、迪拜等地。目前蚂蚁商联已开发出9个自有品牌，如我得、极货等，推出2234种单品，包括食品、家庭生活用品、两性用品、厨房用品、白酒、女性用品等，基本满足了消费者的日常需求。

齐鲁商盟成立于2017年，是最初由山东省区域知名的12家零售企业发起成立的地区性零售联盟组织。齐鲁商盟有两个定位，一个是要成为一个深度学习型的商业组织，开放共享的学习平台；另一个是商品采购的平台、供应链整合的平台。

保亭会是原中国连锁商业总裁联谊会，2014年成立于海南保亭，是由中国区域民营连锁商业企业组成的、非营利性的自愿连锁组织。保亭会秉承坚守"诚"、创造"美"、传播"爱"的组织理念，为创造顾客满意、社会认可、员工快乐、企业健康、企业家幸福的组织价值而奋斗。保亭会旗下主要有大张集团和万德隆等企业。

这些联盟组织为中小型零售商进行自有品牌提供了渠道。就目前来看，不少中小型零售商已将自有品牌作为重要的企业战略进行规划，谨慎而灵活地寻找可行的发展路径。基于此，我们需要提高对这些先行者的关注。通过对这些中小型零售商进行研究，我们可以更好地了解其发展情况，总结其经验教训、判断其发展趋向，并据此提供有效的规范、引导和支持。

第三章

企业视角下的自有品牌研究综述

自有品牌是相较于制造业品牌而言，由零售商拥有的，仅在其自有渠道或受其控制的渠道内销售的品牌（陈亮、唐成伟，2011）。世界上第一个自有品牌商品出现在一百多年前英国的玛尔科公司，之后由于市场同质化问题的日益严峻，以及与制造商垂直竞争压力的增大，零售商们纷纷踏上探索与变革之路，尝试触及生产领域，研发打造自有品牌。

自有品牌的出现和发展，在给企业和消费者带来重要影响的同时，也引起了学术界的重视。目前关于自有品牌的研究，主要有竞争策略研究、消费者行为研究、应用研究、消费者忠诚度研究、供应链管理研究等（Wu et al.，2021）。通过划分不同的研究视角，自有品牌相关文献主要可以从企业视角（包括零售商视角、制造商视角以及结合两者的视角）和消费者视角进行分析解读。本章基于企业视角，对国内外相关文献进行了全面梳理，以便形成更为系统性的认识，研究图谱如图3-1所示。

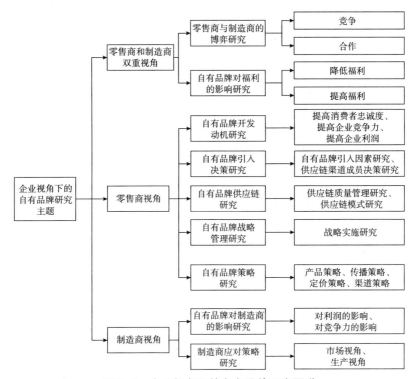

图3-1 企业视角下的自有品牌研究图谱

资料来源：笔者整理。

一、基于零售商视角的自有品牌研究

从零售商自有品牌研究的历史来看，来自企业界和理论界的学者，由于其背景和市场影响力各有差异，研究兴趣也不尽相同。但通过归纳，我们发现从零售企业出发的自有品牌研究主要集中在自有品牌开发动机研究、自有品牌引入决策研究、自有品牌供应链研究、自有品牌战略管理研究、自有品牌策略研究五个方面。

（一）自有品牌开发动机研究

学术界普遍认为，零售商开发自有品牌的动机源于零售商之间的水平竞争以及零售商和制造商之间的垂直竞争，主要包括提高消费者忠诚度、提高企业竞争优势、提高企业利润三大动机（谢庆红、罗二芳，2011；徐乔梅，2016）。

1. 提高消费者忠诚度

相较于制造商产品，自有品牌只在零售商自有渠道出售，若消费者是自有品牌的忠实顾客，那么他就有可能因此转变为该零售商的忠实顾客。例如，Ailawadi 等（2008）在研究中证明自有品牌可以增加消费者的忠诚度，但值得注意的是，当零售商过分追求自有品牌份额时，会降低其产品多样性，导致消费者忠诚度降低。这也表明零售商在进行商品组合时要保持合理的自有品牌比例。

2. 提高企业竞争优势

自有品牌是企业竞争优势的重要来源。这种优势具体表现为零售企业水平竞争中的差异化优势以及零售商的议价优势。例如，张弘和眢杨杨（2016）结合产业组织理论对自有品牌的竞争力进行分析，发现在零售商水平竞争中，自有品牌可以提高产品的差异化和市场进入壁垒，从而加强自身竞争优势；在与制造商之间的垂直竞争中，自有品牌可以提高零售商的谈判能力和市场份额，从而削弱制造商的利润与投资能力。

3. 提高企业利润

企业的生存目的在于获得利润，而这也是零售商开发自有品牌的根本动机。自有品牌的较低采购成本和零售商的良好议价能力，使自有品牌的毛利润率比制造商品牌高出 25%~30%[①]。张赞（2009）通过对自有品牌引入动机的博弈分析，

---

① 中国"学徒们"为何学不到"零售之光"塔吉特的精髓？［EB/OL］．［2019-12-30］．http：// www. redsh. com/corp/20191230/192256. shtml.

认为零售商不仅可以通过自有品牌销售获取利润，还可以通过自有品牌压制制造商的利润来提高企业利润。

（二）自有品牌引入决策研究

关于自有品牌引入决策方面的研究，本部分主要从引入决策制定前和引入自有品牌后两个方面进行梳理。我们已知自有品牌的引入有利于提升消费者忠诚度、增加企业利润和竞争力，但盲目引入自有品牌可能会产生负向影响，零售商不但不能从中获利，甚至还会导致其发展受限。因此在决策前，我们需要重视影响自有品牌引入的各方因素。此外，自有品牌的引入会加剧产品竞争，影响供应链其他成员利润，因此供应链成员的决策问题也是一个重要的研究内容。

1. 引入决策制定前的自有品牌引入因素研究

分析现有文献，学者们对自有品牌引入因素的探讨集中于消费者购买特征、零售商成本、市场份额、自有品牌质量、成本和吸引力以及制造商品牌吸引力等。其中，黄漫宇（2007）主要讨论了消费者和零售商成本因素，基于零售商引入自有品牌的决策模型，发现当零售商处于价格敏感者较多、品牌需求者与价格敏感者对于价格敏感度差异较大、零售商固定成本较低的环境时，引入自有品牌可以为其带来更高利润。马亮等（2017）通过建立上游垄断制造商、下游主导零售商和边缘零售商的市场结构模型，发现自有品牌产品质量和成本会影响引入决策，并给出了影响排序。范小军等（2018）在考虑自有品牌相对制造商品牌成本差异的条件下，探讨了不同质量定位的自有品牌引入策略，结果发现无论引入哪种质量的自有品牌都会提高零售商的利润，但提高效果最为显著的是引入溢价自有品牌。

2. 引入自有品牌后的供应链渠道成员决策研究

现有文献中，学者们主要通过博弈模型来分析渠道成员应该采取何种对策来应对自有品牌对其利润的冲击。例如，陈国鹏和张旭梅（2019）基于一个制造商电子直销渠道和传统零售渠道组成的双渠道供应链，通过随机微分对策模型分析集中决策和 Stackelberg 主从博弈下广告投入和广告分担比例的均衡解，最后发现双向参与合作广告协调合同可以实现供应链协调。蔡三发和宣倩倩（2021）利用 Stackelberg 博弈模型对以制造商为主导的权力结构进行了研究，比较不同广告和定价决策顺序对渠道成员利润的影响，提出制造商可以改变定价决策顺序以实现与零售商的双赢。

（三）自有品牌供应链研究

自有品牌供应链研究主要包括质量管理和供应链模式两大内容。自有品牌质量管理研究侧重于解决目前自有品牌存在的质量问题，通过对质量管理模式和质量控制机制进行探讨，有利于帮助零售商根据自身实力和自有品牌特点有效实施质量管理，并实现自有品牌从低价导入到质量取胜的转变。然而自有品牌的供应链模式研究侧重于提高产品与模式之间的适配度，通过对自有品牌产品和模式进行分析，有利于帮助零售商找到合适的供应链模式，提高供应链管理效率。

1. 自有品牌产品质量管理研究

第一，在自有品牌产品质量管理模式研究中，江烨和陈瑞义（2017）根据不同自有品牌产品的生产模式，总结了三种质量管理模式：直接贴牌产品质量完全托管模式、自主研发产品质量全面管理模式、适度设计产品质量半托管模式。根据现有研究，我们对这三种质量管理模式的特征、风险、质量控制手段进行了比较，如表 3-1 所示。

表 3-1　自有品牌产品质量管理模式分析

	直接贴牌产品质量 完全托管模式	自主研发产品质量 全面管理模式	适度设计产品质量 半托管模式
特征	直接向生产商购买产品，产品质量管理全托于生产商	自己负责设计、委托生产商制造产品。全权负责产品质量管理	部分设计产品，参与产品质量管理过程
风险	完全由生产商负责质量，零售商承担风险大	零售商全程负责，承担风险小	零售商参与部分质量管理活动，风险适中
质量控制手段	选择实力较强、企业声誉以及合作关系良好的生产商	需要较大的成本，需要零售商提升自身实力	根据市场环境、自身实力、产品类型，调整与制造商的质量协作策略

资料来源：江烨，陈瑞义. 自有品牌产品质量管理的模式与协作研究［J］. 绿色科技，2017（20）：220-222.

第二，在质量控制机制研究中，学者们主要探讨了质量协作策略和质量控制的激励机制作用。陈瑞义等（2015）是从零售商谈判能力的视角出发，结合纳什谈判模型研究了零售商在不同自有品牌质量管理模式下的供应链质量协同控制策略，最后得出各策略下的质量、供应链总利润和各成员利润的最优解，如表 3-2 所示。

表 3-2　自有品牌产品质量协同策略分析

	保守型策略	冒险型策略	老练型策略
特征	不承担产品质量前期一次性成本	完全承担产品质量前期一次性成本	适度承担产品质量前期一次性成本

	保守型策略	冒险型策略	老练型策略
适用模式	直接贴牌产品质量完全托管模式	自主研发产品质量全面管理模式	适度设计产品质量半托管模式
产品质量供应链总利润	随零售商谈判实力增强而减少	随零售商谈判实力增强而增强	不受谈判实力影响，但优于其他策略
零售商利润	随零售商谈判实力增强先增大而减少	随零售商谈判实力增强而增强	随零售商谈判实力增强而增强
生产商利润	随零售商谈判实力增强而减少	随零售商谈判实力增强先增大而减少	随零售商谈判实力增强而减少
双方最优策略选择	—	—	良好协商谈判的修正老练型策略

资料来源：陈瑞义，琚春华，盛昭瀚，等. 基于零售商自有品牌供应链质量协同控制研究［J］. 中国管理科学，2015（8）：63-74.

王玖河等（2019a）则主要探讨了提高质量控制的激励机制。通过构建产品质量控制演化博弈模型，研究了在零售商对制造商实施监督惩罚机制的前提下，定额奖励、收益共享、成本共担这三种激励方式对零售商和制造商的影响，如表3-3 所示。

表3-3 自有品牌产品质量控制激励机制效果分析

	定额奖励	收益共享	成本共担
特征	零售商发现制造商没进行质量控制时，给予奖励	零售商发现制造商没进行质量控制时，将自有品牌利益按比例给制造商	零售商按照比例承担质量控制成本
该激励方式下的监督惩罚机制	可以改变制造商的演化均衡策略	可以改变制造商的演化均衡策略	不可以改变制造商的演化均衡策略
对制造商进行监督时的零售商收益	增加	增加	无法改善零售商收益
制造商收益	随零售商收益改善而改善	随零售商收益改善而改善	可以改善制造商收益
对制造商而言，激励机制的效果比较	收益共享最优，定额奖励次之，成本共担不具有激励效果		
对零售商而言，激励机制的效果比较	定额奖励最优，收益共享次之，成本共担最差		

资料来源：王玖河，赵慧，王勇. 基于演化博弈的自有品牌供应链质量控制激励机制比较研究［J］. 数学的实践与认识，2019，49（19）：42-53.

2. 自有品牌供应链模式研究

现有针对自有品牌供应链模式的研究中，大多文献采用案例研究法，如谢莉娟和毛基业（2021）基于互联网自有品牌零售这一特定情境，将"韩都衣舍"作为研究对象，探讨不同产品的最优供应链模式，最后得出"由于信息技术提高了供应链的反应型与效率型特征，创新型产品需要构建'反应+效率'型供应链模式"的结论。

（四）自有品牌战略管理研究

Porter（1996）将战略定义为"创造一种独特、有利的地位，设计各种不同的运营活动"。基于此，我们认为自有品牌战略就是零售商通过自有品牌本身和围绕它展开的活动，从而在市场中获得竞争优势。通常而言，一个完整的自有品牌战略管理流程包括战略制定、战略实施、战略评价三个阶段，其中最为重要的环节即战略制定与实施，也是国内外学者们关注的重点。

刘文纲（2016）基于行业的视角，对网络和传统两种零售商形态的自有品牌战略和成长发展过程进行了对比分析，揭示了网络零售商实施自有品牌战略的优势和特点，并建议零售商们需要根据自有品牌的模式、目标人群、市场定位、商品组合、成长路径等综合考量制定战略。吴萍（2019）基于我国新零售的背景，借助 PEST、SWOT 工具分析实体零售的政策、经济、社会与技术环境，以及实施自有品牌战略的优劣势、机遇与挑战，认为实体零售的自有品牌战略需要顺应新零售趋势，具体可以借助大数据进行自有品牌开发和营销以及推动零供一体化来实施。Gielens 等（2021）是从顾客的消费特征出发，通过分析现有经济型、标准型、高端型自有品牌战略对应匹配的消费者群体特征和营销策略，指出未来消费者主张的变化会驱动自有品牌战略向智能型转变，并给出了智能型自有品牌战略的特点和实施方法。

（五）自有品牌策略研究

本章对策略研究的分析主要是基于 4P 营销理论，包括产品策略、传播策略、定价策略、渠道策略四个内容。从图 3-2 中可以看出，零售商运用这些策略的本质是进行价值的创造和获取，但每个策略的重点又各不相同，如产品策略用于创造价值，渠道和传播策略用于传递和沟通价值，定价策略用于获取价值。下面我们将对四大策略展开具体分析。

1. 产品策略

零售商的产品策略决定了其自有品牌产品的定位与选择，而在制定策略的过程中零售商需要明确产品品类、产品创新、产品组合等内容。

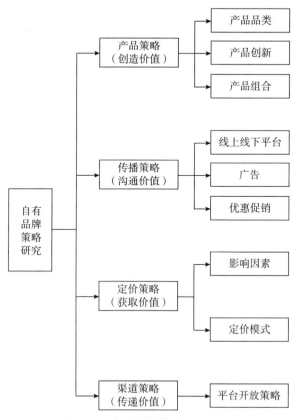

图 3-2　自有品牌策略研究内容

资料来源：笔者整理。

第一，在产品品类上，零售商需要坚持以下四大原则：一是根据企业自身优势，选择市场和产品信息了解透彻的产品品类；二是选择标准化程度较高且市场需求量大的产品品类；三是选择毛利率高的产品品类；四是选择具有低品牌敏感度、低品牌偏好的产品品类（刘文纲，2016；杨帆静，2017）。

第二，在产品创新上，零售商需要提高创新意识，不能单靠低价来吸引消费者。具体来看，零售商可以根据自身定位、市场需求等，提高产品的附加值来达到创新的目的。张满林和付铁山（2016）以日本零售商自有品牌的创新为例，认为我国零售商也需要重视在产品品质、开发机制、营销模式、包装设计等方面的创新，提高自有品牌的竞争力。

第三，在产品组合上，零售商需要结合自身特点通过扩大宽度、发展深度或强化关联性的方式来实现产品的最佳组合。例如，张玥（2018）选择以华润万家为代表的传统零售商和以京东为代表的网络零售商进行分析，提出在自有品牌的产品组合上，传统实体零售商受限于卖场空间，可以选择拓展产品线宽度来扩大多元化；网络零售商不受货架空间限制，可以选择扩大宽度和发展深度相结合的方式吸引消费者。

2. 传播策略

零售商可以综合运用广告、促销优惠、宣传以及线下门店等手段向消费者传递产品的各种信息，达到提高企业经济效益的目的。基于传播方式的不同，我们从线上线下平台、广告、优惠促销三个角度来分析。

第一，在线上线下平台上，施玉梅（2014）以大润发为例，认为零售商需要优化商品陈列，可以不定期地将自有品牌商品陈列在人流量大的主通道处去吸引客流。刘志杰和孙倩（2020）结合互联网购物平台自有品牌经营的现状，认为互联网购物平台需要从实际出发选择战略联盟、自行组织、市场采购等方式，并利用微博、朋友圈等线上方式进行传播。

第二，在广告上，学者们通过博弈模型验证了在供应链广告机制中，当制造商边际利润提高，商家的品牌效应增加，零售商可以通过提高广告的投资达到效益最优化（吕芹、霍佳震，2011；李雪梅、霍佳震，2021）。

第三，在优惠促销上，我们根据李宗活等（2021）的研究，分析得出了在制造商品牌垄断和零售商引入自有品牌的全渠道供应链情境下零售商的优惠券促销策略，如表3-4所示。

表3-4 零售商的优惠券促销策略

限制条件		零售商
制造商品牌垄断情境	最优策略	通过制造商在"线上下单线下自提"渠道实施优惠即可最大化利润
	低价值消费者越多，且制造商实施优惠券促销	不宜投放优惠促销
品牌竞争情境	消费者对制造商品牌和自有品牌的价值感知差异低于消费者对"线上下单线下自提"渠道的偏好程度	均可以展开优惠券促销，且全渠道供应链存在最优优惠券面值策略组合最大化双方利润
	消费者对制造商品牌和自有品牌的价值感知差异高于消费者对"线上下单线下自提"渠道的偏好程度	不用展开优惠券促销，但供应链系统仍存在最优定价最大化双方利润
	消费者对"线上下单线下自提"渠道的偏好程度很高	跟随制造商策略
	制造商品牌占主导作用，且投放优惠券	优惠促销策略效果一般，应该避免与制造商品牌正面冲突

资料来源：李宗活，杨文胜，孙浩. 全渠道环境下制造商品牌和零售商自有品牌优惠券促销［J］. 中国管理科学，2021（12）：157-167.

3. 定价策略

零售商开发自有品牌的根本目的在于获得最大化的利润，而把握好自有品牌的定价问题是其获利的关键。目前关于定价策略的研究，可以分成研究定价的影响因素和研究定价模式两大内容。

第一，我们整理了定价影响因素的相关文献，得出表 3-5 的研究分析。首先，从表 3-5 中可以看出，学者主要是通过模型对自有品牌的定价影响因素展开研究。其次，从研究结果可知，影响因素包括消费者的感知质量和忠诚度、自有品牌的成本、认可度和市场需求、制造商广告水平和制造商品牌价格、零售商的市场势力和分成比例等。最后，我们也发现基于学者研究视角的不同，影响因素也会有所差异。例如，在王华清和李静静（2011）的研究中，当零售商采取的定价方式不同，定价的影响因素也会随之变化。

表 3-5　自有品牌定价影响因素研究分析

学者	研究模型	研究内容	研究结果
王华清和李静静（2011）	Stackelberg 博弈模型	产品的成本、消费者的感知质量以及忠诚度对定价的影响	当零售商采取绝对定价时，定价只跟感知质量、产品成本以及消费者忠诚度有关；当零售商采取跟随定价时，定价与消费者对两类品牌感知质量差异和实际质量差异有关
任方旭（2015）	Stackelberg 博弈模型、纳什均衡博弈模型	零售商优势以及零售商与制造商具有同等优势下，零售商定价的影响因素	在两种情况下，定价都与双方制造商的生产成本和两种产品的潜在市场需求有关；在消费者品牌敏感性较高情况下，制造商广告水平对产品零售价格的制定具有积极的影响作用
段永瑞等（2017）	最优控制模型	基于参照价格和感知质量视角下，零售商定价的影响因素	定价与参照效应系数呈负相关关系，与制造商品牌价格、自有品牌感知质量、自有品牌生产成本、零售商对制造商品牌收益比例呈正相关关系
王继光和郭颖强（2021）	Stackelberg 博弈模型	基于有限理性和公平关切的视角下，公平关切和认可度对定价的影响	任何情况下，定价与自有品牌的认可度呈正相关关系

资料来源：笔者整理。

第二，现有关于定价模式的研究中，并未得出统一固定的最优定价模式，大多是根据不同情境来调整优化零售商的定价模式。例如，李静静和王华清（2011）发现在不同渠道权力结构中定价模式会有所差异，其研究表明，零售商只有在高度权力均衡和零售商主导的渠道权力结构下才会开发自有品牌；在高度权力均衡时，零售商需要采取跟随定价模式；在零售商主导时，零售商需要采取高端定价模式。段永瑞等（2017）发现当参照效应为正时，动态定价方式优于固定定价方式。

4. 渠道策略

零售商作为直接面向消费者的企业，需要经营维系好自有品牌的销售平台。该主题并不作为研究重点，相关文献也较少。在已有文献中，李佩等（2019）探讨零售商的平台开放策略（即是否允许制造商产品销售），结论表明固定成本、产品之间价格影响系数、潜在需求差异系数较低时，零售商可以采用平台开放的渠道策略。

二、基于制造商视角的自有品牌研究

零售商自有品牌的快速发展对制造商也产生了很大的冲击。为此也有不少学者从制造商的视角进行研究，主要有自有品牌对制造商的影响研究和制造商应对策略研究。

（一）自有品牌对制造商的影响研究

自有品牌对制造商的影响主要体现在对制造商品牌利润和竞争力上。在自有品牌对制造商品牌利润的影响上，现有文献的结论并不统一，一部分学者认为自有品牌会降低制造商利润，而另一部分则认为会提高制造商利润。在自有品牌对制造商竞争力的影响上，目前研究结论比较统一，即自有品牌会降低制造商竞争力。

1. 自有品牌对利润的影响

第一，自有品牌会降低制造商品牌利润。一般而言，自有品牌具有低成本的优势，帮助零售商利用低价占领市场，导致制造商产品在价格上处于劣势，最终影响其利润。李凯等（2017）基于两个制造商和一个零售商的情境，发现在间接渠道和混合渠道下，零售商引入自有品牌会使制造商利润降低。范小军等（2018）发现零售商无论是引入经济型、标准型还是溢价型自有品牌，都会引起制造商品牌的批发价和零售价下降，最终引起制造商品牌利润的下降。

第二，自有品牌会提高制造商利润。有学者研究发现，在特定情境下，自有品牌可能促进制造商利润的增加。例如，范小军和陈宏民（2011）针对制造商对称竞争的市场结构进行研究，发现当自有品牌定位靠近一种制造商品牌的情况时，制造商处于价格领导权地位，有利于制造商利润的提升。李辉和王丽芬

（2017）对国内外文献进行了研究综述，发现当零售商具有较好的市场优势时，零售商会提高制造商的知名度，从而提高制造商利润。同时笔者表示虽然自有品牌会促使制造商降低批发和零售价格，但在此竞争过程中，随着自有品牌销量上升，制造商整体收益也会提高。

2. 自有品牌对竞争力的影响

零售商通过自有品牌这一策略后向一体化介入生产领域，在一定程度上给制造商造成了威胁，加剧了双方的竞争。例如，肖建敏和黄宗盛（2019）利用数值算例分析自有品牌导入对制造商的影响，发现当消费者对自有品牌的偏好度较高时，制造商品牌在与零售商自有品牌的竞争中不会占优势，最终导致制造商利润的降低。

（二）制造商应对策略研究

鉴于自有品牌产品的市场竞争力不断提高，上游制造商面临严峻的竞争态势，为此不少学者从制造商角度研究了其应对自有品牌的策略问题。根据目前已有的观点，我们从市场和生产两个视角分别进行阐述。

1. 市场视角

该视角主要是基于目前行业已有的情况，为制造商提供一些经营思路，具体包括提高创新力度、增加广告投入以及拓展销售渠道三大策略。

第一，提高创新力度。制造商需要通过不断创新保持自己特有的专业优势。许甜甜（2021）通过博弈模型分析了在一个制造商和一个零售商构成的供应链中，当制造商具有生产成本优势时，创新的投入会促使其利润水平的提高。

第二，增加广告投入。制造商可以实施有效的广告策略来提高消费者对于产品的认知度和偏好度。沈启超和何波（2022）通过建立制造商是否做广告和零售商是否引入自有品牌的四种决策模型，发现当顾客的感知价值较大时，广告可以促使制造商品牌的市场需求量增加，同时也可以遏制零售商自有品牌的引入。

第三，拓展销售渠道。制造商可以通过开发直销、网络销售等方式来减少对零售商渠道的依赖。何莹（2004）通过研究自有品牌对制造商的影响，认为制造商可以扩展传统渠道以外的渠道来弥补零售货架空间的损失，同时也可以阻止自有品牌向直销渠道扩张来稳定自身利益。刘盾等（2020）通过博弈模型研究了直销渠道和零售渠道以及制造商品牌和自有品牌之间的竞争关系，发现当自有品牌产品的生产成本足够高，零售商由于成本压力不会选择引入自有品牌。即使零售商在运营方面具有优势，但若制造商控制了通过直销渠道销售自有品牌的总成本，制造商就会有收益。

2. 生产视角

该视角主要是基于制造商在生产领域具有一定的优势，为其制定相关的生产策略，具体有仅生产制造商品牌、兼顾生产制造商品牌和自有品牌以及仅生产自有品牌三大策略。

第一，仅生产制造商品牌。Quelch 和 Harding（1996）认为制造商选择该策略原因有三：一是制造商生产的自有品牌会挤压制造商品牌，导致市场份额下降；二是生产自有品牌需要更换包装和标签等，生产和分销过程变复杂，导致成本增加；三是当自有品牌订单占主导时，制造商就会成为零售商的加工厂，失去独立性。Gómez 和 Okazaki（2009）证明了零售商会利用自己在货架空间的优势减少制造商品牌的分类和促销，因而在最后建议"制造商可以达成联盟避免生产自有品牌来提高自己的竞争力"。

第二，兼顾生产制造商品牌和自有品牌。这是目前制造商最为常见的生产策略。制造商可以和零售商合作，通过生产自有品牌来提高市场地位和提升公司利润（Kumar & Steenkamp，2007）。Kim 等（2015）基于资源依赖理论和交易成本经济学理论，证明了零售商拥有的产品创新性、搜索商品、分销能力和知识专一性是制造商的重要资源，并认为制造商可以将自有品牌制造纳入战略选择。

第三，仅生产自有品牌。从资源利用的角度来看，制造商无论是单一生产制造商品牌产品还是兼顾生产自有品牌产品，在与零售商竞争的过程中都会造成资源的浪费（李飞、程丹，2006）。因此，部分学者认为制造商减少制造商品牌的生产，配合实施自有品牌策略是最好的资源利用选择。

三、基于零售商与制造商双重视角的自有品牌研究

关于零售商与制造商双重视角下的自有品牌研究，我们主要从零售商与制造商的博弈以及自有品牌对福利的影响两个方面进行梳理。

（一）零售商与制造商的博弈研究

自有品牌的出现，改变了零售商和制造商的关系，两者之间既有利益上的竞争，又可以有战略层面的合作。基于此，学者们从竞争和合作的视角研究了双方的博弈问题。

1. 竞争视角

我们发现竞争优势对于任何一方都只是暂时的，一旦对方发生改变就会打破该状态。例如，田建春和杨文勇（2011）基于市场只有一个零售商和一个制造商的假设，对彼此的优势进行竞争博弈研究，得出结论：零售商若一味模仿制造商

生产自有品牌产品，并不能始终占据优势。李海等（2016）主要针对零售商的自有品牌和制造商的直销渠道进行讨论，通过分析双方在不同的博弈均衡下的利润大小和优势问题，认为在自有品牌质量较低且直销渠道成本较低的情况下，制造商可以通过直销获得竞争优势；当自有产品质量较高时，零售商可以通过自有品牌获得优势，且不会受到直销渠道影响。

2. 合作视角

我们发现零售商和制造商达成合作关系是有条件的，是基于双方利益分配合理下的最优选择。例如，王玖河等（2019b）通过建立零售商与制造商竞合策略演化博弈矩阵，认为合作模式是维持双方稳定发展的有效途径，并给出了双方达成合作的条件。刘海龙等（2021）认为自有品牌的实质是零售商和制造商的融合，双方可以借助纵向合作获得优势，如制造商会了解到市场的最新需求，增加开发新产品和服务化转型的可能性；零售商可以委托制造商提供产能，共同打造自有品牌。

（二）自有品牌对福利的影响研究

自有品牌引入对福利是产生积极还是消极作用，目前尚未形成统一的观点。

1. 自有品牌引入对福利产生积极作用

一部分学者认为自有品牌的引入可以降低产品价格、促进产品创新来提高消费者福利和社会福利。例如，张赞（2009）着眼于我国零售商自有品牌质量低下的实际情况，在上游只有一家主导生产商和下游一家零售商的分析框架下，得到自有品牌引入可以提高社会总福利的结论。付红艳和张鹏举（2016）在上游存在一家主供应商和若干小供应商以及下游存在一家主零售商和小零售商的假设下，探讨了零售商开发自有品牌下的买方抗衡势力问题，通过博弈模型得出自有品牌的引入会增强买方抗衡势力。另外，有研究发现当零售商是国内企业时，社会福利会改善提高。

2. 自有品牌引入对福利不一定起积极作用

有一部分学者认为自有品牌的福利影响与市场结构、自有品牌的质量有关，不一定会提高福利。例如，在张赞（2009）的研究中，提到当上游存在两家制造商时，自有品牌对社会总福利的影响与产品的质量有关：当自有品牌商品的质量水平偏低时，社会总福利会降低；当自有品牌商品的质量水平偏高时，社会总福利会提高。陈艳莹和张小凡（2019）通过博弈论和数值模拟方法研究了最低质量标准对高端自有品牌福利效应的影响作用，发现当质量标准下限降低时，高端自有品牌能够提升福利；当质量标准下限提高时，高端自有品牌在上游制造商较多的情况下，可能会降低社会福利水平。

四、研究评述

自有品牌作为一个重要的研究领域,由许多综合主题和各种相互关联的管理问题构成。我们通过从零售商视角、制造商视角、零售商和制造商双重视角出发对自有品牌文献进行梳理,可以发现:

第一,从研究内容来看,目前学者对于这一话题的研究主要是基于零售商和制造商双方对立的立场来探讨零售商与制造商的纵向竞争关系,内容包括以零售商为主体出发的引入决策、供应链管理、战略制定与实施、营销策略,以制造商为主体出发的影响研究、应对策略,结合两者出发的博弈问题、福利影响。综合来看,学者从不同利益方的角度、不同的决策考虑点以及不同的前提下对自有品牌进行了剖析,研究主题众多,涉及全面。但从研究重点来看,仍聚焦于从零售商视角出发的引入决策、供应链管理和定价策略方面,其他视角下的研究相对较少。

第二,从研究方法来看,学者主要采用的是实证建模方法,较少使用理论分析。学者们通过不同的权力结构假设,主要研究自有品牌引入之后的零售商决策以及制造商的应对策略。实证建模作为一种重要的研究手段,具有一定的优势,如我们可以通过数据检验、模型推导直接客观了解研究主体的最优策略选择。当然它也存在一定的局限性,如分析结果的适用性小,受市场环境的前提条件限制,结论难以推广。

第三,从研究结论来看,现有研究结论存在分歧。例如,在研究自有品牌对制造商利润和福利的影响中,学者基于假设前提及视角的不同,得出的结论并不统一。

第四章

消费者视角下的自有品牌研究综述

　　零售商自有品牌是零售企业增强竞争优势的重要途径，是零售企业新的利润源泉（贺爱忠、李钰，2010）。消费者作为零售企业各种经营活动的向导，是自有品牌的利润来源，也是自有品牌成功与否的关键。因此从消费者角度研究自有品牌是十分必要的。具体来说，消费者的购买意愿是购买行为发生的基础，可以用来预测消费者的行为（冯建英等，2006）。本章基于消费者行为研究理论，从消费者视角研究自有品牌，深入理解影响消费者的购买意愿的因素，对了解消费者心理、预测消费者购买行为以及零售商制定合理的自有品牌营销策略都有重要意义。

　　目前关于自有品牌购买意愿的影响因素可以归纳为两大方面：一是内部线索，指的是消费者因素；二是外部线索，指的是非消费者因素的集合，包含企业营销因素和制造商因素等。消费者的价值意识、个性特征、对产品和品牌的熟悉度和态度、价格敏感性、尝新性、参与程度、购买行为、人口统计因素、购物价值观、抽象思维、品牌知识、品牌认知度、自我概念威胁、感知品牌真实性等都是影响消费者自有品牌购买意愿的内部线索。零售商的品牌名称、商店形象、包装、品类特征、产品属性、价格、口碑推荐、契约制造信息暴露、代言人专业知识、与制造商品牌的相似性、促销线索、广告等都是影响消费者自有品牌购买意愿的外部线索。本书将内部线索归纳为三类：消费者心理因素、购买行为因素以及人口统计因素；将外部线索归纳为四类：产品因素、零售商因素、制造商因素以及促销因素。具体分类如图4-1所示。

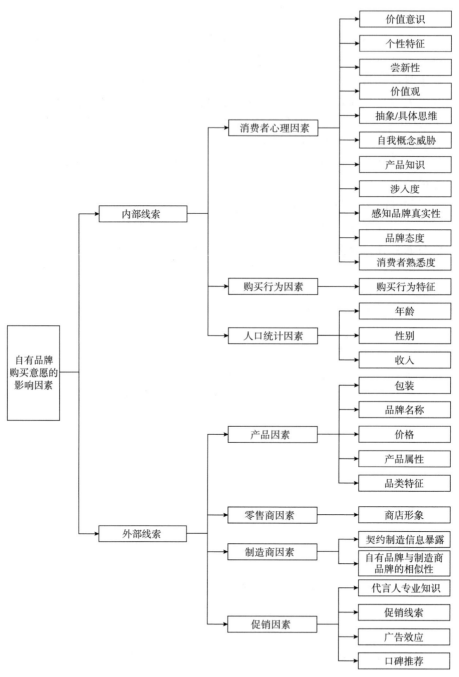

图 4-1 新增三个线索后自有品牌消费者购买意愿影响因素框架

资料来源：笔者整理。

一、内部线索

企业界和学术界关于自有品牌内部线索的研究十分广泛，我们主要从消费者心理因素、购买行为因素以及人口统计因素三个方面进行归纳梳理。

（一）消费者心理因素

1. 价值意识

价值意识是对支付低价的关注，它会受到质量的约束（Ailawadi et al.，2001）。例如，注重价值的顾客往往同样关心低价和产品质量，他们会更容易关注价格，并比较不同品牌的价格，以获得最大的性价比。先前的研究表明，与发达市场的消费者相比，新兴市场的消费者往往更有价值意识，对价格更敏感。价值意识强的消费者会寻找性价比高的商品。

在自有品牌购买意愿的影响因素的框架中，学者通常将价值意识归类为消费者个性特征或者感知特征，认为价值意识对消费者自有品牌购买意愿有积极影响。典型的自有品牌买家是有价值意识的，容易被好的质量和产品形象吸引。他们喜欢搜索商品，而且在牛奶、全餐、纸制品、纸袋和包装纸等产品类别上，他们的产品涉入度和成本转换都很低（Kwon et al.，2008）。

自有品牌的消费者普遍存在较为强烈的价值意识。Jin 和 Suh（2005）通过研究韩国折扣店食品和居家用品自有品牌的消费者购买行为发现，价值意识强的消费者更愿意购买自有品牌。Garretson 等（2002）对消费者的价值意识和价格敏感度进行综合考虑，解释了价值意识影响购买意愿的原因，即消费者的价格敏感度越高则价值意识越强，进而更愿意购买自有品牌。单娟和范小军（2016）通过实证得出，由于自有品牌往往具有高性价比的特点即"物美价廉"，因此当感知质量相差不大时，价值意识越强的消费者表现出对于购买自有品牌的偏好。也有学者提出了类似的观点，由于价值意识强的消费者追求极致的性价比，在自有品牌商品的低价能够弥补感知质量的不足时，消费者也会选择自有品牌（范小军、黄沛，2012）。

总体来看，学者普遍认为价值意识对消费者自有品牌购买意愿有正向作用，与低价值意识消费者相比，感知质量对购买意愿的影响在高价值意识的消费者中更为显著（单娟、范小军，2016）。

与消费者的价值意识类似，消费者的价格敏感度的相关研究主要是研究价格导向的消费者购买自有品牌的行为。对于价格导向行为较高的顾客自有品牌的份额与商店忠诚度之间的联系更强，自有品牌购买意愿更强（Koschate-Fischer et al.，2014）。

消费者价格敏感度越高，价值意识越强烈，其购买自有品牌的可能性越大（Garretson et al.，2002）。有学者以西班牙零售业的两个自有品牌连锁店为研究对象，从多层次自有品牌异质性角度分析了消费者购买动机（价格敏感性等）与购买不同层次自有品牌间的关系，发现价格敏感的消费者更倾向于购买标准自有品牌，而消费者对促销的敏感度对不同定位的自有品牌购买没有显著影响。

2. 个性特征

特定的消费者特征影响自有品牌的购买意向（Baltas，1997）。在相关文献中，他们主要研究了职业、认知类型、受教育程度、收入等对购买意愿的影响（见表4-1）。

表4-1　自有品牌消费者个性特征

个性特征	研究作者	主要观点
热情、顺从、敏感	Myers（1967）	中产阶级女性更偏好自有品牌，自有品牌的消费者具有热心、敏感、顺从的个性特征
价格意识强、容易成交、不忠诚、促销意识不强、不愿意花时间购物的人	Rao（1969）	自有品牌的细分市场是可识别的，研究提出了购买食品类自有品牌的消费者特征
受过良好教育的消费者，高度需要认知和避免物质主义	Herstein 等（2012）	低认知型消费者可能会认为自有品牌的质量较差，更容易受到有吸引力的包装等情感线索的影响。高认知型消费者更倾向于分析和处理与产品相关的信息
收入程度较高、受教育程度较高	Baltas 和 Argouslidis（2007）	特定的消费者特征与自有品牌需求差异有关

资料来源：笔者整理。

Myers（1967）在对美国的职业女性和家庭妇女进行调查研究的结果显示，家庭妇女呈现出对自有品牌更高的偏好，特别是中产阶级的家庭妇女。这可能是由于职业女性挑选产品的时间有限，出于选择的方便性而忽视自有品牌。除了中产阶级女性更偏好自有品牌，这一研究还证实了自有品牌的消费者具有热心、敏感、顺从的个性特征。

消费者的购买受到他们个人特征、需求以及产品知识的影响。Herstein 等（2012）使用了三个主要结构来解释自有品牌消费者的人格特征：个人主义（由自己的需求、权利和偏好驱动的社会模式）、唯物主义（对获得和拥有事物的信念）和对认知的需求（个人对产品信息和评估的理解）。

低认知型消费者可能会认为自有品牌的质量较差，他们不那么理性，更容易受到有吸引力的包装等情感线索的影响。他们购买低涉入的自有品牌产品，而不是高涉入产品。高认知型消费者在购买自有品牌时更倾向于分析和处理与产品相关的信息（Herstein et al.，2012）。

特定的消费者特征与自有品牌需求差异有关（Baltas & Argouslidis，2007）。对品牌敏感的消费者始终依赖于原始的、强大的品牌名称，不太可能购买自有品牌。收入程度较高、受教育程度较高的人更容易使用自有品牌，这被称为"明智购买"。

3. 尝新性

消费者的尝新性表现为愿意尝试新事物的倾向，尝新性对于消费者自有品牌购买意愿、对不同品类的自有品牌产品购买意愿都有积极影响。González-Benito 等（2015）的研究显示消费者的尝新性影响其购买自有品牌产品，消费者的尝新性越高，购买溢价型自有品牌产品的可能性就越大。在 Jin 和 Suh（2005）对于韩国折扣店食品和居家用品的自有品牌产品购买的研究中，也发现尝新性强的消费者在两种不同品类中都表现出更强的购买意愿，同时研究还表明尝新性是预测消费者对于自有品牌态度的最重要的因素。以上研究都表明了尝新性对于不同类型自有品牌购买意愿的重要影响。

4. 价值观

功利主义的购物价值是指把购物作为一项任务来评价，享乐价值的定义是将购物视为一种娱乐，并与一些购物动机如快乐、乐趣、享受和美学相联系（Holbrook & Hirschman，1982）。功利主义购物价值和与产品性能相关的因素有关，如质量、可用性、品种、合理的价格等（Stoel et al.，2004）。享乐性购物价值在提升整体购物满意度中占有重要地位（Sirakaya-Turk et al.，2015）。Ipek 等（2016）通过解释两种价值观对自有品牌购买和商店忠诚之间的关系，说明了功利主义价值观能够显著提高消费者忠诚度，提高自有品牌购买意愿。

5. 抽象/具体思维

消费者的抽象思维是指当心理距离很远（相对于接近）时，信息处理采取大局（相对于狭窄）视角，并关注焦点物体的中心（相对于详细）特征（Kelting et al.，2019）。当消费者以抽象心理看待自有品牌时，更能发现产品的相似性、可替换性和简单性，有利于选择自有品牌产品，提升购买意愿。

在消费者自有品牌购买意愿研究中，抽象思维的提法非常新颖。Kelting 等（2019）提出当消费者以抽象思维购物时，山寨自有品牌的存在会对选择容易性产生积极影响。

6. 自我概念威胁

品牌和产品选择是消费者对自我的延伸。自我概念通常被认为是由两个维度组成的，即知识（如用来定义自我的重要品牌）和评价性（如自尊）。Escalas 和 Bettman（2003）证明了人们确实会在自我和品牌之间形成联系。一旦形成，消费者的自我与品牌的联系就可以实现自我定义的目的（Rindfleisch et al.，2009）。

关于自我概念威胁对于消费者自有品牌购买意愿的影响研究主要分为两个方面：

第一，自我概念作为自有品牌促销态度的直接影响因素，通过正向影响自有品牌促销态度间接影响自有品牌购买。Garretson 等（2002）证实消费者对自有品牌的价格感知、消费者自我概念、自有品牌促销都与消费者自有品牌的购买倾向正向相关。

第二，自我概念的高低程度对于自有品牌选择的影响。例如，Liu 等（2018）认为消费者对制造商品牌与自有品牌的偏好受到自我概念威胁的影响。该研究证明，当出现自我概念威胁时，高自我概念的消费者更喜欢制造商品牌。

7. 产品知识

Blair 和 Innis（1996）认为消费者的产品知识对外部线索在消费者质量评估中的影响有重要调节作用，在自有品牌中也是如此。研究显示自有品牌知识对自有品牌态度有积极作用。例如，Mieres 等（2006）发现当消费者拥有较多的自有品牌知识时，就能够提高其购买倾向。杨德锋等（2012）发现了自有品牌知识对自有品牌态度的作用，即自有品牌知识对强化消费者的自有品牌态度有积极作用，并且自有品牌态度正面影响自有品牌购买意向，即自有品牌知识会通过强化自有品牌态度而提高自有品牌的购买意向。

此外，自有品牌知识、产品知识与感知质量也有相关关系。杨德锋和王新新（2008b）认为消费者的产品知识能够调节制造商线索的影响，研究表明高产品知识和高自有品牌知识的消费者对自有品牌的感知质量评价较高，低产品知识和低自有品牌知识的消费者对自有品牌的感知质量评价较低。

8. 涉入度

消费者涉入度在塑造个人的态度、行为和他们做出决定的方式方面起着重要作用。关于消费者涉入度对自有品牌购买意愿的影响，有学者进行研究，证实了消费者在零售商自有品牌购买行为中，消费者涉入度通过增加消费者产品知识、提升感知差异的路径对自有品牌的购买产生影响。具体来说，高涉入度的消费者更倾向于购买自有品牌。

9. 感知品牌真实性

最新的消费者行为研究把真实性归因于品牌因素，认为真实性是品牌资产、企业声誉的核心。目前来看，学者主要集中于研究真实性对品牌信任的影响，认为品牌真实性对品牌信任有重大影响，并会推动公司在市场中的发展。

无论是从组织角度还是从消费者角度来看，质量承诺、真诚都是品牌真实性的重要驱动因素，能够在品牌和对个人重要的事物之间建立持久的心理联系（Napoli et al.，2014）。

Burger 和 Schott（1972）发现消费者对自有品牌的质量非常看重，即消费者忠于品牌，他们会重视质量而不是价格，更重视商店而不是品牌名称。有学者提出零售商可以通过样品试用、对高质量的自有品牌产品做出质量承诺等方式来提高感知质量。Sprott 和 Shimp（2004）发现当自有品牌的产品是高质量时，零售商在商店内通过样品试用的方式能够提高自有品牌的感知质量。除了样品试用，有机标签等包装上的质量承诺也会对品牌可靠性有影响，有机标签正向影响自有品牌的感知价值以及态度和行为品牌忠诚度（Casteran & Ruspil，2021）。

最近研究表明，消费者的高真实性评估会导致更大的购买意图，进而转化为更大的支付意愿（Napoli et al.，2014）。自有品牌可以通过质量承诺、品牌名称等提升消费者感知自有品牌真实性，从而增进品牌信任，提升购买意愿。

10. 品牌态度

理性行为理论（TRA 理论）认为，恰当的态度测量应当是基于购买行为或对一个品牌的使用，而非基于品牌自身。根据态度行为意向模型的大量实证研究，消费者对零售商自有品牌的购买态度越积极，购买意愿越强烈（李永强等，2008）。已有研究表明消费者对于零售商商店的态度能够转化为对零售商自有品牌的购买意向（Ailawadi et al.，2001），在实证研究中也证实了对零售商商店忠诚度较高的消费者表现出较高的自有品牌购买意愿（Bell et al.，2005）。

11. 消费者熟悉度

熟悉度增强了人们对自己判断产品质量所需标准的具体技能的信心（Dick et al.，1995）。熟悉度是消费者选择的重要决定因素，对品牌的熟悉度会影响消费者对品牌的信心，进而影响消费者对品牌的态度（Baltas，1997）。Dick 等（1995）的研究指出，消费者对自有品牌的熟悉度不仅会通过感知质量影响对自有品牌的购买，同时还会影响感知风险。Mieres 等（2006）认为消费者对自有品牌的熟悉度，能够提升对自有品牌的感知质量。因此，在面对同样感知质量的自有品牌和制造商品牌进行挑选时，部分消费者会因为熟悉程度而选择自有品牌。

在自有品牌的购买意愿研究中，熟悉度被绝大多数学者认为是能够提升自有品牌购买行为的消费者因素。消费者对自有品牌的熟悉能够提高自有品牌的感知质量，提高购买意愿。

熟悉度能够降低消费者感知风险，消费者对自有品牌越熟悉，其购买风险就越低，购买的意愿就越强；增加消费者对自有品牌的熟悉程度是提高自有品牌接受度的重要措施，店内尝试、与制造商品牌盲比、免费样品赠送、在结账处自有品牌优惠券的分发等手段都可以帮助消费者提高对自有品牌的熟悉程度（范小军、黄沛，2012）。

（二）购买行为因素

关于购买行为特征影响自有品牌购买意愿的研究出现得较早，但数量非常少。Omar（1996）早期研究了英国自有品牌和制造商品牌消费者购买习惯和购买行为的差异，发现自有品牌消费者更经常购物，但其他购买行为并没有统计学上的差异。Sethuraman 和 Cole（1999）认为自有品牌购买行为的影响因素主要包括消费者对不同品牌的自有品牌感知质量、平均价格、购买频率以及消费热忱等方面。

Baltas 和 Argouslidis（2007）对购物频率、商店忠诚度、每次购物旅行支出、每月杂货支出等进行了实证研究，发现经常购买自有品牌的人由于有更多的购物专业知识，在评估质量时会更少依赖简单的启发式。

（三）人口统计因素

1. 年龄

消费者的年龄是影响产品看法的显著因素（Hombury & Giering，2001）。随着消费者年龄的增长，阅历会增加，从而对产品产生不同看法而改变购买意愿。随着年龄的增长，消费者对营销刺激、促销等态度也会转变，对广告等营销沟通方式的信任程度可能会转移。例如，Schaefer（1997）提出老年消费者由于信息处理能力限制，对自有品牌的熟悉度较差，会表现出对制造商产品的专一，因此在价格相似的水平下，老年消费者对自有品牌的购买意愿偏低。Simcock 等（2006）得出了相似的结论：老年消费者通常会倾向于用自身购买经验及先前形成的产品心理感知指导购买决策，以此弥补其对新信息的处理能力不足、熟悉度不高等缺陷。但一些学者认为年龄并不是影响消费者自有品牌购买意愿的主要因素。英美学者早期实证研究的结果显示，自有品牌的购买者已经成为各个年龄段和各个收入阶层的顾客，只是年龄大的顾客购买比例略低于年轻人。

2. 性别

Sethuraman 和 Cole（1999）认为男性的自有品牌购买意愿较弱。男性更希望购买风险较低，有更大的品牌意识，更愿意为商品支付高价格（Mitchell & Walsh，2004）。选择性解释理论也强调了信息处理中的性别差异（Meyers-Levy & Maheswaran，1991）。具体来看，男性是选择性处理者，往往依赖于显著的信息线索；女性是综合处理器，在做出判断之前试图吸收所有可用的信息，这种加工差异可能会影响男女性别之间的产品评价和辨别能力。

Miquel 等（2017）特别针对购买耐用品自有品牌的性别和其他心理变量进行了深入研究，结论显示女性（而不是男性）在自有品牌购买意图中起着关键作用，女性购买自有品牌的持久性的意图高于男性。因此，零售商可以根据消费者的性别实施具体的营销沟通和销售策略，刺激持久性购买意愿。

与早期国外研究发现一致，国内学者发现在某些条件下性别的影响是不显著的。李永强等（2008）发现性别对自有品牌购买意愿没有调节作用，认为性别差异不明显的原因：一是我国自有品牌定位尚不清晰，二是消费者参与度低。

3. 收入

消费者的收入水平对支出情况有正向影响关系。消费者受可支配收入的影响，通常会控制自己的支出水平，安排最合理的支出以满足自己的需求。Cole 和 Ciborowski（1971）认为收入是限制消费者选择不同品牌的重要因素，且不同收入群体之间的品牌选择存在显著差异：高收入者更倾向于对高质量和品牌的追求，对自有品牌购买意愿低，而低收入者对低价的自有品牌购买意愿更高。Baltas 和 Argouslidis（2007）的研究同样显示了自有品牌购买意愿与收入呈现负相关关系。当然也有学者持不同观点：一是低收入者和高收入者会对制造商品牌支付更多，而中等收入人群对自有品牌购买意愿最高（Sethuraman & Cole，1999）；二是性别、年龄和家庭规模大小与自有品牌购买意愿无相关关系，且自有品牌并未被认为是劣质品牌，即不会随花费上涨导致消费量减少（Baltas & Argouslidis，2007）。

总的来说，由于自有品牌发展阶段、调查地域和对象的差异，对人口因素影响自有品牌购买意愿的研究目前没有形成统一结论，但年龄、性别等因素常与消费者个性心理和感知因素相关联或作为调节因素在自有品牌购买中发挥作用（宋蕾、张剑光，2018）。

二、外部线索

Richardson 等（1994）认为消费者对于自有品牌的评估主要是基于外部线索而不是内在特征。关于消费者视角下影响自有品牌购买意愿的外部线索，我们主要从产品因素、零售商因素、制造商因素以及促销因素四个方面进行梳理。

（一）产品因素

1. 包装
包装对自有品牌购买意愿影响的相关研究可分为两类：

第一，认为精美、良好的包装能够吸引消费者，通过降低感知风险和提高感知质量从而提升购买意愿。当自有品牌包装上没有显示制造商名称时，消费者的评价普遍较低，而当显示制造商名称时，消费者的评价较高，尤其是当制造商品牌为消费者熟知并且很有名的时候，消费者的正面评价更加明显。Richardson 等（1994）得出了类似的研究结果：当自有品牌商品被包装成制造商品牌并以制造商品牌的价格出售时，消费者对其的质量评估就高，相反则低。

第二，认为与制造商品牌、名称等相关的包装可以提升消费者的感知质量，更容易获得较高的质量和价格评估，从而影响购买意愿。例如，李健生等（2015）认为良好的商店声誉、合理的价格和精美的包装可以减少风险感知而促使购买意愿的产生。包装作为产品可测量维度，影响消费者的感知价格和质量。包装能促进消费者购买自有品牌，吸引消费者的注意力，将消费者从潜在购买者转变为实际购买者。

2. 品牌名称

消费者使用品牌名称作为推断产品质量的启发性线索（Delvecchio，2001），塑造他们的感官感知和购买意愿。自有品牌的店铺形象和购买意向有直接的关系，品牌名称会正向影响消费者对于店铺形象的感知。但是 Grewal 等（1998）通过研究不同知识水平的消费者对于品牌名称的反应，发现品牌名称在高知识消费者的决策过程中占有重要地位，而低知识消费者更依赖价格。

很多研究是关于自有品牌是否应该使用零售商品牌名称（店铺名称），得出了"保持自有品牌名称和零售商品牌名称一致能够带来消费者对店铺、自有品牌的忠诚"的结论。刘海龙和齐琪（2017）认为自有品牌以店铺名字命名的方式可以增加消费者对产品质量的认可程度，减少对产品不确定性的风险，增加消费者对店铺的忠诚度。谢伟彤（2019）认为使用与零售品牌名称相同的自有品牌能够更好地提高消费者对其的忠诚度。

3. 价格

相比于制造商品牌，自有品牌存在天然的价格优势、渠道优势、货架优势等（赵玻，2007）。但 Hansen 等（2006）认为在消费者将自有品牌认知为高质量时，价格不是重要的驱动购买行为的因素。张炳凯（2018）认为自有品牌产品价格通过感知质量和感知价值的中介作用对消费者购买意愿的影响不大。

在价格政策制定方面，研究可以分为两个方面：

第一，零售商是否应该采用高溢价定价策略。本书认为零售商在把自有品牌定位于高质量产品的同时，也应该采取高溢价定价策略。这是因为当消费者对产品不熟悉时，消费者主要依靠价格判断产品质量（杨德锋、王新新，2008a）。

第二，零售商的价格政策应该传递什么样的价格形象。自有品牌的价格形象正向影响消费者对自有品牌产品的质量评价和购买意愿。当零售商自有品牌商品传递给目标消费者高性价比的价格形象时，消费者会认为该自有品牌感知质量较高，进而产生较高的购买意愿（单娟、范小军，2016）。

4. 产品属性

关于自有品牌产品的特殊属性相关研究主要包括两方面：对自有品牌产品的社会可见性和面子意识的研究，以及对自有品牌产品的道德属性研究。杨德峰等（2012）认为社会可见性是商品的社会价值属性，高度社会可见性既能满足消费者的使用需要又能满足消费者对社会形象的要求。他们通过实证验证了社会可见性对购买态度和购买意向关系的调节作用。自有品牌产品的道德属性旨在加强社会福利和环境保护。Lin 和 Chang（2012）提到消费者对产品道德属性的反应受产品感知质量影响，并通过研究验证了道德属性的存在会增强消费者对不同价格水平的自有品牌的评价。此外，Bodur 等（2016）提出了道德属性对消费者评价自有品牌的积极影响是通过消费者的质量感知来调节。

5. 品类特征

不同的自有品牌产品种类会影响消费者购买意愿。贺爱忠和李钰（2010）通过深度访谈提出，我国零售商的自有品牌产品主要集中于非耐用消费品。具体表现在两个方面：境内大型零售商所开发的自有品牌产品主要为非耐用消费品；我国消费者偏爱于购买非耐用消费品类的自有品牌产品，如日常生活用品、服装、衣帽。由于制造商品牌的耐用品产品更牢固，质量上乘，消费者乐于购买制造商生产的耐用消费品，如电器、大家电。在幸丽萍和王芳（2010）的研究中也显示了这一结论，在品牌质量无较大差别时，大部分消费者在超市购物时考虑到自有品牌价格实惠、性价比高的特征而更愿意购买自有品牌，且在自有品牌购买类别上，大部分为快速消耗品。

产品属性会激发消费者的某种心理特性如社会可见性，从而导致消费者有策略地选择某些自有品牌的品类。Cunningham（1967）提出消费者在购买自有品牌和制造商品牌时的心理特性存在很大差异。刘海龙和齐琪（2017）认为消费者购买自有品牌时大部分是出于自用，且产品种类一般是生活必需品。出于送礼目的的消费者几乎不购买自有品牌，购买的都是知名厂商生产的制造商产品。但这一结论未经实证数据检验，会和现实情况存在一定偏差。

除了产品种类，品类复杂程度、品类质量差异等品类特征也会影响消费者购买行为。研究表明，当品类质量差异、品类复杂程度越高时，消费者难以判断自有品牌产品的感知质量，从而降低了消费者购买意愿。单娟和范小军（2016）发现在影响自有品牌购买意愿的外部因素中品类特征产生负向作用，感知质量和价值意识在此分别发挥了中介和调节作用。同时品类质量差异和复杂程度对感知质量和购买意愿都有负向的显著影响。

（二）零售商因素

这一部分主要研究商店形象。学者们通常认为良好的商店形象可以降低风险，实现优质定价，提高质量感知和满意度（Rossi et al.，2015），甚至影响消费者光顾商店的频率（Darley & Lim，1999）。

关于商店形象如何影响自有品牌购买意愿国内有大量的研究，主要包括四种影响机制：

第一，影响感知质量。研究显示，商店形象与自有品牌的感知质量存在显著的正相关关系。汪旭晖（2007）进一步区分了商店形象不同维度对消费者自有品牌感知质量和自有品牌感知情感的影响，以及自有品牌感知质量和感知情感对自有品牌购买意向的作用效果等。

第二，影响感知风险。商店形象可通过感知风险间接影响品牌信任，从而影响购买意愿（贺爱忠、李钰，2010）。

第三，影响对店铺的信任。消费者对店铺的信任促使消费者购买自有品牌，尤其是商店功能形象可直接影响品牌信任，从而影响购买意愿（贺爱忠、李钰，2010）。

第四，直接影响。商店形象不仅可以通过影响自有品牌感知质量促进消费者的购买意愿，也可以直接影响自有品牌的购买意愿（单娟、范小军，2016）。

以上不同影响机制的结论共同说明，商店形象在消费者选择是否购买自有品牌产品时扮演着重要角色。

（三）制造商因素

1. 契约制造信息暴露

在包装上暴露制造商信息能降低感知风险，提高感知质量，增加购买意愿。例如，Richardson 等（1994）发现当自有品牌商品被包装成制造商品牌并以制造商品牌的价格出售时，消费者对其的质量评估就高，相反则低。当零售商提供制造商标识时，可能会影响消费者的评估、忠诚度和对自有品牌产品的购买。制造商标识部分暗含了对产品质量的隐含保证或保证，即可识别的制造商向消费者发出信号（Porral & Lang，2015），这为消费者提供了更大的信心，并降低了购买感知风险。

国内研究中也发现了相同的结论，杨德峰和王新新（2008b）提出制造商线索会提升消费者对自有品牌的感知质量，暴露制造商所在地和对知名制造商包装的模仿会提高消费者感知质量。因此，为提高自有品牌的感知质量，零售商需要选择消费者对其信任度比较高并且具有一定熟悉度的制造商。研究还发现除了自有品牌代工企业的选择，零售商应该选择在声誉高的地区制造自有品牌，发挥原产地在消费者质量评估中的线索作用。

2. 自有品牌与制造商品牌的相似性

品牌可以在不同方面表现出相似的特征，这种感知相似性很大程度上取决于消费者的心态（Miceli & Pieters，2010）。很多学者提出通过模仿制造商品牌，能够消除或者模糊消费者的感知差异，通过两个产品相似性的联系形成相近的品牌偏好（杨德锋、王新新，2008b）。

消费者对于与制造商名称、所在地、包装有关的"制造商线索"往往具有更多的产品知识、熟悉度，感知到的质量更高（杨德锋、王新新，2008b）。与之类似，Richardson 等（1996）认为自有品牌与制造商品牌在包装、名称上的差异，严重影响消费者的感知质量。也有研究显示和制造商品牌的联系能够强化自有品牌和制造商品牌联想，提高消费者的品牌认知和评价。

从另一个角度，模仿制造商品牌还给消费者提供了更为便捷容易的选择，提升消费者的购买意愿。研究显示当模仿制造商品牌的自有标签被包含在货架集中时，熟悉该类别的消费者会体验到更容易的选择，因此他们随后会对他们所选择的产品进行更有利的评价（Kelting et al.，2017）。这表明营销人员需要关注消费者关于更容易选择的想法，提供消费者更容易找到商品的方法，能够促进消费者购买行为。

（四）促销因素

1. 代言人专业知识

产品和品牌与消费者的营销沟通能够让消费者尽可能了解自有品牌的产品知识、品牌知识，通过强化自有品牌态度而提高消费者购买意向（杨德峰等，2012）。因此，零售商可以通过积极营销的策略，以代言人之口向消费者传达产品的客观知识，强调产品的搜索属性，降低产品的经验属性，从而促进自有品牌的购买（杨德峰、王新新，2008b）。

代言人的专业知识在强化营销沟通和宣传中发挥作用，会使消费者认识到自有品牌是与制造商品牌质量相同但价格低的高价值商品。Chou 和 Wang（2017）结合消费者态度改变、抵制说服和解释水平理论，探讨品牌策略和代言人专业知识对消费者对大卖场自有品牌产品反应的影响，结果表明具有高专业度的代言人的广告可以增强消费者正面态度的确定性，而低专业度的代言人会降低消费者对产品的确定性。选择高专业度的代言人有利于改善消费者对于自有品牌的态度，强调消费者对于自有品牌产品性价比高的认知，降低消费者抵制并增加购买意愿。

2. 促销线索

在价格制定政策方面，还有另一个影响消费者购买意愿的外部线索，即促销因素。有实证研究表明，在某些情况下促销线索会导致消费者对于自有品牌的感知质量、感知风险受到影响进而导致购买意愿降低。也就是说，消费者更多地依赖自有品牌外部线索，而不是内部线索来判断产品质量的优劣，从而影响购买意愿的产生。李健生等（2015）研究表明外部线索中的促销活动在自有品牌定价较低时会使消费者对质量产生不良的印象而感受到风险的存在，降低购买意愿。

自有品牌和制造商品牌消费者对于促销的态度是有差异的。Garretson 等（2002）通过分析消费者对零售商自有品牌和制造商品牌促销态度的差异，说明了价格因素和非价格因素对自有品牌感知与制造商品牌感知的影响程度不同。零售商对自有品牌是否进行促销，何时促销有决定权。然而制造商品牌受到市场环境和竞争对手产品的影响，进行促销的掣肘较多，而且认为促销会影响品牌形象，很少使用撇脂定价策略进行产品促销。

3. 广告效应

广告是制造商提高消费者对产品感知价值的一种有效策略。在销售制造商产品的同时，零售商可以借助广告的作用，帮助自有品牌产品更好地竞争（沈启超、何波，2022）。制造商品牌的知名度往往来自大规模的广告宣传，不进行广告宣传的制造商品牌和自有品牌是没有区别的，制造商品牌和自有品牌都需要广告刺激消费。自有品牌的产品更需要广告宣传维持在消费者心目中的地位和形象，让消费者在进行购买筛选时，能够首先想到自有品牌。Romaniuk 和 Nenycz-Thiel（2014）的研究结果表明，广告会给自有品牌带来规模经济效应，营销者可以将旗下的所有自有品牌一起进行广告宣传。大部分自有品牌以店铺名字命名，而这种方式会减少对产品不确定性的风险，提高消费者对产品质量的认可程度和店铺忠诚度。

4. 口碑推荐

口碑推荐对消费者购买意愿的影响主要表现在降低感知风险方面。目前对外部线索的研究主要集中在价格、品牌名称、包装等方面，忽视了商店声誉、口碑推荐等线索。李健生等（2015）发现，良好的商店声誉、口碑及亲人朋友的推荐能降低消费者对自有品牌的风险感知，使其认为该品牌可靠性高且在各方面更值得信赖，从而提高他们购买该品牌产品的意愿。该研究认为自有品牌口碑营销提供了理论支持。零售商有必要采取措施来强化、改善店铺声誉及口碑推荐，以此来降低消费者的感知风险，增强信任，提升自有品牌购买意愿。

三、影响机制

现有关于自有品牌购买意愿的影响机制的研究中主要存在四个中介变量：信任、感知风险、感知质量、感知价值。

（一）信任

品牌信任是风险情境下消费者对品牌的一种态度，是消费者基于某种情感对品牌的品质、能力、可靠性等方面的认可或者信赖。李健生等（2015）发现良好的商店声誉、口碑推荐能够降低消费者对自有品牌的感知风险，提高自有品牌的可信度，进而提升对自有品牌的购买意愿。贺爱忠和李钰（2010）开发了商店功能形象和情感形象的量表，引入自有品牌信任变量，把感知质量差异、个人特殊信任倾向作为调节变量，构建并实证检验了包括情感形象在内的商店形象对自有品牌信任及购买意愿的影响模型与机理（见图4-2）。

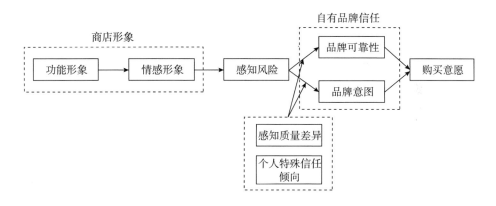

图4-2　商店形象对自有品牌信任及购买意愿的影响模型

资料来源：贺爱忠，李钰．商店形象对自有品牌信任及购买意愿影响的实证研究［J］．南开管理评论，2010，13（2）：79-89.

与该模型类似，从Ballester品牌信任的二元论出发，童利忠和雷涛（2014）从品牌可靠性和品牌意图对品牌信任进行测定，发现对零售商形象评价较高的顾客会认为该零售商提供的自有品牌更可靠，从中感受到更多的善意，从整体上更信任该品牌而产生更强烈的购买意愿。

（二）感知风险

感知风险常常被作为和信任机制平行的中介因素进行研究，李健生等（2015）在研究模型中表明感知风险对信任和自有品牌购买意愿有显著的负向影响，信任对自有品牌购买意愿有显著的正向影响，如图4-3所示。

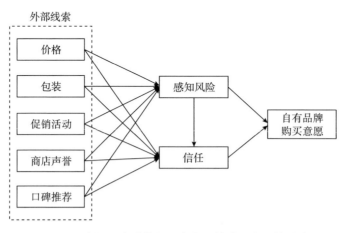

图4-3 感知风险对信任和自有品牌购买意愿的影响

资料来源：李健生，赵星宇，杨宜苗．外部线索对自有品牌购买意愿的影响：感知风险和信任的中介作用［J］．经济问题探索，2015（8）：44-51.

现有研究结果基本一致，认同感知风险降低品牌价值和购买意愿的作用。较早的研究认为感知风险源自消费者对于产品质量的不确定性，从而限制了购买，即使通过补偿感知风险带来的潜在威胁（低价）也不能弥补，这是由于大部分消费者都有风险规避的偏好。良好的商店形象可以降低消费者对自有品牌风险的感知，进而促使购买意愿的产生。这一结论在后来的研究中也被证实（Diallo et al.，2015）。Mathur 和 Gangwani（2021）提取出自有品牌的商店形象的六个维度，并得出商店形象维度显著影响消费者感知的社会风险结论。

以往研究还针对不同品类、消费情境等背景下的感知风险进行了研究。Mieres 等（2006）建立因果和综合模型实证研究了感知风险等因素对商店自有品牌的影响，提出在不同的消费情境、品牌类别和产品利益点下，感知风险各维度与消费者行为的关系存在一定差异。Sheau-Fen 等（2012）采用横断面调查法，抽取了220个具有自有品牌购买经验的消费者，研究感知风险的六个维度与洗发水自有品牌购买意向的关系，发现并非所有维度都能发挥明显作用，较高的绩效风险、身体风险会令消费者对质量评价降低而不愿购买自有品牌。

（三）感知质量

在大部分相关研究中感知质量都被作为影响因素和自有品牌购买意愿之间的中介变量。Sheau-Fen 等（2012）将感知质量与产品熟悉度及感知风险的六个维度纳入同一结构模型中，发现绩效风险、身体风险和熟悉度三者均通过感知质量这一中介变量对自有品牌购买意向产生显著影响。霍佳震和马晓义（2016）把感知质量作为中介变量引入研究模型，发现感知质量对自有品牌购买意愿起决定性影响作用，自有品牌产品属性变量需要通过感知质量这个中介变量间接对自有品牌购买意愿产生正向影响。单娟和范小军（2016）实证检验了外部线索中的零售商和品类对感知质量及消费者购买意愿的影响，感知质量和价值意识分别发挥了中介和调节作用，如图4-4所示。

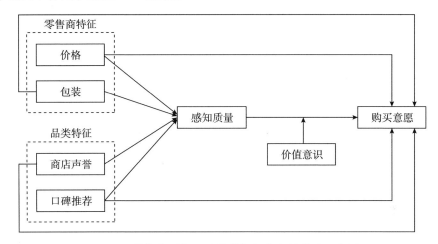

图4-4　零售商形象、品类特征与自有品牌购买意愿

资料来源：单娟，范小军. 零售商形象、品类特征与自有品牌购买意愿［J］. 管理评论，2016，28（5）：85-95.

此外，宋晓迪（2015）研究感知质量和感知价值的关系，发现高的感知质量能提高消费者对自有品牌产品的感知价值，从而使自有品牌购买意愿得到提升。

（四）感知价值

与感知质量相似，感知价值在以往研究中经常作为影响自有品牌购买意愿的中介变量。已有研究表明，感知产品价值与购买意愿之间存在显著的相关关系（Beneke et al.，2015）。感知质量和感知价值也在研究中被作为并列中介变量。例如，张炳凯（2018）发现多个外部线索均通过感知质量和感知价值的中介作用，对消费者购买意愿产生影响，且这种影响是一种正向影响；Girard 等

（2017）通过对沃尔玛的调研，得出感知风险、感知价值和品牌忠诚度在创造自有品牌资产（即高价值）方面起着重要的中介作用。

早期 Grewal 等（1998）强调感知价值的影响作用，认为消费者的购买意愿取决于消费者对产品的感知价值，感知价值对购买意愿有显著正向影响。随后，Broadbridg 和 Morgan（2001）利用实证研究证明了在不同消费环境下，感知价值对购买意愿的积极影响，自有品牌也会向顾客传递情感价值，注重情感效用的消费者更倾向于购买自有品牌产品，并且有着高感知价值的顾客在购买时态度更积极。李永强等（2008）在研究中引入购买态度，发现购买态度对感知价值和购买意愿的影响起到了传递作用。

有学者把消费者对于自有品牌的感知价值进一步细分为情感价值和功能价值。陶鹏德等（2009）发现自有品牌情感价值与自有品牌购买意愿有正相关关系。制造商品牌往往对目标市场采用的是无差异营销策略，只能满足消费者的大部分需求。自有品牌的目标市场就是需求尚未被满足的消费者，消费者购买自有品牌是希望自己的某些情感价值能够得到满足。如果购买的产品能够给消费者带来轻松、愉悦的感觉，触发消费者的额外情感，就会刺激消费者对自有品牌产生更强的购买意愿。除了情感价值，他们通过实证得出自有品牌能够弥补制造商品牌在特定功能上的缺失。在面对消费者求新求异的消费需求和理念时，制造商品牌不能及时满足小规模消费者的需求，自有品牌能够满足这部分消费者在功能上的需求。

关于感知质量、感知价值、信任三者影响购买意愿的内在机制，Konuk（2018）以有机自有品牌为例，研究商店形象、感知质量、对有机自有品牌的信任和感知价值如何影响消费者对有机自有品牌食品的购买意愿。结果表明，品牌形象对感知质量和有机自有品牌的信任有积极影响。研究还发现，感知质量、对有机自有品牌的信任有助于提升感知价值，通过结合三者因素，最终对消费者的购买意愿产生积极的影响，如图 4-5 所示。

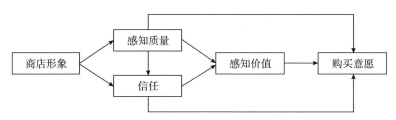

图 4-5 商店形象、感知质量、信任和感知价值对有机自有品牌食品购买意愿的影响

资料来源：Konuk F A. The Role of Store Image，Perceived Quality，Trust and Perceived Value in Predicting Consumers' Purchase Intentions Towards Organic Private Label Food ［J］．Journal of Retailing and Consumer Services，2018（43）：304-310.

四、研究评述

消费者是自有品牌的购买者和使用者，消费者的购买意愿是购买行为发生的基础，可以用来预测消费者的行为，因此研究消费者视角下的自有品牌是十分重要的。我们通过梳理与消费者视角下的自有品牌有关的研究文献，可以发现：

第一，从研究内容来看，消费者视角下自有品牌购买意愿的影响因素主要分为两个方面：内部线索和外部线索。内部线索即消费者因素，主要从消费者个性、消费者态度、购买行为因素以及人口统计因素四个方面出发探讨其对自有品牌购买意愿的影响。外部线索即非消费者因素，主要从产品层面、品类层面、店铺层面、制造商层面以及营销层面分析其对自有品牌购买意愿的影响。综合来看，学者从内部线索和外部线索双角度出发深入探索消费者购买意愿的影响因素，对了解消费者心理、预测消费者购买行为以及零售商制定合理的自有品牌营销策略都有重要意义。但从研究重点来看，学者仍然聚焦于消费者购买意愿的各影响因素及影响机制，对于消费者的购后行为以及重购意愿等方面的研究相对较少，研究内容并不全面合理。

第二，从研究视角来看，国内对于消费者视角下的自有品牌研究大多聚焦于单一层次自有品牌的产品市场，即认为同一产品类别中的自有品牌的产品价格与质量处于同等水平，从而忽略了多层次自有品牌的实际存在及其不同的品牌定位对于消费者购买意愿和购买行为的影响。虽然国外已有少数学者针对这一问题展开研究，并提出自有品牌存在三种层次，即高端自有品牌、标准自有品牌以及经济自有品牌，但不同层次自有品牌对于消费者的影响研究仍然不够深入，针对不同层次自有品牌应该如何开展营销规划有待进一步的分析。针对国内零售商致力于开发不同层次自有品牌这一现状，学者们可以继续进行详细、深刻、全面的系统研究。

第三，从研究方法来看，学者主要采用理论分析与实证研究相结合的方法。学者们聚焦于自有品牌发展现状提炼出研究问题，然后基于消费者行为研究理论，分析其对自有品牌购买意愿的潜在影响以及其中的影响机制，之后进行实证研究设计。在数据获取方面，国外学者采用了问卷调查法和面板数据相结合的形式，国内外少数学者还运用了实验法、访谈法等，同时运用相关性分析、回归分析以及结构方程模型等多种数据分析方法对所得数据进行分析。在数据分析方面采用了相关分析、回归分析以及结构方程模型等多种数据分析方法，之后再对实证研究结果进行分析整理，归纳出研究结论。此类研究方法使理论与实证相结合，使数据有理论支撑，使设想有数据支持，真正做到了理论与实际相结合。总的来看，虽然国内现有研究有着多样化的数据处理方式，但仅靠问卷调查得出的数据仍然缺乏准确性和说服力。未来研究应该将问卷调查法与实验法两者相结合，以此增强研究的科学性和准确性。

第五章

中小型零售商自有品牌
整体发展情况

本章将对 2020 年 7 月至 2021 年 6 月我国中小型零售商联合自有品牌①发展情况进行描述和分析，并将自有品牌发展情况与中小型零售商的整体发展情况进行对比。主要分析内容包括四个方面，分别为销售情况、毛利情况、订单及客单价情况以及自有品牌贡献情况。

分析数据来自蚂蚁商业联盟（以下简称蚂蚁商联）。蚂蚁商联是一个致力于推进中小型零售商自有品牌建设的联盟性组织，联盟成员企业遍布全国，具有较好的样本代表性。蚂蚁商联成员企业独立开发的自有品牌极少，主要是由蚂蚁商联联合开发的自有品牌。为了全面客观地展示近 12 个月中小型零售商的整体及自有品牌发展情况，我们选取了 431 家提供了 2019 年 7 月至 2021 年 6 月共计 24 个月的完整销售数据的中小型零售商门店作为数据样本，具体样本情况如表 5-1 所示。

表 5-1　2019 年 7 月至 2021 年 6 月中小型零售商整体数据

业态	门店数（家）	地区	门店数（家）
便利店	197	北部地区	66
大卖场	59	东部地区	128
大型超市	65	南部地区	94
小型超市	99	中部地区	143
生鲜店	11	—	—
合计	431	合计	431

资料来源：笔者根据蚂蚁商联数据整理。

收纳样本中的中小型零售商目前的主要业态包括便利店、大卖场、大型超市、小型超市、生鲜店，其中便利店和小型超市的业态门店数居多，分别为 197 家和 99 家，大卖场业态门店数为 59 家，生鲜店门店数为 11 家。从门店的地区分布来看，中部地区和东部地区的中小型零售商门店数较多，分别为 143 家和 128 家，而南部地区和北部地区的中小型零售商门店数较少，分别为 94 家和 66 家。

----

①　若无特殊说明，后文中"自有品牌"均指"联合自有品牌"。

一、中小型零售商自有品牌销售情况

(一) 中小型零售商店均销售额较上年同比下降

为了描述 2020 年 7 月至 2021 年 6 月中小型零售商的整体销售情况，我们选用了店均销售额作为基础分析单位，并绘制了店均销售额的环比增长情况。为了消除季节波动的影响，我们同时选取了 2019 年 7 月至 2020 年 6 月的数据与 2020 年 7 月至 2021 年 6 月的数据进行同比增长分析，更清晰地展示近 12 个月来中小型零售商的销售变化情况。图 5-1 展示了中小型零售商的店均销售额、环比增长率及同比增长率。

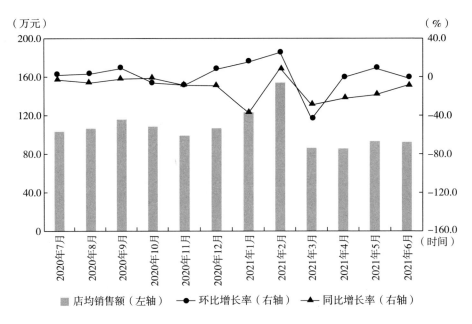

图 5-1　店均销售额、环比增长率、同比增长率情况

资料来源：笔者整理。

如图 5-1 所示，2020 年 7 月至 2021 年 6 月中小型零售商的店均销售额较上年同期出现了明显下降，在 12 个月的取值区间中 11 个月的销售同比增长率为负值，进入 2021 年后同比下降情况更为严重。中小型零售商面临更为严峻的零售环境，寻找新的增长点势在必行。

2020年下半年的月店均销售额较上年同期的下降幅度为1.49%~9.26%，基本处于10%的下降区间。2020年11月店均销售额达到半年最低值，可能是受到"双十一"线上零售促销活动的影响。持续的同比下降态势说明中小型零售商的实体销售情况并不乐观，或是由于越来越多的顾客流向了其他购买渠道，中小型零售商需更加积极地留住顾客，促进消费。

进入2021年后，中小型零售商的销售同比下降情况更为明显。2021年1月店均销售额的同比增长率达到最低值-37.47%，2021年2月店均销售额同比增长8.93%，是12个月中唯一的正向同比增长月。这两个月的巨大波动应是受到春节月份变化影响，2020年春节在1月，2021年春节在2月，将两个月的销售额合并后复合增长率为-18.07%，同比下降仍是主要趋势。2021年3月销售同比下降幅度接近30%，之后略有降低，至2021年6月仍保持了8.97%的同比下降幅度。

2021年上半年尤其严重的销售同比下降趋势主要是由于2020年上半年新冠肺炎疫情暴发为中小型零售商带来了良好机遇。疫情期间消费者活动半径受限，对周边社区的中小型零售商的依赖程度大大增强。除新冠肺炎疫情之外，就单纯店均销售额数据来看，2021年上半年较2020年下半年仍有较大程度的下降，这说明中小型零售商的销售环境随着时间推移出现了较为客观的恶化。这或是由于社区团购、线上购物等业态的蓬勃发展为中小型实体零售商带来了更强的竞争压力，中小型零售商也应更多地关注如何增强自身竞争优势，提振消费。

（二）中小型零售商自有品牌店均销售额持续增长

上一部分数据分析展示了中小型零售商的整体销售情况，为了深入了解其中自有品牌的发展态势，本部分提取了整体数据中的自有品牌销售数据进行分析。2020年7月至2021年6月中小型零售商的自有品牌店均销售额、环比增长率及同比增长率如图5-2所示。

由图5-2可知，2020年7月至2021年6月自有品牌的店均销售额呈现了较为明显的增长态势。自有品牌店均销售额由2020年7月的0.93万元增长到了2021年6月的2.04万元，实现了销售翻倍。其月环比增长率在12个月的区间内实现了10个月的正增长，其月同比增长率在12个月的区间内均超过100%。与整体销售的下降态势不同，自有品牌的销售实现了持续、稳定的高增长，这说明中小型零售商对自有品牌的重视程度越来越高，消费者对自有品牌的接受度也越来越高，自有品牌未来应有更大的发展空间。

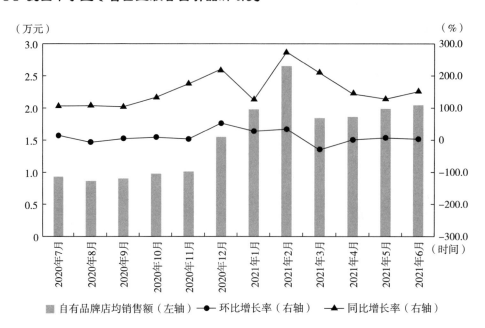

图 5-2 自有品牌店均销售额、环比增长率、同比增长率情况

资料来源：笔者整理。

具体来看，2020 年 7 月至 11 月自有品牌的销售呈现小幅增长的状态。进入 2020 年 12 月后自有品牌的销售出现了一个较大幅度的爆发性增长，环比增长率达到 52.94%，店均销售额突破了 1.5 万元。2021 年 1 月和 2 月自有品牌的销售持续大幅增长，至 2021 年 2 月春节月段一度达到店均 2.65 万元的销售额。春节过后自有品牌销售有所回落，但之后仍保持了持续增长的态势，到 2021 年 6 月店均销售额重新超过 2 万元。就同比数据来看，自有品牌的销售额较上年同期有极大幅度的提升，同比增长率最低的月份都达到了 103.78%。在整体销售环境低迷的状态下，自有品牌的发展仍欣欣向荣，为中小型零售商发挥了越来越重要的作用，有潜力成为中小型零售商新的长期增长点。

二、中小型零售商自有品牌毛利情况

（一）中小型零售商店均毛利额较上年同比下降

2020 年 7 月至 2021 年 6 月中小型零售商店均毛利额、环比增长率及同比增长率情况如图 5-3 所示。

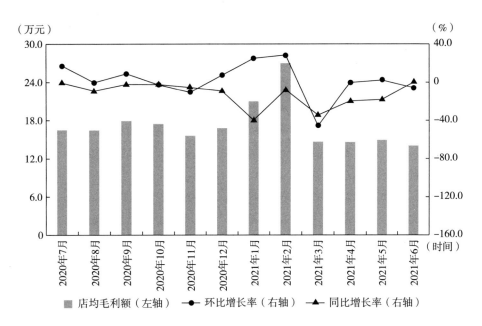

图 5-3 店均毛利额、环比增长率、同比增长率情况

资料来源：笔者整理。

整体来看，自 2020 年 7 月至 2021 年 6 月中小型零售商店均毛利额呈现出与销售额相似的同比下降趋势，12 个月内同比增长率均为负值，相较前一年的毛利额出现了明显的降低。中小型零售商的运营收益每况愈下，面临更大的运营压力。

具体来看，中小型零售商店均毛利额在 2020 年下半年波动幅度不大，相邻两月波动量均在 2 万元以内。2021 年 1 月开始平稳上升，在 2021 年 2 月达到最高水平 26.97 万元，之后大幅下降至 15 万元以下并维持了相对稳定。从店均毛利额的同比增长率来看，同比增长率在 2020 年下半年基本控制在 10% 的下降区间，并在 2021 年 1 月达到最低点 -39.73%。2021 年 2 月为春节时段，同比下降趋势出现了减缓，但仍处于负值。2021 年 3 月同比下降幅度重归高位，达到 34.47%，4 月和 5 月同比下降幅度略低于 20%，2021 年 6 月缓慢回归至往年水平，同比下降 0.17%。2021 年上半年区段的同比下降既有春节时间变动的原因，又受到新冠肺炎疫情的影响。2021 年 6 月后中小型零售商的毛利额能否回归甚至超越往年水平仍有待考察。整体来说中小型零售商的店均毛利额下降趋势相对明显，寻找新的利润增长点是中小型零售商的重要课题。

（二）中小型零售商自有品牌店均毛利额持续增长

2020 年 7 月至 2021 年 6 月自有品牌店均毛利额、环比增长率及同比增长率情况如图 5-4 所示。

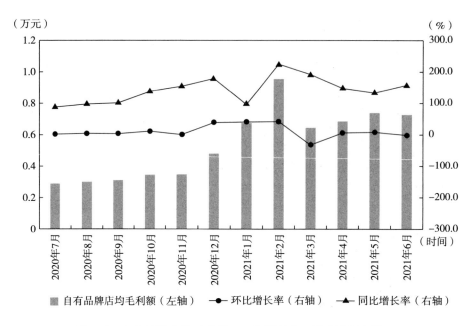

图 5-4　自有品牌店均毛利额、环比增长率、同比增长率情况

资料来源：笔者整理。

整体来看，2020 年 7 月至 2021 年 6 月中小型零售商的自有品牌店均毛利额呈现出持续增长的趋向，在 2021 年 2 月春节期间达到顶峰，到 2021 年 6 月其店均毛利额约是 2020 年 7 月的 2.5 倍。自有品牌店均毛利额相较于上年同期实现了较大幅度的同比增长，同比增长率为 87.76%~224.65%，其中 9 个月的月同比增长率超过 100%。在中小型零售商整体毛利下降的环境中，自有品牌的盈利能力十分突出，为门店做出了越来越多的盈利贡献。

具体来看，自有品牌店均毛利额自 2020 年 7 月开始小幅平稳上升，2020 年 12 月开始进入了 3 个月的高速增长期，环比增长率也从 38.56% 升至 41.68%，自有品牌店均毛利额在 2021 年 2 月达到最高水平 0.95 万元。此后自有品牌店均毛利额回落到春节前的水平，回归平稳增长态势，2021 年 6 月环比增长率小幅下降，自有品牌店均毛利额稳定在了 0.73 万元的水平上。从同比增长率来看，自有品牌店均毛利额的同比增长率在 2020 年下半年呈现出平稳上升趋势，同比增长率从 2020 年 7 月的 87.76%增长到 2020 年 12 月的 178.79%。2021 年 2 月达到最高水平 224.65%，之后仍保持了最低 133.53%的同比增长幅度。自有品牌在环比和同比增长方面都体现出了极高的盈利能力和潜力，中小型零售商应重点关注自有品牌的盈利效果。

（三）中小型零售商自有品牌有显著毛利优势

为了更清楚地体现自有品牌的盈利能力，本部分计算了 2020 年 7 月至 2021 年 6 月中小型零售商的整体毛利率和自有品牌毛利率，如图 5-5 所示。

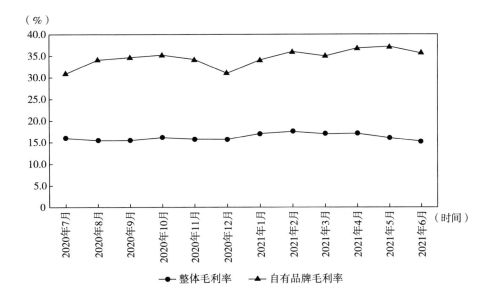

图 5-5　整体及自有品牌毛利率情况

资料来源：笔者整理。

整体来看，自有品牌的毛利率远高于中小型零售商的整体毛利率。2020 年 7 月至 2021 年 6 月，中小型零售商的平均整体毛利率为 16.20%，而自有品牌毛利率则达到了 34.56%，即自有品牌的盈利水平是中小型零售商整体的 2.13 倍，自有品牌具有极为显著的毛利优势。

具体来看，中小型零售商每月的整体毛利率处于 15.20%～17.52%，自有品牌毛利率处于 30.88%～37.16%。中小型零售商的整体毛利率在 2021 年 2 月春节期间达到最高值，应与节气期间的消费结构变化有关，其他时间毛利率相对平稳。自有品牌的毛利率波动幅度相对较大，且呈现波动增长的态势，2021 年 5 月毛利率达到峰值。自有品牌毛利率对比整体毛利率的优势程度在 2020 年下半年略有波动，进入 2021 年后也呈现出了持续增长的态势，从 2 倍持续增长至 2.34 倍。这说明自有品牌进行了持续有效的新品开发和成本管控，毛利优势不断提升，是中小型零售商极为重要的盈利方向。中小型零售商应该再接再厉，维持自有品牌良好的发展趋势，充分发挥优势作用。

三、中小型零售商自有品牌订单及客单价情况

（一）中小型零售商店均订单数有所下降

为了描述 2020 年 7 月至 2021 年 6 月中小型零售商的整体订单情况，我们同时计算了中小型零售商的店均订单数、环比增长率及同比增长率。

如图 5-6 所示，2020 年 7 月至 2021 年 6 月中小型零售商的店均订单数整体呈现出下降态势，尤其进入 2021 年后店均订单量达到年内谷值，2021 年 5 月后略有回升。

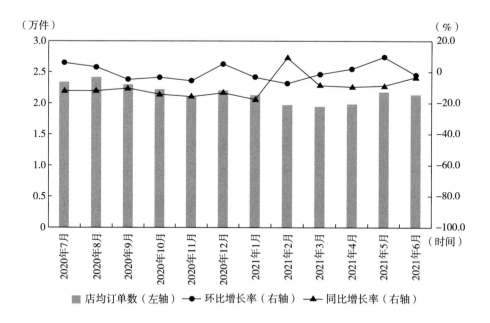

图 5-6　店均订单数、环比增长率、同比增长率情况

资料来源：笔者整理。

2020 年下半年的月店均订单数较上年同期的下降幅度为 10.41%～15.83%，下降幅度均超过 10%，2020 年 11 月店均订单达到半年最低值。进入 2021 年后，2021 年 1 月店均订单的同比增长率达到一年内谷值−17.59%，2021 年 2 月店均销售额同比增长 9.12%，是 12 个月中唯一的正向同比增长月，这两个月的巨大波动应是受到春节影响。2021 年 3 月之后订单同比下降幅度在 3.34%～9.53%，下降幅度均低于 10%，3 月后同比下降幅度逐渐减小。这应是 2020 年新冠肺炎疫情期间店均订单量本身处于较低水平，导致其同比下降幅度相对变小。从整体趋势看，春节过后店均订单量较 2020 年下半年仍在下滑，5 月略有回升，但仍不及 2020 年水平。这说明新冠肺炎疫情防控平稳后消费者在中小型零售商进行购物次数仍在逐渐减少，顾客的流失对中小型零售商来说会是一个严峻的挑战。

（二）中小型零售商自有品牌店均订单数有所上升

上一部分数据分析展示了中小型零售商的整体订单情况，本部分对自有品牌订单情况进行分析。2020 年 7 月至 2021 年 6 月中小型零售商的自有品牌店均订单数、环比增长率及同比增长率如图 5-7 所示。

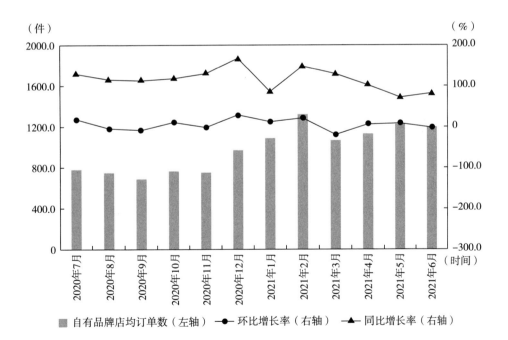

图 5-7　自有品牌店均订单数、环比增长率、同比增长率情况

资料来源：笔者整理。

由图5-7可见，2020年7月至2021年6月自有品牌的订单数整体呈现上升趋势。自有品牌店均订单数由2020年7月的780件增长到了2021年6月的1119件，其中2月增长数量最多，达到了1322件。12个月全部实现正同比增长率，增长幅度为71.59%~167.51%。自有品牌的订单数实现了相对持续的增长状态，受到了越来越多消费者的青睐。

2020年7月至11月自有品牌的订单数呈现小幅波动状态，2020年12月自有品牌的订单数大幅增长，环比增长率达到28.96%。2021年1月和2月自有品牌的订单持续较大幅度增长，春节过后自有品牌销售有所回落，3月之后继续增长，6月再次小幅回落。就同比数据来看，自有品牌的订单数较上年同期有大幅度的提升，同比增长率最高的月份达到了167.51%。在整体销售环境低迷的状态下，自有品牌的发展状况良好，吸引了越来越多的消费者。

（三）中小型零售商客单价2021年上半年出现下降

本部分对中小型零售商店均客单价进行分析，2020年7月至2021年6月中小型零售商的客单价、环比增长率及同比增长率如图5-8所示。

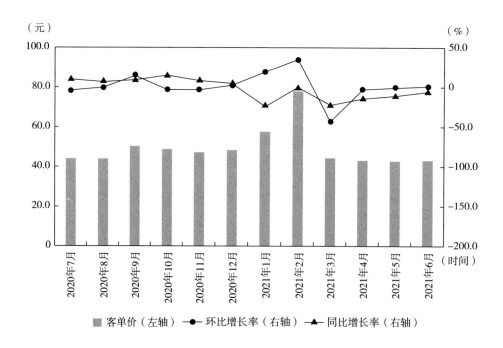

图5-8　客单价、环比增长率、同比增长率情况

资料来源：笔者整理。

如图 5-8 所示，整体来看 2020 年 7 月至 2021 年 6 月中小型零售商的客单价呈现了先增后降的趋势。中小型零售商的客单价在 2020 年下半年呈现同比增长的态势，进入 2021 年后客单价相比 2020 年下半年处于低位。

具体来看，2020 年下半年中小型零售商的客单价较上年同期有所上升，上升幅度为 4.70%~14.90%。结合 2020 年下半年中小型零售商店均订单数的降低，反映出 2020 年下半年中小型零售商的顾客在一定程度上保持了新冠肺炎疫情期间发展出来的少频次、大规模的购买模式。但进入 2021 年后，客单价持续处于低位，消费者的订单平均购买金额在减少，而订单量却没有相应增加，这对于中小型零售商来说是一个严峻的挑战。

（四）中小型零售商自有品牌客单价较上年同比上升

上一部分数据分析展示了中小型零售商的整体客单价情况，本部分对自有品牌客单价进行分析。2020 年 7 月至 2021 年 6 月中小型零售商的自有品牌客单价、环比增长率及同比增长率如图 5-9 所示。

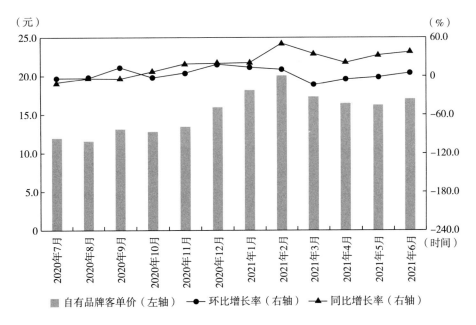

图 5-9　自有品牌客单价、环比增长率、同比增长率情况

资料来源：笔者整理。

如图 5-9 所示，2020 年 7 月至 2021 年 6 月自有品牌的客单价呈现同比上升趋势，2020 年 10 月之后自有品牌客单价持续同比增长，增长幅度为 7.04%~

50.96%。

在整体销售环境低迷、中小型零售商的整体客单价出现明显下降的情况下，自有品牌的客单价较上年同期有较大幅度的提升。这说明购买了自有品牌的消费者在不断增加自有品牌的消费支出，自有品牌产品得到了消费者越来越多的信赖和支持，中小型零售商发展自有品牌的战略取得了良好的结果。

四、中小型零售商自有品牌贡献情况

为了更好地展示自有品牌对中小型零售商的贡献情况，本部分构建了三项贡献指标，分别为销售贡献、毛利贡献、订单贡献。自有品牌贡献值的计算方式为自有品牌指标相对整体指标的比值，指代自有品牌在整体指标中所占的比重，该值越大表示自有品牌在该方面的贡献越大。具体来说，自有品牌销售贡献是自有品牌销售额占整体销售额的比值，自有品牌毛利贡献是自有品牌毛利额占整体毛利额的比值，自有品牌订单贡献是包含自有品牌的订单量占整体订单量的比重。贡献指标通过份额的形式展示了自有品牌对中小型零售商的贡献程度，剔除了整个行业的发展影响，可以有效体现出自有品牌在整体发展中的相对重要性。2020年7月至2021年6月中小型零售商自有品牌贡献情况如图5-10所示。

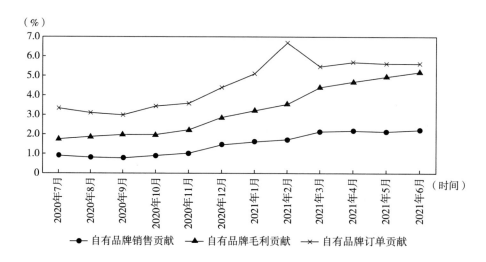

图 5-10 自有品牌贡献情况

资料来源：笔者整理。

整体来看，自有品牌贡献程度从大到小依次是自有品牌订单贡献、自有品牌毛利贡献、自有品牌销售贡献，三项贡献指标在 2020 年 7 月至 2021 年 6 月都呈现出了较为明显的增长态势，说明自有品牌为中小型零售商做出了越来越多的贡献。

具体来看，自有品牌销售贡献在 2020 年 11 月之前处于低位波动状态，之后出现了较大幅度的持续增长，在 2020 年 11 月突破了 1% 水平，在 2021 年 3 月突破了 2% 水平，之后进入相对平稳的发展状态，并在 2021 年 6 月达到了 2.21% 的峰值。自有品牌毛利贡献则在 2020 年 7 月至 2021 年 6 月保持了增长状态，尤其在 2020 年 11 月开始出现较大幅度的增长，2021 年 6 月自有品牌毛利贡献达到了顶峰值 5.19%。自有品牌订单贡献自 2020 年 9 月后呈现出持续攀升状态，尤其在 2020 年 11 月至 2021 年 2 月保持了高速增长，2021 年 2 月达到峰值 6.69%，3 月回落后进入相对平缓的状态，2021 年 6 月达到了 5.62% 的贡献水平。

五、小结

整体来看，2020 年 7 月至 2021 年 6 月，我国中小型零售商的经营情况并不乐观，门店店均销售额、毛利额、订单量相比上年同期都有较为明显的下降，2021 年春节过后各项指标更是达到了两年内的最低水平。中小型零售商的订单量在持续减少，但客单价并没有对等地提升，这说明中小型零售商的留客能力在下降。除了新冠肺炎疫情对消费的整体抑制作用，还有很重要的一部分原因在于相当一部分顾客需求通过其他渠道被满足了。事实上，2020 年上半年暴发的新冠肺炎疫情对中小型零售商来说机会大于威胁，疫情使消费者对社区商业的依赖性大幅增强，极大程度上促进了中小型零售商的发展。但疫情的暴发同样促进了众多其他业态的发展，网络电商、直播带货、到家服务、社区团购等形式也成为众多消费者的日常消费选择。从数据结果来看，中小型零售商的竞争能力并不突出，其顾客忠诚程度不足以应对当前的挑战。

与中小型零售商整体低迷的销售形势不同，自有品牌在各个方面都呈现出了较好的增长态势。自有品牌店均销售额、毛利额、订单量呈现出大幅同比增长趋势，客单价也保持了相对稳定的增长状态。就贡献水平来看，自有品牌的销售贡献、毛利贡献和订单贡献都处于持续增长态势。自有品牌的销售贡献由 2020 年 7 月的 0.9% 升至 2021 年 6 月的 2.21%，毛利贡献由 1.75% 升至 5.19%，订单贡献由 3.33% 升至 5.62%。

　　自有品牌的销售贡献代表了自有品牌销售额占整体销售额的比重，146%的增长幅度说明自有品牌得到了中小型零售商越来越多的重视，创收能力大幅提高。自有品牌的毛利贡献代表了自有品牌毛利额占整体毛利额的比重，在一年的时间内，自有品牌毛利贡献实现了1.97倍的高额增长。自有品牌毛利贡献的增幅大于销售贡献的增幅，这说明自有品牌的毛利优势在扩大。高毛利是自有品牌的固有优势，而规模经济的存在可以使更成熟、更普及的自有品牌获得更高的毛利优势。2021年6月，自有品牌毛利率达到35.6%，是中小型零售商整体毛利15.2%的2.34倍。除此之外，自有品牌的订单贡献也实现了0.69倍的增长，这说明自有品牌获得了越来越多消费者的认可，更多比例的消费者开始购买或重复购买自有品牌。自有品牌订单贡献的增幅小于销售贡献，这也说明自有品牌的客单价同时出现了提升，即消费者每单购买的自有品牌量越来越多，自有品牌获得了消费者越来越多的信赖。

　　综上，自有品牌具有较好的发展潜力，在中小型零售商面临困境之时发挥着重要的作用。中小型零售商应重视自有品牌的优势，并通过良好的自有品牌运营和推广使其得到充分发挥，有效增强自身竞争力以寻求破局。

第六章

中小型零售商自有品牌品类发展情况

为深入了解零售商自有品牌各品类的发展情况，本章将对 2020 年 7 月至 2021 年 6 月我国中小型零售商各品类整体及自有品牌销售情况进行分析。本章主要分析内容包括三个方面：一是中小型零售商和自有品牌各品类的开发情况；二是中小型零售商自有品牌优势品类的发展情况；三是自有品牌主要品类的具体发展情况。

其中，零售商和自有品牌的各品类开发情况主要分析中小型零售商单品数变化情况、自有品牌单品数排名情况、自有品牌单品数增量占比情况、自有品牌各品类新增单品数排名等相关信息，反映自有品牌在不同品类的新品开发表现；中小型零售商自有品牌的优势品类的发展情况主要分析我国中小型零售商自有品牌二级品类的销售排名、毛利排名以及订单排名，反映自有品牌在不同品类的优势情况；在自有品牌主要品类的具体发展情况部分我们构建了一个包含品类发展潜力、品类竞争状态、自有品牌发展潜力、自有品牌毛利优势的四维度分析框架，并选取了自有品牌销售额最高的 20 个品类进行全面的发展分析。

本章的品类分类采取的是二级类目分类，具体分类信息如表 6-1 所示。其中一级类目包括服装鞋帽、家具/家装、交通用品、美妆护肤、母婴产品、日用品、食品、数码家电、文体娱乐、烟草烟具、医药保健/计生、饮料、园艺花卉/宠物及非标码品共计 14 个。一级品类服装鞋帽包括八个二级品类，一级家具/家装包括四个二级品类，一级交通用品包括两个二级品类，一级美妆护肤包括六个二级品类，一级母婴产品包括四个二级品类，一级日用品包括六个二级品类，一级食品包括八个二级品类，一级数码家电包括十个二级品类，一级文体娱乐包括五个二级品类，一级烟草烟具包括两个二级品类，一级医药保健/计生包括五个二级品类，一级饮料包括两个二级品类，一级园艺花卉/宠物包括五个二级品类。总体来看，品类划分为 14 个一级品类，68 个二级品类。其中非标码品不纳入后续分析。

表 6-1　品类划分

一级类目	二级类目	一级类目	二级类目	一级类目	二级类目
	男装		餐饮用具		礼品
	内衣		床上用品		玩具乐器
服装鞋帽	女装	日用品	个人护理	文体娱乐	文化办公用品
	配饰		居家日用		箱包
	睡衣		卫生清洁		运动户外

续表

一级类目	二级类目	一级类目	二级类目	一级类目	二级类目
服装鞋帽	童装和配饰	日用品	洗浴用品	烟草烟具	火机烟具
	袜子	食品	茶叶		烟草
	鞋类		冲调品	医药保健/计生	保健器械
家具/家装	家具		方便速食		保健食品
	家装建材		冷藏/冷冻食品		护理护具
	家装软饰		粮油调味		计生用品
	五金器具		奶制品		中西药品
交通用品	交通工具		熟食生鲜	饮料	非酒精饮料
	汽车用品		休闲食品		酒精饮料
美妆护肤	彩妆	数码家电	厨房小电	园艺花卉/宠物	宠物活体
	底妆		厨卫大电		宠物食品
	护肤品		电脑及配件		宠物用品
	美妆工具		电子教育		花卉绿植
	香水		个护电器		园艺
	卸妆及其他		摄影摄像	非标码品	非标码品
母婴产品	母婴用品		生活电器		
	奶粉		手机通信		
	婴幼儿保健品		影音娱乐		
	婴幼儿辅食		智能设备		

资料来源：笔者整理。

一、中小型零售商自有品牌品类开发情况

（一）自有品牌单品数稳定增长

2020 年 7 月至 2021 年 6 月中小型零售商整体及自有品牌单品数变化情况如表 6-2 所示。

由表 6-2 可见，2020 年 7 月至 2021 年 6 月，中小型零售商总单品数呈下降趋势，但自有品牌单品数逆势而行，保持了良好的增长态势，这说明中小型零售商越发注重对自有品牌单品的开发。

表 6-2　整体及自有品牌单品数变化情况

时间	总单品数（个）	自有品牌单品数（个）
2020 年 7 月	162925	819
2020 年 8 月	167945	845
2020 年 9 月	171316	899
2020 年 10 月	176026	937
2020 年 11 月	163349	1053
2020 年 12 月	159616	1156
2021 年 1 月	158619	1244
2021 年 2 月	164720	1269
2021 年 3 月	151137	1264
2021 年 4 月	144658	1296
2021 年 5 月	144163	1318
2021 年 6 月	140202	1328

资料来源：笔者整理。

　　具体来看，截至 2021 年 6 月，中小型零售商在售总单品数为 140202 个，较 2020 年 7 月减少 22723 个，降幅达 13.9%。自 2020 年 10 月开始，中小型零售商总单品数开始持续下滑，除 2021 年 2 月春节期间有所回弹外，总单品数不断减少。这说明中小型零售商在不断精简在售产品组合，货架竞争日趋激烈。但与整体单品数下滑趋势不同，中小型零售商在自有品牌上持续发力，更加积极地进行新品开发。除 2021 年 3 月的小幅回落外，在一年内始终保持了较为稳定的增长。自有品牌单品数由 2020 年 7 月的 819 个增至 2021 年 6 月的 1328 个，增长率高达 62.1%。

　　2020 年 7 月至 2021 年 6 月中小型零售商自有品牌单品数占比变化情况如图 6-1 所示。其中占比率的计算方式为自有品牌单品数相对整体单品数的比值。

　　整体而言，12 个月内自有品牌单品数占比稳步提升，进一步说明中小型零售商对自有品牌单品开发的重视程度不断加强。自有品牌不断完善产品布局，单品数量逆势中持续上升，也说明自有品牌的表现得到了市场和零售商的认可。

　　自有品牌单品数占比由 2020 年 7 月的 0.50% 增至 2021 年 6 月的 0.95%。2020 年 7 月至 2020 年 10 月，自有品牌单品数占比平稳上升，2020 年 11 月至 2021 年 1 月更是连续三个月出现大幅度提升。2021 年 2 月，因整体单品数的大幅增加，自有品牌单品数占比略微有所下降，此后月份自有品牌单品数占比持续升高。上述分析表明我国零售企业正在逐步加大自有品牌开发力度，自有品牌日后应有更多发展空间。

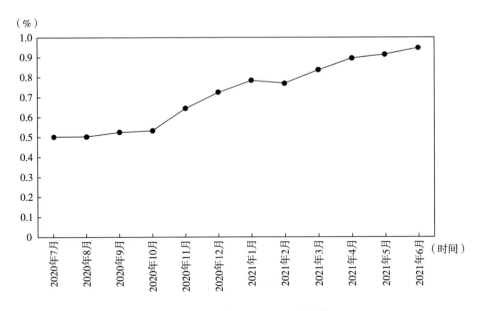

图 6-1　自有品牌单品数占比变化情况

资料来源：笔者整理。

（二）日用品和食品品类单品数最多

为了解自有品牌各品类的开发情况，本部分对最新（2021 年 6 月）自有品牌一级品类单品数及其占整体自有品牌单品数比例进行分析，如图 6-2 所示。

在 13 个一级品类中，日用品和食品的自有品牌单品数分别为 661 个和 466 个，占比分别为 49.8%、35.1%，远高于其他品类。这两大品类属于日常生活中的常规品类，市场需求较大，因此单品较多。其次是服装鞋帽、饮料、家具/家装、医疗保健/计生，单品数分别为 65 个、61 个、27 个、27 个，占比分别为 4.9%、4.6%、2%、2%。数码家电、烟草烟具、美妆护肤、母婴产品、文体娱乐本身品类规模较小，自有品牌单品数分别为 8 个、6 个、3 个、2 个、2 个，占比分别为 0.6%、0.45%、0.23%、0.15%、0.15%。交通用品和园艺花卉/宠物则由于具有特殊的使用场景，市场需求较小，自有品牌单品数暂时为 0。

（三）常规品类单品年增量最多

为了解自有品牌各品类的开发分布增长情况，本部分对自有品牌一级品类单品年增量进行分析，如图 6-3 所示。

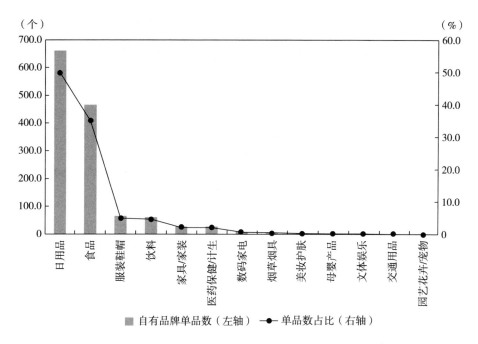

图6-2 自有品牌一级品类单品数及占比变化情况

资料来源：笔者整理。

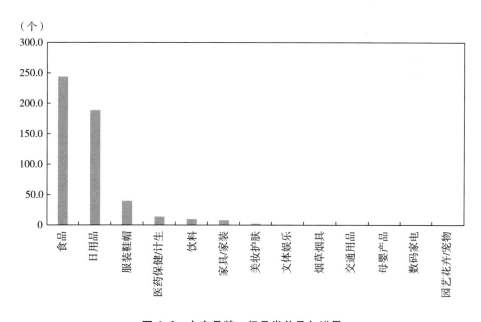

图6-3 自有品牌一级品类单品年增量

资料来源：笔者整理。

在 13 个自有品牌一级品类单品的年增量中，食品和日用品单品年增量分别为 244 个和 189 个，远高于其他品类，这两大品类产品开发壁垒较小，因此单品增量较多。服装鞋帽、医药保健/计生、饮料、家具/家装单品年增量分别为 40 个、14 个、10 个、8 个，增量数值位于中间水平。美妆护肤、文体娱乐、烟草烟具少有新的自有品牌单品开发，年增量分别为 2 个、1 个、1 个；而交通用品、母婴产品、数码家电、园艺花卉/宠物等品类的自有品牌产品单品数量无变化。

在对自有品牌一级品类单品进行分析的基础上，为了更好地了解各品类开发情况，对 2020 年 7 月至 2021 年 6 月自有品牌二级品类年新增单品数进行统计，并选取了排名前 20 的二级品类进行分析（见表 6-3）。

表 6-3　自有品牌二级品类年新增单品数排名

排名	二级品类	所属一级品类	年增量（个）
1	餐饮用具	日用品	97
2	粮油	食品	95
3	调味品	食品	69
4	卫生清洁	日用品	54
5	鞋类	服装鞋帽	40
6	休闲食品	食品	37
7	个人护理	日用品	24
8	冲调品	食品	22
9	肉蛋水产	食品	13
10	保健食品	医药保健/计生	12
11	洗浴用品	日用品	11
12	方便速食	食品	8
13	五金器具	家具/家装	7
14	酒精饮料	饮料	6
15	非酒精饮料	饮料	4
15	计生用品	医药保健/计生	4
17	居家日用	日用品	3
18	护肤品	美妆护肤	2
18	家装软饰	家具/家装	2
20	礼品	文体娱乐	1
20	烟草	烟草烟具	1

资料来源：笔者整理。

整体而言，自有品牌二级品类年新增单品数差距较大，新增自有品牌主要集中在餐饮用具、粮油、调味品、卫生清洁等食品和日用品品类。

具体来说，餐饮用具和粮油品类的年新增单品数位列第一、第二，年增量分别为 97 个、95 个，远高于其他品类。餐饮用具、粮油是零售业满足顾客需求的重要基础性产品，自有品牌又拥有价格与渠道双重优势，是样本时段内中小型零售商新品开发的首选。调味品、卫生清洁、鞋类、休闲食品分别以 69 个、54 个、40 个、37 个的年增量紧随其后。

（四）医疗保健/计生品类单品数占比最高

图 6-4 对 2020 年 7 月至 2021 年 6 月各一级品类的自有品牌单品数占品类整体单品数的比例进行了分析，用于反映各品类内部自有品牌的单品覆盖范围。总体上自有品牌一级品类单品数品类内占比差异较大，医药保健/计生产品的品类内年占比远高于其他品类，其次为日用品和家具/家装品类。

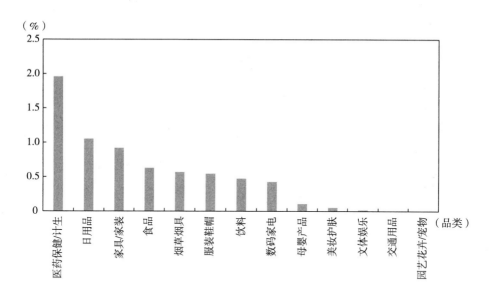

图 6-4 自有品牌一级品类单品数年占比情况

资料来源：笔者整理。

具体来看，医疗保健/计生用品以 1.96% 的年品类内占比遥遥领先其他品类。这一品类的自有品牌单品数高占比一方面是由于品类规模较小，整体单品数较少，另一方面则是受新冠肺炎疫情影响，消费者对健康的重视度大幅提高，零售商抓住了这一机遇进行了相关的自有品牌开发。日用品和家具/家装品类处于第二梯队，自有品牌单品数品类内占比分别为 1.05%、0.92%。食品、烟草烟具、服装鞋帽、饮料、数码家电等品类的自有品牌单品数品类内占比集中在 0.43%~0.63%，差异较小。另外，母婴产品、美妆护肤、文体娱乐品类自有品牌单品数品类内占比偏低，分别为 0.11%、0.05%、0.02%，而交通用品和园艺花卉/宠物品类本身规模较小，尚未进行自有品牌开发。

在上述分析的基础上，本部分进一步对自有品牌各一级品类每月的品类内单品数占比变化趋势进行分析，如图 6-5 所示。

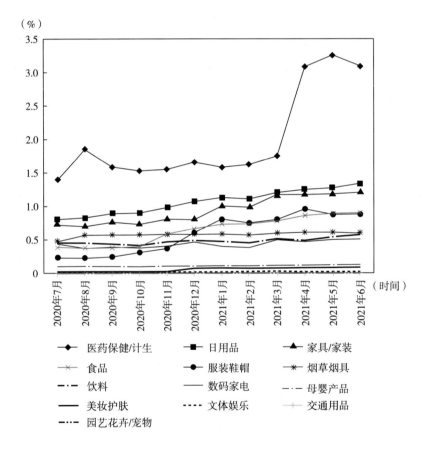

图 6-5 自有品牌一级品类单品数月占比情况

资料来源：笔者整理。

由图 6-5 可见，2020 年 7 月至 2021 年 6 月，除医药保健/计生品类的自有品牌单品数占比出现较大增长外，自有品牌一级品类单品数占比总体呈现平稳上升态势，各品类自有品牌开发正稳步推进。

新冠肺炎疫情的出现使人们的防护保健意识不断增强，自有品牌充分抓住了这一机遇，于2020年7月开始进行了计生用品的自有品牌产品开发，于2021年4月开始了保健食品的自有品牌产品开发，促进了医疗保健/计生品类整体的自有品牌单品占比。由于医疗保健/计生品类整体单品数较少，故自有品牌的占比和变动幅度较大。除此之外，日用品、家具/家装、服饰鞋帽、食品等品类自有品牌品类内单品数占比整体呈上升趋势，体现出在常见日用品类中自有品牌开发的逐步完善。烟草烟具、饮料、数码家电、母婴产品、美妆护肤、文体娱乐等品类的自有品牌品类内单品占比则较为平稳，无明显变化。

二、自有品牌优势品类发展情况

为了更清楚地展示自有品牌在不同品类的发展情况，本部分从销售、毛利、订单等方面对不同品类内的自有品牌在2020年7月至2021年6月的表现进行了排名。排名数据可以体现不同品类自有品牌的发展优势，帮助中小型零售商进行更好的自有品牌发展规划。

（一）自有品牌销售优势品类发展情况

本部分计算了各二级品类自有品牌的销售额占自有品牌整体销售额的贡献情况，可以反映自有品牌内部各品类的销售优势情况。

由表6-4可知，卫生清洁品类自有品牌的销售额占整体自有品牌销售额的28.79%，是当前自有品牌的第一大销售品类。自2020年新冠肺炎疫情发生后，消费者更加关注卫生健康，市场对于卫生清洁品类产品的需求大幅提升。很多中小型零售商及时抓住了这一契机，快速投入该品类的自有品牌开发，并通过全面的产品线、优越的性价比吸引到了忠实的消费者，维持和拓展了自有品牌在该品类内的销售优势。

表6-4 自有品牌内部销售贡献的品类排名

排名	品类	自有品牌内部销售贡献（%）
1	卫生清洁	28.79
2	粮油调味	17.96
3	休闲食品	14.03
4	非酒精饮料	8.27

排名	品类	自有品牌内部销售贡献（%）
5	餐饮用具	6.42
6	冲调品	5.52
7	方便速食	3.98
8	酒精饮料	3.96
9	鞋类	3.05
10	个人护理	2.58
11	洗浴用品	1.89
12	居家日用	0.83
13	熟食生鲜	0.62
14	五金器具	0.60
15	母婴用品	0.41
16	计生用品	0.29
17	冷藏/冷冻食品	0.25
18	烟草	0.11
19	家装软饰	0.10
20	保健食品	0.08

资料来源：笔者整理。

自有品牌中销售排名第二、第三位的品类分别为粮油调味和休闲食品，其自有品牌内部销售贡献分别为17.96%和14.03%。这两个品类都是需求基数很大的基础品类，垄断程度较低，且开发门槛相对较低，成为很多中小型零售商进行自有品牌开发的重点品类。非酒精饮料、餐饮用具和冲调品是排名第四到第六的自有品牌销售品类，其自有品牌内部销售贡献处于5%~10%。之后是方便速食、酒精饮料、鞋类、个人护理、洗浴用品品类，其自有品牌内部销售贡献处于1%~5%。

整体来看，自有品牌销售的类别分布相对较为集中，仅前五个品类就占据了整体自有品牌销售额的3/4。对于中小型零售商来说，其资源相对有限，集中力量优先进行优势品类的自有品牌开发是合理的发展策略。此外，我们也看到，自有品牌也已开始在更多的品类中发力，自有品牌的发展潜力可观。

（二）自有品牌毛利优势品类发展情况

本部分首先计算了各二级品类自有品牌的毛利额占自有品牌整体毛利额的贡献情况，可以反映自有品牌内部各品类的毛利优势情况，如表6-5所示。

表6-5 自有品牌内部毛利贡献的品类排名

排名	品类	自有品牌内部毛利贡献（%）
1	卫生清洁	25.85
2	休闲食品	15.36
3	粮油调味	13.77
4	餐饮用具	8.83
5	非酒精饮料	7.66
6	冲调品	5.75
7	方便速食	4.30
8	个人护理	3.98
9	酒精饮料	3.77
10	鞋类	3.40
11	洗浴用品	2.68
12	居家日用	1.07
13	五金器具	0.96
14	计生用品	0.69
15	熟食生鲜	0.58
16	母婴用品	0.54
17	烟草	0.18
18	家装软饰	0.16
19	冷藏/冷冻食品	0.14
20	保健食品	0.13

资料来源：笔者整理。

由表6-5可见，自有品牌内部的毛利贡献排名与销售贡献排名大体相仿，略有差别。其中自有品牌最主要的盈利品类为卫生清洁品类，与最主要的销售品类一致，其毛利额达到了自有品牌整体毛利额的25.85%。毛利贡献排名第二的为休闲食品品类，其自有品牌内部毛利贡献为15.36%，再者为粮油调味品类，贡献是13.77%。

各品类的毛利贡献差别在呼应其销售贡献之外，也与品类自有品牌的毛利率直接相关。表6-6展示了各品类自有品牌的毛利率排名情况。

表6-6 自有品牌毛利率排名

排名	品类	自有品牌毛利率（%）
1	计生用品	82.51

排名	品类	自有品牌毛利率（%）
2	床上用品	61.81
3	烟草	58.34
4	家装软饰	57.28
5	个护电器	56.97
6	保健食品	56.85
7	五金器具	55.71
8	美妆工具	54.82
9	个人护理	53.97
10	洗浴用品	49.46
11	家装建材	49.08
12	护肤品	48.15
13	餐饮用具	48.12
14	母婴用品	46.28
15	运动户外	45.80
16	居家日用	45.48
17	鞋类	38.94
18	休闲食品	38.29
19	方便速食	37.75
20	冲调品	36.42

资料来源：笔者整理。

由表6-6可见，自有品牌的毛利率上限较高，整体规模较小的一些品类毛利空间更为充裕。具体来看，自有品牌在9个品类中毛利率超过50%，盈利优势突出。其中计生用品的自有品牌毛利率高达82.51%，是毛利空间最高的品类，其次，床上用品为61.81%。烟草、家装软饰、个护电器、保健食品、五金器具、美妆工具、个人护理品类自有品牌毛利率处于50%~60%。洗浴用品、家装建材、护肤品、餐饮用具、母婴用品、运动户外、居家日用等品类自有品牌毛利率处于40%~50%。中小型零售商在进行自有品牌开发时应同时考虑自有品牌在毛利率上的优异表现，充分发挥自有品牌高毛利的基础优势。

为进一步体现自有品牌的毛利优势，本部分同时计算了自有品牌毛利率与品类整体毛利率的比值，排名情况如表6-7所示。

表6-7　自有品牌毛利优势排名

排名	品类	品类毛利率（%）	自有品牌毛利率（%）	自有品牌毛利优势
1	保健食品	12.84	56.85	4.43
2	烟草	13.62	58.34	4.28
3	个人护理	18.89	53.97	2.86
4	护肤品	17.52	48.15	2.75
5	非酒精饮料	12.40	32.41	2.61
6	床上用品	25.13	61.81	2.46
7	计生用品	34.59	82.51	2.39
8	母婴用品	19.78	46.28	2.34
9	个护电器	24.44	56.97	2.33
10	方便速食	17.38	37.75	2.17
11	美妆工具	26.83	54.82	2.04
12	五金器具	28.53	55.71	1.95
13	冲调品	19.26	36.42	1.89
14	粮油调味	14.60	26.83	1.84
15	熟食生鲜	18.13	32.36	1.78
16	休闲食品	21.46	38.29	1.78
17	家装软饰	32.44	57.28	1.77
18	居家日用	25.94	45.48	1.75
19	卫生清洁	18.16	31.42	1.73
20	酒精饮料	19.31	33.30	1.72

资料来源：笔者整理。

　　由表6-7可见，结合品类毛利率水平来看，自有品牌的毛利优势极为显著。其中保健食品和烟草品类的自有品牌毛利优势甚至超过了4倍，分别为4.43和4.28，而这两个品类也是自有品牌正在着力开发的品类。个人护理、护肤品、非酒精饮料、床上用品、计生用品、母婴用品、个护电器、方便速食、美妆工具九个品类中自有品牌的毛利率是品类毛利率的2倍以上。相对于制造商品牌，自有品牌省去了更多的营销费用和中间费用，可以在为消费者提供优越性价比的同时为零售商保留更大的盈利空间。在整体销售低迷的市场状态下，自有品牌可以为零售商的生存发展提供更多的保障，值得零售商给予更多的关注和投入。

（三）自有品牌订单优势品类发展情况

　　本部分计算了各二级品类自有品牌的订单量占自有品牌整体订单量的贡献情

况，可以反映自有品牌内部各品类的获客优势情况，如表6-8所示。

表6-8 自有品牌内部订单贡献的品类排名

排名	品类	自有品牌内部订单贡献（%）
1	卫生清洁	25.09
2	休闲食品	23.71
3	粮油调味	11.10
4	餐饮用具	7.56
5	方便速食	6.69
6	非酒精饮料	6.52
7	冷藏/冷冻食品	5.98
8	个人护理	5.00
9	冲调品	3.50
10	鞋类	2.49
11	酒精饮料	2.40
12	洗浴用品	2.04
13	熟食生鲜	1.87
14	居家日用	1.04
15	五金器具	0.99
16	母婴用品	0.66
17	计生用品	0.22
18	运动户外	0.16
19	家装软饰	0.15
20	护理护具	0.10

资料来源：笔者整理。

如表6-8所示，自有品牌各品类中卫生清洁品类的订单占比最高，达到25.09%，即所有涉及自有品牌的订单中1/4都包含卫生清洁品类的自有品牌。卫生清洁品类的自有品牌在销售、毛利、订单贡献方面都名列首位，做出了巨大的贡献。休闲食品紧随其后，订单占比达到23.71%。相比于其14.03%水平的销售占比，休闲食品品类的获客能力更强，吸引了较多的订单，但客单价水平相对较低。粮油调味品类的订单贡献位列第三，占比为11.10%，由于其客单价相对较高，其获客贡献对比销售贡献略有不足。此外，餐饮用具、方便速食、非酒精饮料、冷藏/冷冻食品和个人护理品类的订单贡献也达到了5%及以上的水平。

整体来看，在自有品牌版图中，卫生清洁和休闲食品品类的自有品牌更深入人心，其他品类的自有品牌仍有较大的发展空间。此外值得一提的是，按品类分别统计的自有品牌订单数仅为整体自有品牌订单数的 107.27%，即现有自有品牌订单中包含多个品类的自有品牌的订单数很少，自有品牌不同品类的交叉销售表现较差。事实上，现有的自有品牌购买者往往具有一些共享特质，如他们往往在乎产品性价比并愿意接受新事物，那么他们接受其他品类自有品牌的概率也应相对较高。未来中小型零售商可以考虑采用更多方式鼓励自有品牌的跨品类交叉销售，更有效率地扩大自有品牌的销售版图。

三、自有品牌品类发展情况

为了更清晰地了解各二级品类的发展情况，我们选取了自有品牌销售前 20 位的二级品类在 2020 年 7 月至 2021 年 6 月的相关数据，绘制了品类月贡献图、品类市场集中度月变动图、自有品牌品类内月贡献图、自有品牌毛利率月对比图共四类指标图。

品类月贡献图包含特定品类每月的销售贡献、毛利贡献、订单贡献三个指标，贡献值的计算方式为该二级品类指标相对所有品类指标的比值，反映各二级品类在销售、毛利、订单三方面的品类地位和发展潜力。

品类市场集中度反映特定品类中最大的几个品牌所占的市场份额，可以体现市场的竞争和垄断程度。在本部分的分析中我们选择了特定品类中排名前五位的品牌作为主要关注对象，计算方式为品类内排名前五位品牌的销售额之和占品类所有品牌销售额之和的比值，后以 CR5 集中度指代。该数值越大代表品类内排名前列的品牌势力越强，市场垄断程度越高；该数值越小代表品类内排名前列的品牌势力越弱，市场竞争程度越高。

自有品牌品类内月贡献图包含自有品牌品类内销售贡献、自有品牌品类内毛利贡献、自有品牌品类内月订单贡献三个指标，贡献值的计算方式为各二级品类自有品牌指标相对该二级品类整体指标的比值，反映特定二级品类中自有品牌相比品类内其他品牌所具有的优势。

自有品牌毛利率月对比图包括自有品牌毛利率、品类毛利率、自有品牌毛利优势三个指标。其中自有品牌毛利优势是特定品类内自有品牌毛利率与品类毛利率的比值，反映二级品类内的自有品牌毛利率的优势程度。

下面，我们将按照自有品牌销售贡献从大到小的顺序依次展示 20 个二级品类的相应指标。

（一）卫生清洁品类发展情况

2020年7月至2021年6月卫生清洁品类月贡献情况如图6-6所示。

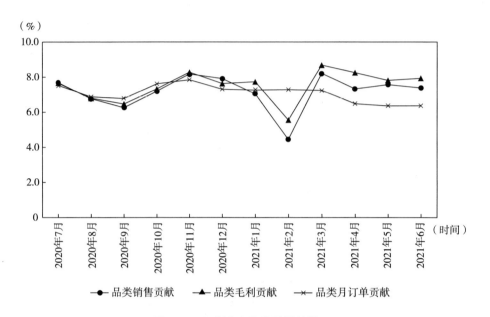

图6-6　卫生清洁品类月贡献情况

资料来源：笔者整理。

　　整体来看，2020年7月至2021年6月卫生清洁品类的销售贡献、毛利贡献和订单贡献水平大体相仿，除春节时段存在波动之外，其他时间相对平稳，是具有较大体量且较为稳定的刚需品类，也是极为重要的自有品牌销售品类。

　　具体来看，卫生清洁品类销售贡献和毛利贡献大体维持在6.5%～8.3%，订单贡献大体维持在6.3%～7.8%。订单贡献相对稳定，说明是具有稳定购买周期的日常产品。在中秋、国庆及春节等传统销售旺季，其他产品的销售会相对提高，使该品类表现出的销售和毛利贡献水平相对下降。尤其在进入2021年后，中小型零售商的整体销售表现欠佳，而该品类的销售和毛利贡献甚至出现了小幅增长，说明消费者在该品类上的消费并未受到影响。整体来看，卫生清洁品类的市场表现具有一定的体量，且发展相对稳定，是值得信任的。

　　2020年7月至2021年6月卫生清洁品类的CR5市场集中度变动情况如图6-7所示。

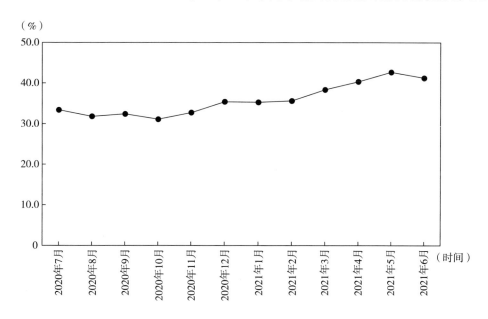

图 6-7　卫生清洁品类 CR5 市场集中度变动情况

资料来源：笔者整理。

整体来看，2020 年 7 月至 2021 年 6 月卫生清洁品类 CR5 市场集中度均在 30% 以上，并呈现出平稳上升趋势，反映出卫生清洁品类内部的集中度处于中等水平，但集中度在不断增强，头部企业带来的竞争压力越来越大。

具体来看，卫生清洁品类排名前五产品月销售贡献从 2020 年 7 月的 33.41% 上升到 2021 年 6 月的 41.25%，增长率为 23.47%，说明卫生清洁品类排名前五的品牌的竞争优势在不断扩大，相对较小的品牌的发展空间受到限制。值得一提的是，该品类销售排名第一的品牌——极货就是零售商联合开发的自有品牌。自有品牌在新冠肺炎疫情期间迅速洞察了市场对于卫生清洁品类快速增长的需求，通过快速而有效的产品开发打入市场，并通过完善的产品线、高质量的产品和优越的性价比抓住了消费者，收获了忠诚的顾客和稳定的回购。

2020 年 7 月至 2021 年 6 月卫生清洁品类自有品牌品类内月贡献情况如图 6-8 所示。

整体来看，2020 年 7 月至 2021 年 6 月卫生清洁品类自有品牌品类内销售贡献、自有品牌品类内毛利贡献和自有品牌品类内月订单贡献变动趋势大致相同，呈现出平稳上升趋势。

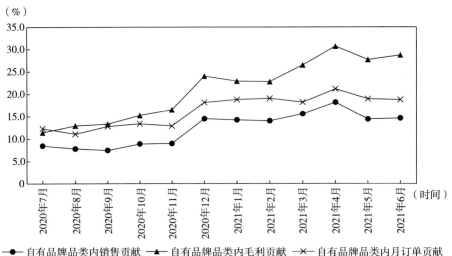

图6-8　卫生清洁品类自有品牌品类内月贡献情况

资料来源：笔者整理。

　　具体来看，卫生清洁品类自有品牌品类内销售贡献由2020年7月的8.46%增加到2021年6月的14.60%，增长率为72.58%；自有品牌品类内毛利贡献由2020年7月的11.44%增加到2021年6月的28.70%，增长率为150.87%；自有品牌品类内月订单贡献由2020年7月的12.32%增加到2021年6月的18.75%，增长率为52.19%。这说明在卫生清洁品类中，自有品牌的优势在不断增强。就变动趋势来看，2020年7～11月，三种贡献值的变动趋势都较为平缓；2020年12月，在自有品牌新品投入的推动下，三种贡献值出现了较大幅度的增长，此后保持了两个月的平稳态势；2021年4月再次出现较大幅度的增长，之后回归之前水平。自有品牌现已稳定占据了相对较大的市场份额，并获得了良好的毛利收益。值得一提的是，该品类内自有品牌的订单贡献大于销售贡献，说明该品类产品的价格区间相对较低，后续发展可考虑布局高端产品线，提高客单价。

　　2020年7月至2021年6月卫生清洁自有品牌毛利率月对比情况如图6-9所示。

　　整体来看，2020年7月至2021年6月卫生清洁品类自有品牌毛利率整体呈现上升趋势，品类毛利率波动较小，毛利优势小幅波动增长。整体来看，卫生清洁品类自有品牌的毛利表现良好。

　　具体来看，卫生清洁品类自有品牌毛利率处于波动增长状态，于2021年6月达到34.77%；品类整体毛利率相对平稳，由2020年7月的16.85%增加到2021年6月的17.69%，增长率为4.99%。自有品牌毛利优势略有波动，于2021

年 6 月达到最高值 1.97。卫生清洁品类 1.97 的毛利优势应是由于该品类已是相对成熟的品类，毛利空间相对有限。但高于品类平均 1.97 倍的毛利水平辅以较高的销量水平，依然可以为中小型零售商带来可观的盈利水平，且随着自有品牌销售规模的增大，其毛利优势仍有增长空间。

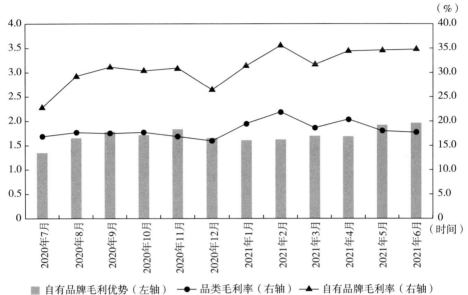

图 6-9　卫生清洁自有品牌毛利率月对比情况

资料来源：笔者整理。

（二）粮油调味品类发展情况

2020 年 7 月至 2021 年 6 月粮油调味品类月贡献情况如图 6-10 所示。

整体来看，2020 年 7 月至 2021 年 6 月粮油调味品类销售贡献大体高于品类毛利贡献，说明该品类的产品获利能力不高。但该品类产品的整体销售贡献均在 15% 以上，是零售业满足顾客需求的重要基础性产品。

具体来看，粮油调味品类销售贡献和品类毛利贡献波动趋势相似，2021 年 1 月之前均处于稳定上升趋势，2021 年 2 月春节期间有所下降，之后分别相对平稳地维持在 16% 和 15% 的水平，整体低于年前表现。品类月订单贡献波动趋势相似但幅度相对更小，年后稳定在 14% 左右。粮油调味品类是中小型零售商十分基础的产品品类，在其销售体系中占据了相当重要的位置。由于其稳定的市场基础，该品类同时也是自有品牌发展的优势品类。

2020 年 7 月至 2021 年 6 月粮油调味品类 CR5 市场集中度变动情况如图 6-11 所示。

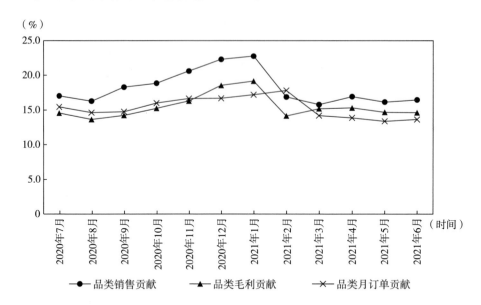

图 6-10　粮油调味品类月贡献情况

资料来源：笔者整理。

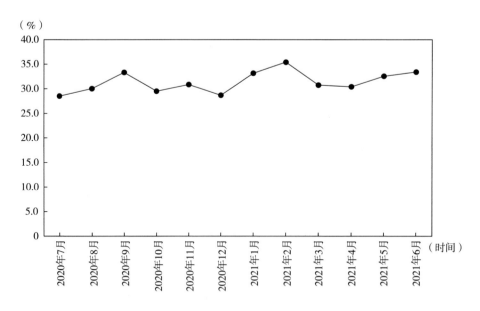

图 6-11　粮油调味品类 CR5 市场集中度变动情况

资料来源：笔者整理。

整体来看，2020 年 7 月至 2021 年 6 月粮油调味品类排名前五品牌的月销售贡献在大部分月份都在 30% 以上，粮油调味品类内部的集中度处于中等水平，且在平稳增强。

具体来看，粮油调味品类集中度从 2020 年 7 月的 28.51% 上升到 2021 年 6 月的 33.41%，增长率为 17.19%，说明粮油调味品类的头部品牌竞争优势在不断增强。另外，从变动趋势看，粮油调味品类的头部品牌在传统节庆销售旺季中受益更多。同时，自有品牌在 2020 年底正式进入品类销售前五位，截至 2021 年 6 月稳定保持在第四名的位置，是重要的销售力量。

2020 年 7 月至 2021 年 6 月粮油调味品类自有品牌品类内月贡献情况如图 6-12 所示。

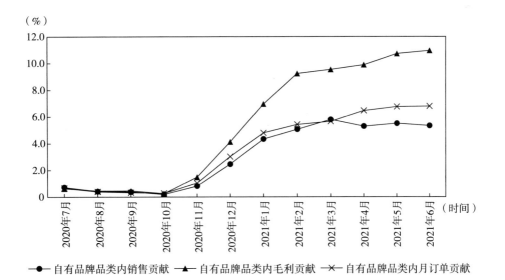

图 6-12　粮油调味品类自有品牌品类内月贡献情况

资料来源：笔者整理。

整体来看，2020 年 7 月至 2021 年 3 月粮油调味品类自有品牌品类内销售贡献、自有品牌品类内毛利贡献和自有品牌品类内月订单贡献变动趋势都大致相同，呈现出强劲的增长势头。2021 年 4 月到 6 月自有品牌的销售额贡献保持了相对平稳，但订单和毛利贡献仍保持提升。

具体来看，粮油调味品类自有品牌品类内销售贡献由 2020 年 7 月的 0.73% 增加到 2021 年 6 月的 5.33%，是原来的 7 倍多；自有品牌品类内毛利贡献由 2020 年 7 月的 0.63% 增加到 2021 年 6 月的 10.95%，是原来的 17 倍多；自有品牌品类内月订单贡献由 2020 年 7 月的 0.66% 增加到 2021 年 6 月的 6.79%，是原来的 10 倍多。这在各二级品类内是较为突出的，反映出粮油调味品类自有品牌的品类内优势在迅速增强，自有品牌实现了发展。就变动趋势来看，2020 年 10 月之前，三种贡献值的变动趋势都较为平缓，均维持在 1% 以内。2020 年 10 月，中小型零售商联合开发的饕厨品牌正式上市，经过零售商的强力联合推广，其增长态势十分迅猛。2021 年 3 月自有品牌销售贡献达到峰值，之后销售贡献小幅波动，但毛利贡献和订单贡献都还在上升。

2020 年 7 月至 2021 年 6 月粮油调味自有品牌毛利率月对比情况如图 6-13 所示。

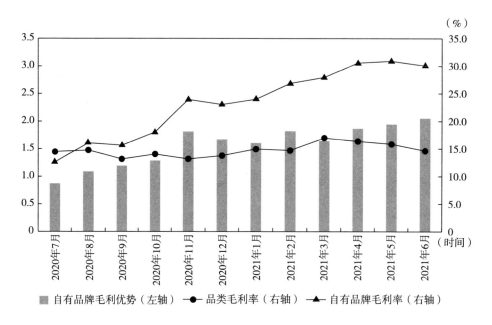

图 6-13　粮油调味自有品牌毛利率月对比情况

资料来源：笔者整理。

整体来看，2020 年 7 月至 2021 年 6 月粮油调味品类自有品牌毛利率整体呈现平稳增长趋势，品类毛利率波动较小，自有品牌毛利优势也随自有品牌毛利率的增加而增加。

具体来看，粮油调味品类自有品牌毛利率由 2020 年 7 月的 12.58% 增加到 2021 年 6 月的 30.05%，自有品牌毛利优势由 2020 年 7 月的 0.87 增加到 2021 年 6 月的 2.05，均实现了翻倍增长，这些反映出粮油调味品类自有品牌毛利率高于品类毛利率，且与品类毛利率的差距在不断增大，粮油调味自有品牌具有显著的毛利优势。具体分月份来看，自有品牌毛利率在 2020 年 11 月的增长幅度最明显，环比增长率一度达到 32.54%，这应是销售规模迅速扩大带来的规模效应。随着自有品牌销售的稳步快速提升，其成本在持续下降，带来了毛利率的持续提升，自有品牌毛利优势也不断扩大。这也提示中小型零售商需要更加关注规模效应，通过有效的自有品牌运营获取更大盈利。

（三）休闲食品品类发展情况

2020 年 7 月至 2021 年 6 月休闲食品品类月贡献情况如图 6-14 所示。

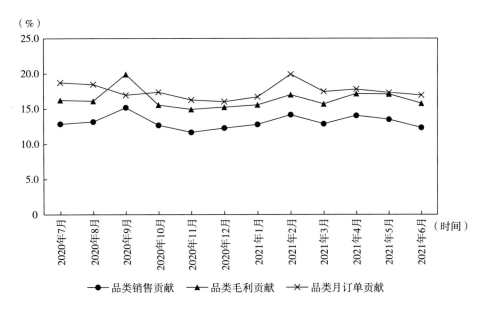

图 6-14　休闲食品品类月贡献情况

资料来源：笔者整理。

整体来看，2020 年 7 月至 2021 年 6 月休闲食品品类的贡献水平相对较高，并保持了相对平稳略有波动的贡献，是中小型零售商重要的盈利品类。

具体来看，休闲食品的品类销售贡献一直在 13% 上下波动，是 20 个品类中销售贡献排名相对靠前的品类，说明休闲食品是零售店重要的销售品类。同时，休闲食品在 12 个月的取值区间中有 11 个月的品类毛利贡献都超过了 15%，并稳定超越销售贡献水平，说明休闲食品是零售店最为重要的毛利来源，属于高效盈利品类。另外，休闲食品的品类月订单贡献一直在 16%~20% 波动，甚至在 2021 年 2 月春节期间达到了 19.91%，是典型的高频消费品类。

2020 年 7 月至 2021 年 6 月休闲食品品类 CR5 市场集中度变动情况如图 6-15 所示。

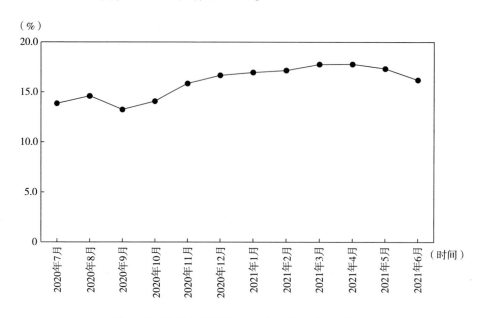

图 6-15　休闲食品品类 CR5 市场集中度变动情况

资料来源：笔者整理。

　　整体来看，2020 年 7 月至 2021 年 6 月休闲食品品类内部的集中度不高，基本处于 13%~18%，但处于持续增长的状态之中。

　　具体来看，休闲食品品类 CR5 市场集中度从 2020 年 7 月的 13.86% 上升到 2021 年 6 月的 16.21%，增长率为 16.96%，说明在该市场中头部品牌的优势在逐渐增强，小品牌的竞争压力有所提升。休闲食品品类的市场竞争比较激烈，该品类中上架品牌、产品种类、单品数量都相对较多，且产品推陈出新的节奏相对较快。品牌必须具备足够的市场敏感度并拥有强力的供应链支撑才能在这个品类中持久地生存和发展。零售商进行自有品牌开发的一项天然优势就在于对市场的了解更为迅速和准确，事实上自有品牌在这一品类中也已发展成了头部品牌。2020 年 5 月，自有品牌首次进入品类销售排名前五，2021 年 5 月，自有品牌打败了制造商品牌成为销售额首位品牌。

　　2020 年 7 月至 2021 年 6 月休闲食品品类自有品牌品类内月贡献情况如图 6-16 所示。

　　整体来看，2020 年 7 月至 2021 年 6 月休闲食品品类自有品牌品类内销售贡献、自有品牌品类内毛利贡献和自有品牌品类内月订单贡献都呈现出平稳上升趋势，说明休闲食品品类的自有品牌获得了较好的发展。同时也可以看到，即使登顶品类销售额首位，自有品牌的品类内销售贡献仍不足 5%，自有品牌仍有较大

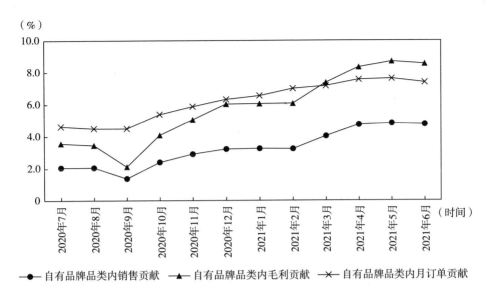

图 6-16　休闲食品品类自有品牌品类内月贡献情况

资料来源：笔者整理。

的发展空间。自有品牌的订单贡献要大幅高于其销售贡献，自有品牌后续应更多关注客单价的提升。

具体来看，休闲食品品类自有品牌品类内销售贡献由 2020 年 7 月的 2.06%增加到 2021 年 6 月的 4.76%，增长率为 131.07%；自有品牌品类内毛利贡献由 2020 年 7 月的 3.57%增加到 2021 年 6 月的 8.53%，增长率为 138.94%；自有品牌品类内月订单贡献由 2020 年 7 月的 4.63%增加到 2021 年 6 月的 7.38%，增长率为 59.40%，其中，自有品牌品类内毛利贡献的增长率最高，自有品牌品类内销售贡献次之，且两者都实现了翻倍。自有品牌发展势头良好，在该品类中发挥着越来越重要的作用。但自有品牌的品类内销售贡献整体占比并不高，也进一步反映出该品类中的竞争压力。自有品牌仍大有可为，须通过更广的产品布局和更有效的差异化战略避开直接竞争，获得发展空间。值得注意的是，自有品牌的品类内订单贡献水平较大幅度上超过了其销售贡献，说明自有品牌的客单价在品类中处于较低位置。自有品牌可更加关注其产品布局和联动方式，探索高端产品的研发推广以及更有效的交叉销售方案。

2020 年 7 月至 2021 年 6 月休闲食品自有品牌毛利率月对比情况如图 6-17 所示。

整体来看，2020 年 7 月至 2021 年 6 月休闲食品品类自有品牌毛利率相对较高，略有上升趋势，品类毛利率、自有品牌毛利优势的整体波动幅度较小，处于相对平稳状态。

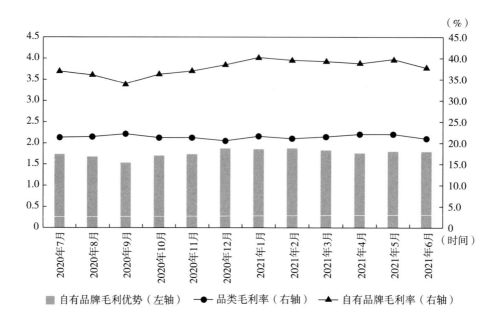

图6-17 休闲食品自有品牌毛利率月对比情况

资料来源：笔者整理。

具体来看，休闲食品品类自有品牌毛利率一直处于33.98%~40.20%，波动趋势较小，最低值和最高值分别出现在2020年9月和2021年1月。该品类自有品牌毛利率整体处于较高水平之上，且有小幅提升，是中小型零售商重要的盈利品类。休闲食品品类毛利率的波动幅度更小，几乎呈现为一条平稳的直线，最小值和最大值分别为2020年12月的20.55%和2020年9月的22.17%，两者的差距小于2%；环比增长率除2020年1月为5.21%，略高于5%外，其余月份均在5%以内。休闲食品自有品牌毛利优势在1.53~1.88，最小值和最大值分别出现在2020年9月和2021年2月，平均水平为1.76倍。中小型零售商应重视休闲食品品类的自有品牌发展，充分利用其高毛利的特征获取更多的利润。

（四）非酒精饮料品类发展情况

2020年7月至2021年6月非酒精饮料品类月贡献情况如图6-18所示。

整体来看，2020年7月至2021年6月非酒精饮料品类的销售贡献、毛利贡献、订单贡献均处于较高水平，是中小型零售商重要的销售品类。三者变化趋势

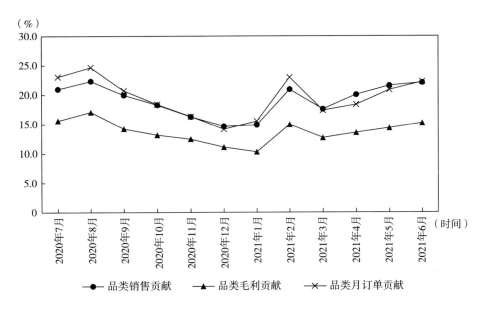

图6-18　非酒精饮料品类月贡献情况

资料来源：笔者整理。

大致相同，均呈现先下降而后回升的趋势，季节波动较明显。其中销售贡献和订单贡献水平相仿，毛利贡献较低，说明该品类毛利水平整体较低。

具体来看，非酒精饮料品类的销售贡献和订单贡献在20%的水平上下波动，是中小型零售商重要的基础销售品类。该品类的贡献水平存在较明显的季节性波动，夏日和年节是典型的销售旺季。相比于销售贡献和订单贡献，该品类的毛利贡献相对较低，大部分时间处于15%水平以下，即该品类基础销售量大，但毛利水平相对较低，品类盈利能力并不突出。

2020年7月至2021年6月非酒精饮料品类CR5市场集中度变动情况如图6-19所示。

整体来看，2020年7月至2021年6月非酒精饮料品类排名前五品牌的月销售贡献基本上维持在30%~40%，其品类内部的集中度处于中等水平，头部品牌优势明显。同时其市场集中度波动情况与整体销售季节波动联系紧密，在销售旺季时头部品牌的优势被削弱，在销售淡季时头部品牌的优势更为明显。

由于该品类市场竞争较为激烈，但毛利水平相对较低，对自有品牌来说是一个充满挑战的市场。在过去一段时间内，非酒精饮料品类出现了一些新的变化，消费者的健康诉求变得更为突出，对新概念、新品牌以及国货品牌也给予了更多的支持。自有品牌需适应市场变化，可尝试通过打造明星单品带动品牌发展。

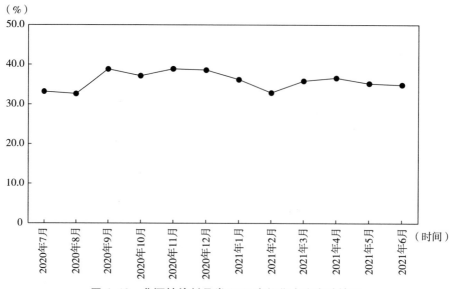

图 6-19 非酒精饮料品类 CR5 市场集中度变动情况

资料来源：笔者整理。

2020 年 7 月至 2021 年 6 月非酒精饮料品类自有品牌品类内月贡献情况如图 6-20 所示。

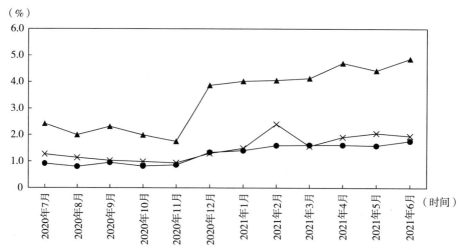

—●— 自有品牌品类内销售贡献 —▲— 自有品牌品类内毛利贡献 —✕— 自有品牌品类内月订单贡献

图 6-20 非酒精饮料品类自有品牌品类内月贡献情况

资料来源：笔者整理。

整体来看，2020 年 7 月至 2021 年 6 月非酒精饮料品类自有品牌品类内销售贡献、自有品牌品类内毛利贡献和自有品牌品类内月订单贡献都呈现出持续上升趋势，说明非酒精饮料品类的自有品牌发展较为乐观。同时该品类自有品牌的毛利贡献显著高于其销售和订单贡献，说明自有品牌的盈利能力较大幅度超越了品类平均，自有品牌可充分利用这一优势，通过增加销量扩大受益。

具体来看，非酒精饮料品类自有品牌品类内销售贡献由 2020 年 7 月的 0.92% 增加到 2021 年 6 月的 1.77%，增长率为 92.39%；自有品牌品类内毛利贡献由 2020 年 7 月的 2.42% 增加到 2021 年 6 月的 4.87%，是原来的 2 倍多；自有品牌品类内月订单贡献由 2020 年 7 月的 1.27% 增加到 2021 年 6 月的 1.95%，增长率为 53.54%；其中，自有品牌品类内毛利贡献的增长率最高，自有品牌品类内月订单贡献次之。非酒精饮料品类的自有品牌发展处于增长态势，但整体水平依旧偏低，仍具有较大的发展空间。

2020 年 7 月至 2021 年 6 月非酒精饮料自有品牌毛利率月对比情况如图 6-21 所示。

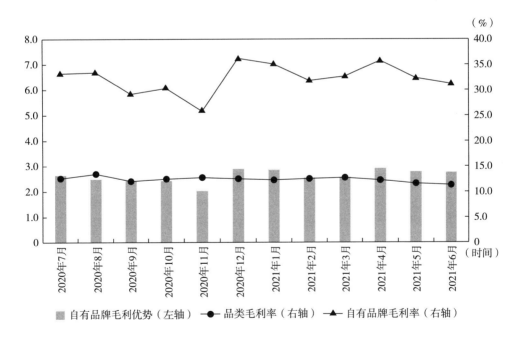

图 6-21　非酒精饮料自有品牌毛利率月对比情况

资料来源：笔者整理。

整体来看，2020 年 7 月至 2021 年 6 月非酒精饮料品类的毛利率水平处于低位且相对平稳，自有品牌毛利率波动较大，但整体高于品类毛利率水平，盈利优势明显。

具体来看，非酒精饮料品类毛利率波动很小，最小值和最大值分别为 2021 年 6 月的 11.33% 和 2020 年 8 月的 13.46%，品类盈利水平相对较低；非酒精饮料品类自有品牌毛利率则大部分时间处于 30%~35%。自有品牌盈利能力显著优于品类内制造商品牌，这是自有品牌的一大优势。但自有品牌的整体销售额尚处于较低水平，零售商需更加关注销量的提升，充分利用自有品牌的毛利优势。另外值得注意的是，自有品牌的毛利率波动相对较大，但与其销售贡献并不成正比。零售商需更加关注供应链的稳定和营销活动的效率。

（五）餐饮用具品类发展情况

2020 年 7 月至 2021 年 6 月餐饮用具品类月贡献情况如图 6-22 所示。

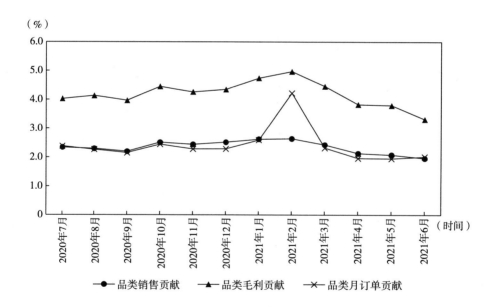

图 6-22 餐饮用具品类月贡献情况

资料来源：笔者整理。

整体来看，2020 年 7 月至 2021 年 6 月餐饮用具品类的销售贡献和订单贡献水平大体处于 2%~3%，但发展较为平稳。毛利贡献相对较高，说明品类盈利能力较好。

具体来看，餐饮用具品类是一个相对小的品类，销售贡献绝大多数月份在 2%~3%，波动幅度不大，但在 2021 年上半年销售呈下降趋势。餐饮用具品类毛利贡献大多数月份维持在4%~5%，进入2021年后也呈现出下降趋势，餐饮用具品类的销售在走下坡路。餐饮用具品类月订单贡献除2021年2月春节期间激增之外，其他时间均无明显变化，说明餐饮用具类商品在节庆期间具有较多的换新、礼赠等需求，其他时间需求相对稳定。另外春节月份订单贡献虽大幅上涨，但销售贡献并未出现等比增长，零售商可更关注客单价的提升。

2020年7月至2021年6月餐饮用具品类CR5市场集中度变动情况如图6-23所示。

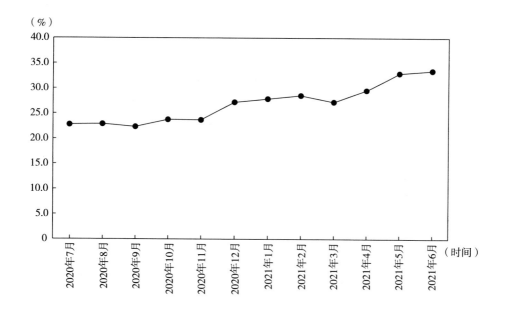

图6-23　餐饮用具品类CR5市场集中度变动情况

资料来源：笔者整理。

整体来看，2020年7月至2021年6月餐饮用具品类排名前五品牌的月销售贡献在不断增加，其品类内部的集中度在不断增强，已达到中等水平。

具体来看，餐饮用具品类排名前五品牌的月销售贡献从2020年7月的22.80%上升到2021年6月的33.50%，增长率为46.93%，餐饮用具品类头部品牌的竞争优势在不断增强，而且增长得很快。这说明品类内部的整合在加剧，头部品牌对一般品牌的压力在增大。自有品牌在这一品类中的表现也十分突出，2020年7月，自有品牌在品类内销售排名第三；2021年1月，自有品牌销售登顶品类内第一。虽然整体市场规模有限，但这一品类的整体竞争水平处于中等程度，为自有品牌留下了发展空间。该品类进入壁垒较低，产品差异化水平有限，自有品牌的优越性价比是重要的竞争优势。除此之外，更为广泛的产品布局和良好的品牌形象也将成为自有品牌扩大销量的有力武器。

2020年7月至2021年6月餐饮用具品类自有品牌品类内月贡献情况如图6-24所示。

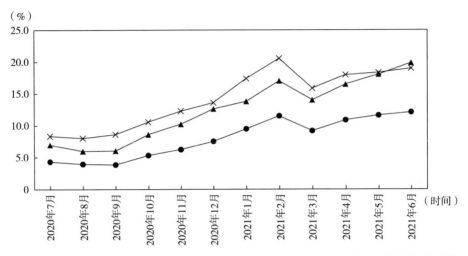

图6-24 餐饮用具品类自有品牌品类内月贡献情况

资料来源：笔者整理。

整体来看，2020年7月至2021年6月餐饮用具品类自有品牌品类内销售贡献、自有品牌品类内毛利贡献和自有品牌品类内月订单贡献变动趋势大体相同，呈现出积极的增长趋势。

具体来看，餐饮用具品类自有品牌品类内销售贡献由2020年7月的4.34%增加到2021年6月的12.11%；自有品牌品类内毛利贡献由2020年7月的6.98%增加到2021年6月的19.87%；自有品牌品类内月订单贡献由2020年7月的8.36%增加到2021年6月的19.00%；三类贡献指标均实现了翻倍增长，这说明餐饮用具品类自有品牌的品类内优势大幅增加。自有品牌获得了市场的认可，增势喜人。同时可以看到，自有品牌的订单贡献远大于其销售贡献，说明该品类内自有品牌的客单价水平大幅低于品类平均水平，零售商可对自有品牌的产品线布局和定价进行进一步分析和优化。

2020年7月至2021年6月餐饮用具自有品牌毛利率月对比情况如图6-25所示。

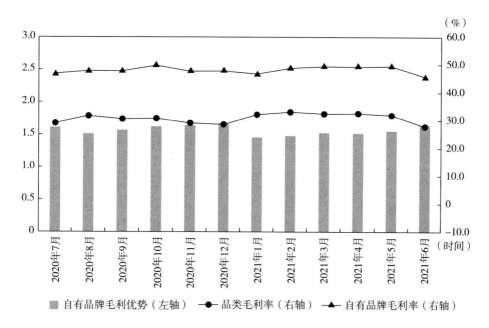

图 6-25 餐饮用具自有品牌毛利率月对比情况

资料来源：笔者整理。

整体来看，2020 年 7 月至 2021 年 6 月餐饮用具品类自有品牌毛利率、品类毛利率、自有品牌毛利优势的波动幅度相对较小，盈利水平相对平稳。该品类整体毛利率较高，自有品牌毛利率水平最高可达近 50%，整体高于品类毛利率水平。

具体来看，餐饮用具品类自有品牌毛利率一直在 45.65%~49.72%，毛利水平较高，波动幅度较小，最低值和最高值分别出现在 2021 年 6 月和 2020 年 10 月。餐饮用具品类毛利率的波动幅度也比较小，最小值和最大值分别为 2021 年 6 月的 27.81%和 2021 年 2 月的 33.04%，两者的差距小于 6%。餐饮用具自有品牌毛利优势在 1.45~1.67，最小值和最大值分别出现在 2021 年 1 月和 2020 年 12 月，进入 2021 年后自有品牌在该品类的毛利优势略有下降。餐饮用具品类是高毛利品类，自有品牌的毛利率优势相当突出。虽然该品类的市场规模较小，但中小型零售商可充分利用自有品牌的毛利优势，进一步促进销售。

（六）冲调品品类发展情况

2020 年 7 月至 2021 年 6 月冲调品品类月贡献情况如图 6-26 所示。

整体来看，2020 年 7 月至 2021 年 6 月冲调品品类的销售规模在 3%水平左右，销售情况变化具有较明显的季节性差异。销售贡献、毛利贡献和订单贡献在

2020 年下半年变化趋势相似，整体呈上升趋势，在 2021 年上半年变化差异较大，但大体呈下降趋势。三项指标由高到低依次是品类毛利贡献、品类销售贡献、品类订单贡献，即相比于其他品类，该品类具有一定的毛利优势和客单价优势。

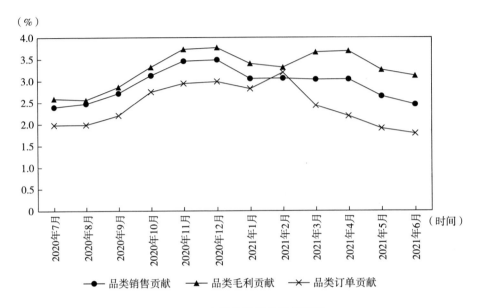

图 6-26 冲调品品类月贡献情况

资料来源：笔者整理。

具体来看，就三项指标的发展趋势而言，品类订单贡献从 2020 年 7 月开始上升，在 2021 年 2 月达到峰值 3.19%，随后开始下降；冲调品的销售贡献在 2020 年 12 月达到峰值，随后开始回落，在 2021 年 2 月再次上升，在 4 月后又一次回落至 2020 年 7 月的水平；冲调品的毛利贡献整体呈现出上升的趋势，在 2021 年 1 月有小幅下降，但是在 4 月后便又一次下降，在 2021 年 6 月维持在 3.12% 的水平。冲调品在春冬季节的需求量较高，但是在夏秋季节的需求相对较低。就三项指标的大小而言，毛利贡献占比相对更高，可见冲调品的毛利率高于零售商整体水平，且在持续增长。然而订单贡献值最低，也即冲调品的销售单数相对较少，但该品类的客单价水平高于其他品类平均水平，同样存在上涨趋势。因此，扩大冲调品类的受众群并提高订单量将有助于零售商更好地发扬其品类优势。

2020 年 7 月至 2021 年 6 月冲调品品类 CR5 市场集中度变动情况如图 6-27 所示。

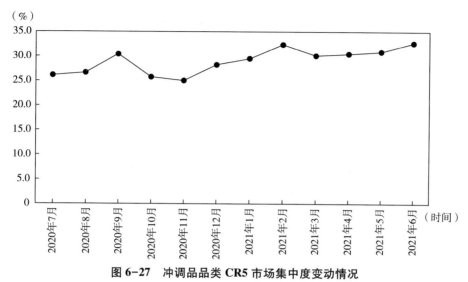

图 6-27 冲调品品类 CR5 市场集中度变动情况

资料来源：笔者整理。

整体来看，2020 年 7 月至 2021 年 6 月，冲调品排名前五的品牌月销售总额占冲调品月销售总额的比值基本在 25%～33%，集中度处于中等水平，且整体呈上升趋势。

具体来看，2020 年 7 月冲调品品类 CR5 集中度为 26.12%，2021 年 6 月集中度水平达到区间内最高值 32.69%，持续上升的集中度水平说明头部品牌的竞争力越来越强。同时在 2020 年 9 月、2021 年 2 月的节庆时段头部品牌的销售占比又有额外的加成。同时，自有品牌自 2020 年 11 月进入品类内销售前五品牌的名单，2021 年 3 月摘得榜首。

2020 年 7 月至 2021 年 6 月冲调品品类自有品牌品类内月贡献情况如图 6-28 所示。

整体来看，冲调品品类的自有品牌品类内贡献呈较为一致的上升趋势，2020 年 7 月到 2021 年 6 月三项指标均已翻倍，自有品牌发展前景良好。

具体来看，三项自有品牌品类内贡献除了 2021 年 1～2 月大体呈现持续的上升趋势外，2020 年 10 月到 12 月更是有较快的增长。自有品牌在日常消费中表现出了很好的发展态势，在节日期间对比其他头部品牌竞争表现相对更弱势一些。自有品牌可以进行更多的节庆促销对比分析，判断是否有提升改进的必要。此外，自有品牌的订单贡献略大于销售贡献，说明自有品牌的客单价水平低于品类平均。

2020 年 7 月至 2021 年 6 月冲调品品类自有品牌毛利率月对比情况如图 6-29 所示。

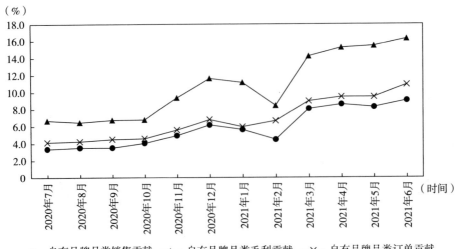

图 6-28 冲调品品类自有品牌品类内月贡献情况

资料来源：笔者整理。

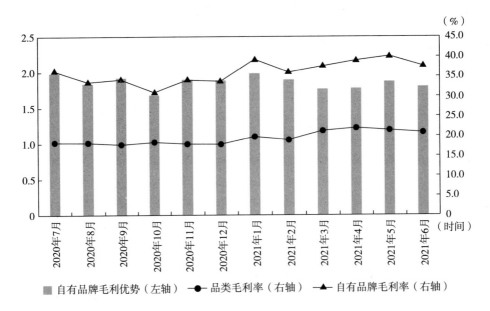

图 6-29 冲调品品类自有品牌毛利率月对比情况

资料来源：笔者整理。

整体来看，2020 年 7 月至 2021 年 6 月，冲调品品类的品类毛利率和自有品牌毛利率的变动趋势大体呈现小幅波动上升趋势，自有品牌毛利率相对较高，品类毛利率相对较低。

具体来看，自有品牌毛利率基本维持在 30.00%～40.00%，在波动中呈现上升趋势，在 2021 年 5 月达到最高值 40.11%。品类毛利率值大体维持在 17.00%～22.00%。在该品类内，自有品牌具有一定的毛利优势。相比于品类均值，自有品牌的毛利波动较大，但波动情况与销售情况并不直接挂钩，零售商可更加关注自有品牌的推广和促销效率。

（七）方便速食品类发展情况

2020 年 7 月至 2021 年 6 月方便速食品类月贡献情况如图 6-30 所示。

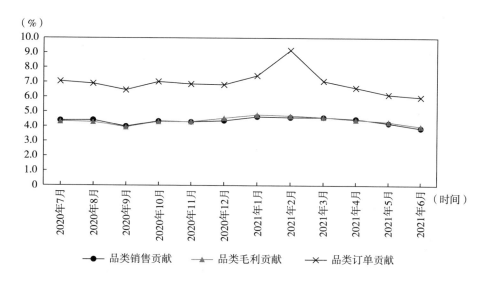

图 6-30　方便速食品类月贡献情况

资料来源：笔者整理。

整体来看，2020 年 7 月至 2021 年 6 月，方便速食品类的销售贡献和毛利贡献极为接近，大体处于 4%～5%，而品类的订单贡献明显更高一些，大概在 7%，该品类具有较好的获客能力。

具体来看，方便速食的品牌订单贡献值大致维持在 7%，但是在 2021 年 2 月达到了最高值 9.17%，这可能是受到新冠肺炎疫情和假期的影响，因此方便速食的订单贡献陡升，随后便回落至 7.07% 的正常水平；方便速食的品类毛利贡献和销售贡献一直维持在 4%～5% 的水平，变化幅度更小。整体来看，方便速食品类的贡献情况波动不大，换言之，消费者对方便速食具有较为稳定的需求，对零售商来说是一个相对容易把控的市场。

2020 年 7 月至 2021 年 6 月方便速食品类 CR5 市场集中度变动情况如图 6-31 所示。

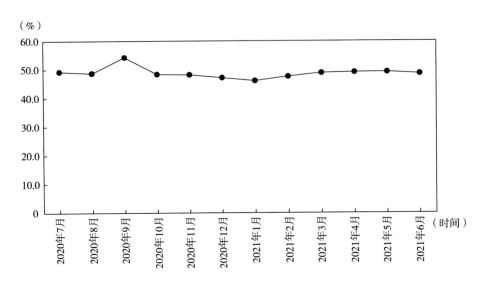

图 6-31 方便速食品类 CR5 市场集中度变动情况

资料来源：笔者整理。

整体来看，2020 年 7 月至 2021 年 6 月，方便速食排名前五的品牌的月销售总额占方便速食品类月销售总额的比值较高，可达 50% 左右的水平，头部品牌的竞争力较强。

具体来看，该品类的 CR5 市场集中度在 2020 年 9 月达到了最大值 54.27%，其余时间基本在 46%～49%。品类前五位的品牌销售额可达整体品类的 50% 左右，这对于小品牌和新创立的自有品牌来说是一个较大的挑战。该品类中存在众多知名制造商品牌，在品类内深耕多年，具有很好的消费者认知和完善的产品线。对于自有品牌来说，找准自己的定位，打造深入人心的品牌是重点也是难点。值得一提的是，2021 年 2 月，自有品牌首次冲入了品类销售前五名，但相比其他头部品牌，自有品牌的扩张相对艰难。

2020 年 7 月至 2021 年 6 月方便速食品类自有品牌品类内月贡献情况如图 6-32 所示。

整体来看，2020 年 7 月至 2021 年 4 月，自有品牌的品类内贡献整体呈现出上升的趋势，之后出现下滑。自有品牌的品类内销售贡献最高达到 4.77%，市场份额并不算高，客单价水平较低，但毛利优势较为明显。

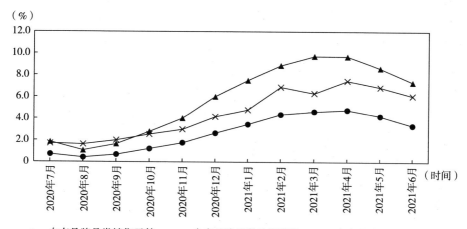

图 6-32　方便速食品类自有品牌品类内月贡献情况

资料来源：笔者整理。

　　具体来看，自有品牌品类内贡献前期呈现较为稳定的上升趋势，毛利贡献在2021 年 3 月达到峰值 9.73%，销售贡献在 2021 年 4 月达到峰值 4.77%，订单贡献在 2021 年 4 月达到峰值 7.46%。这段时间内自有品牌在该品类的表现良好，增势喜人。2021 年 5 月和 6 月，自有品牌的品类内贡献情况出现了较为明显的下滑，零售商需给予该品类自有品牌更多的关注。同时从图 6-32 中还可看出，自有品牌的毛利贡献较大程度上高于销售贡献，即自有品牌在该品类内具备较好的毛利优势。自有品牌的订单贡献同样高于销售贡献，说明自有品牌的客单价水平低于品类平均水平。

　　2020 年 7 月至 2021 年 6 月方便速食品类的自有品牌毛利率月对比情况如图6-33 所示。

　　整体来看，2020 年 7 月至 2021 年 6 月，方便速食品类的整体毛利率相对稳定略有上升，而自有品牌的毛利率出现了较为明显的下降，自有品牌的毛利优势出现了一定的缩减。

　　具体来看，方便速食品类整体毛利率在 17% 水平左右波动，相对较为平稳，2021 年上半年毛利率水平高于 2020 年下半年。该品类自有品牌的毛利率则在持续降低，2020 年 8 月达到峰值 43.96%，2021 年 5 月降低到谷值 36.39%。结合销售情况来看，这一结果或许说明该品类的消费价格敏感度较高，零售商可进一步分析价格与销量的相关关系，确认更有效的定价方案。

（八）酒精饮料品类发展情况

　　2020 年 7 月至 2021 年 6 月酒精饮料品类月贡献情况如图 6-34 所示。

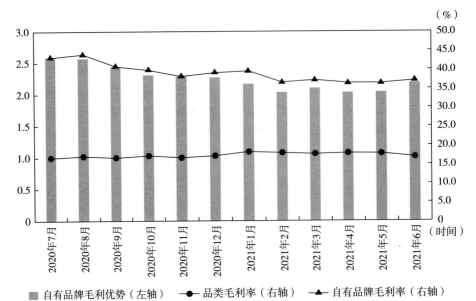

图 6-33 方便速食品类自有品牌毛利率月对比情况

资料来源：笔者整理。

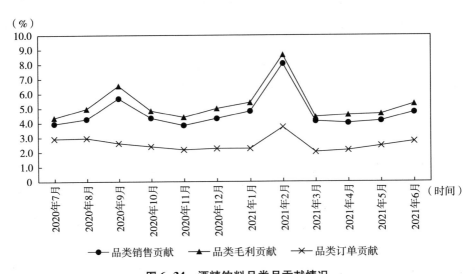

图 6-34 酒精饮料品类月贡献情况

资料来源：笔者整理。

整体来看，酒精饮料品类的毛利贡献和销售贡献比较接近，订单贡献相对较低，三者的变化趋势相似，受节假日波动影响较大。该品类毛利率略高于平均水平，同时客单价水平相对较高。

　　具体来看，品类毛利贡献在中秋、国庆和春节时段有明显的提升，最高可达8.65%，其他时段在4.35%~5.40%。品类销售贡献与毛利贡献的变化极为相似，春节期间达到峰值8.05%，其他时段大体在3.94%~4.80%。毛利贡献略大于销售贡献，即品类毛利率略高于中小型零售商的毛利率均值水平。品类订单贡献则在2.02%~3.72%，较大幅度低于其销售贡献，即该品类的客单价水平较大幅度超过了客单价均值水平，顾客单次购买的金额相对较高，是市场明确、重度消费的品类。

　　2020年7月至2021年6月酒精饮料品类CR5市场集中度变动情况如图6-35所示。

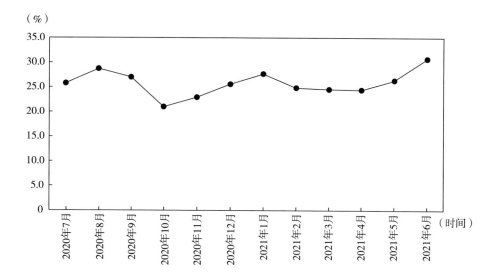

图6-35　酒精饮料品类CR5市场集中度变动情况

资料来源：笔者整理。

　　整体来看，酒精饮料排名前五的品牌月销售总额占品类月销售总额的比值在26%水平左右波动，集中度大概处于中等水平。

　　具体来看，该品类CR5市场集中度存在一定的波动。2020年7月到9月该品类市场集中度在25%以上，2020年10月达到了最低值21.01%，之后持续上升至2021年1月达到小高峰27.67%，回落后在25%水平相对稳定了一段时间，之后快速上升至2021年6月的30.72%，达到最高值。持续波动的状态说明酒精饮料品类的市场竞争情况较不稳定，但从近9个月的情况来看，头部品牌的优势略有增强。

　　2020年7月至2021年6月酒精饮料品类自有品牌品类内月贡献情况如

图 6-36 所示。

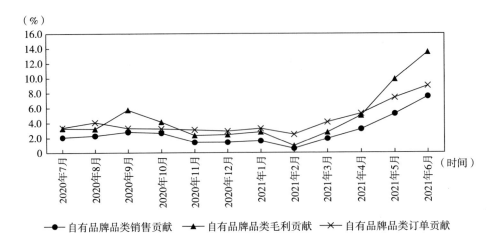

图 6-36 酒精饮料品类自有品牌品类内月贡献情况
资料来源：笔者整理。

整体来看，在 2021 年 2 月之前，酒精饮料品类的自有品牌发展并不突出，毛利和销售贡献甚至存在下降趋势。在 2021 年 2 月之后，该品类的自有品牌贡献实现了较快速的持续增长，体现出了巨大的发展潜力。

具体来看，2021 年 2 月之前，该品类自有品牌的品类内销售贡献在 2% 左右，品类内毛利贡献和订单贡献在 3.5% 水平左右。2021 年 2 月达到谷值后，三项贡献都实现了极为快速的发展。2021 年 6 月，酒精饮料自有品牌品类内毛利贡献达到了 13.50%，销售贡献达到了 7.54%，订单贡献达到了 8.97%，其中毛利贡献的增长尤为突出。2021 年 5 月，自有品牌第一次成为品类销售前五名的品牌；2021 年 6 月，自有品牌已成为品类销售额第二名的品牌。自有品牌的订单贡献相对高于销售贡献，客单价水平低于品类平均，说明自有品牌在品类内仍是相对较低的定位和定价，但两者之间的差距正在缩小。整体来看，该品类的自有品牌发展欣欣向荣。

2020 年 7 月至 2021 年 6 月酒精饮料品类的自有品牌毛利率月对比情况如图 6-37 所示。

整体来看，2020 年 7 月至 2021 年 6 月，该品类整体毛利率水平较为稳定，基本处于 19.3% 的水平。自有品牌的毛利率变动则相对较大，位于 27.48%~40.07%。自有品牌的酒精饮料具有一定的毛利优势，自有品牌毛利率高于品类平均水平。明显的毛利波动提示中小型零售商更加关注该品类自有品牌的促销运营情况。

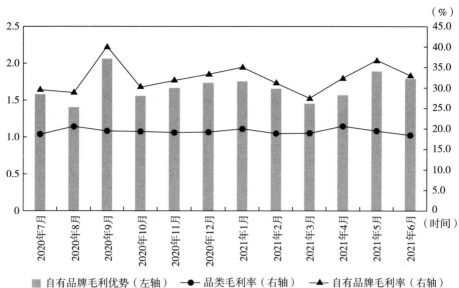

图6-37 酒精饮料品类自有品牌毛利率月对比情况

资料来源：笔者整理。

（九）鞋类品类发展情况

2020年7月至2021年6月鞋类品类的月贡献情况如图6-38所示。

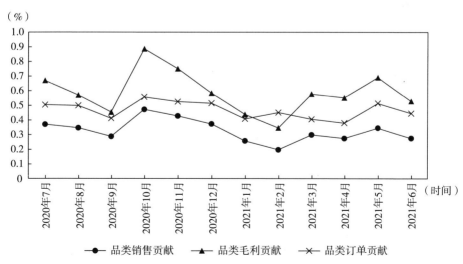

图6-38 鞋类品类月贡献情况

资料来源：笔者整理。

整体来看，鞋类品类是一个规模很小的品类，整个品类的销售贡献不超过0.5%。该品类毛利率相对较高，客单价相对较低，节假日贡献程度下降，是较为典型的日用品品类。

具体来看，该品类的销售贡献处于0.20%~0.47%，毛利贡献处于0.35%~0.89%，订单贡献处于0.38%~0.56%。该品类本身规模受限，但各项表现相对稳定。订单贡献大于销售贡献，客单价水平有限。毛利贡献明显高于销售贡献，该品类具有较高的毛利水平，也不失为一个有潜力的细分市场。

2020年7月至2021年6月鞋类品类的CR5市场集中度变动情况如图6-39所示。

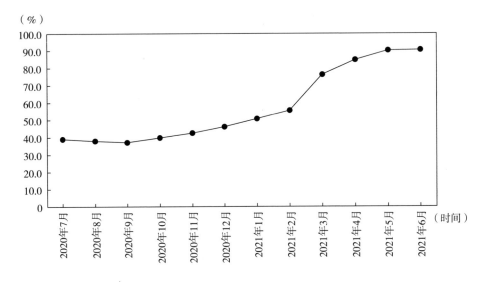

图6-39 鞋类品类 CR5 市场集中度变动情况

资料来源：笔者整理。

该品类的市场集中度增长很快，从2020年7月的39.06%增长到了2021年6月的90.47%。头部品牌的整合程度迅速加强，并呈现出了高度垄断的市场特征。2020年3月，自有品牌杀入了品类销售额前五名；2020年4月，就成为品类销售额第一名。2021年6月，自有品牌的销售额是第二名的六倍以上，成为当之无愧的行业垄断者。在这个规模有限的品类里，自有品牌展现出了极大的发展优势，获取了绝大部分的品类收益。这种自小品类中拔得头筹的方式也为自有品牌的发展提供了一种新的可能性。

2020年7月至2021年6月鞋类品类自有品牌的品类内月贡献情况如图6-40所示。

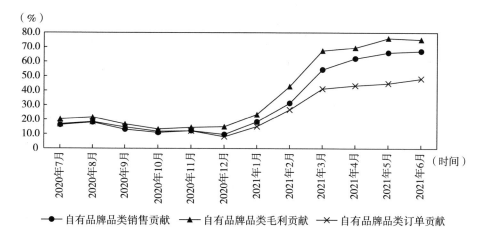

图6-40　鞋类品类自有品牌品类内月贡献情况

资料来源：笔者整理。

整体来看，鞋类自有品牌在2020年12月后实现了快速增长，2021年3月，其品类内销售贡献达到54.41%，毛利贡献达到67.47%，订单贡献达到41.19%，占据了品类的半壁江山。2021年6月，自有品牌的品类内销售贡献达到67.14%，毛利贡献达到75.26%，订单贡献达到48.20%。尽管该品类本身的规模有限，但极大的市场份额仍然可以给自有品牌带来良好的收益。同时从订单贡献来看，自有品牌仍有发展空间。自有品牌可以通过良好的品牌建设和优越的性价比吸引更多的消费者，从而继续实现突破。

2020年7月至2021年6月鞋类品类的自有品牌毛利率月对比情况如图6-41所示。

整体来看，鞋类品类是一个相对毛利较高的品类，品类平均毛利率可达30.96%，而自有品牌平均毛利率可达38.39%，自有品牌的平均毛利率约为品类平均水平的1.24倍。自有品牌毛利率和品类整体毛利率的变化趋势较为相似，但可以看到，进入2021年后，自有品牌的毛利优势在下降。中小型零售商可更多关注品类毛利情况，尽量维持自有品牌的毛利优势。

（十）个人护理品类发展情况

2020年7月至2021年6月个人护理品类的月贡献情况如图6-42所示。

整体来看，2020年7月至2021年6月个人护理品类的销售贡献大概处于7.8%水平，毛利贡献大概处于8.5%水平，订单贡献大概处于6.5%水平，基础需求稳定，毛利率和客单价较高，是相对具有吸引力的市场。

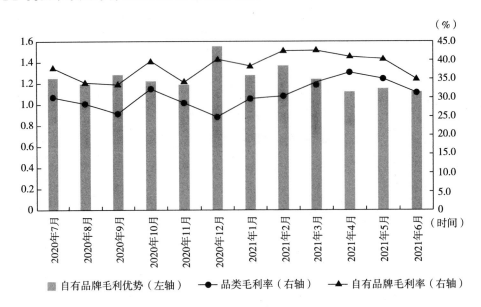

图 6-41 鞋类品类自有品牌毛利率月对比情况

资料来源：笔者整理。

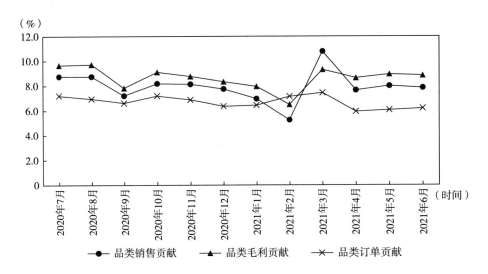

图 6-42 个人护理品类月贡献情况

资料来源：笔者整理。

具体来看，该品类的贡献水平在节庆期间相对较低，节后回落期相对较高，其他时间相对平稳，波动情况与整体市场趋向反向变化，更加体现出该品类是需求稳定的日用品类。同时该品类的毛利贡献基本高于销售贡献，说明其毛利水平高于平均水平。订单贡献低于销售贡献，说明客单价水平高于平均水平。结合来看，该品类的稳定性很高，具有一定的规模和毛利优势，是可以产生较好预期的市场。

2020年7月至2021年6月个人护理品类的CR5市场集中度变动情况如图6-43所示。

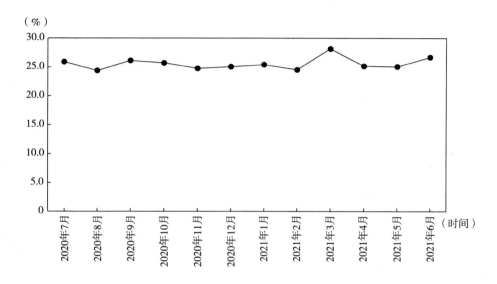

图6-43　个人护理品类CR5市场集中度变动情况

资料来源：笔者整理。

整体来看，2020年7月至2021年6月个人护理品类排名前五的品牌月销售总额占品类月销售总额的比值相对稳定，在26%水平左右，集中度处于中等水平。该品类的CR5市场集中度波动很小，头部品牌具有一定的优势且占比稳定，市场上的竞争者应该达到了相对稳定的状态。

2020年7月至2021年6月个人护理品类自有品牌品类内月贡献情况如图6-44所示。

整体来看，2020年7月至2021年6月，个人护理自有品牌的三项指标呈现较为稳定、小幅增长的状态。自有品牌盈利优势明显，但客单价水平明显偏低。

具体来看，自有品牌订单贡献相对较高，处于3.4%水平左右，毛利贡献其次，在2.8%水平左右，销售贡献最低，在1%水平左右。自有品牌订单贡献较高，说明受消费者认可的程度相对较高。但订单贡献并没有有效转化成销售贡献，体现出自有品牌的客单价大幅低于品类平均水平。这应是由于自有品牌在该品类的开发程度较低，产品线相对集中，无法充分满足消费者需求。对于个人护理品类来说，消费者对品牌的信任相对更为重要，这对自有品牌来说构成了一定的门槛。但该品类的自有品牌毛利贡献大幅高于销售贡献，说明自有品牌的毛利优势很大，或许中小型零售商在进行攻坚后可以获得不错的收益。

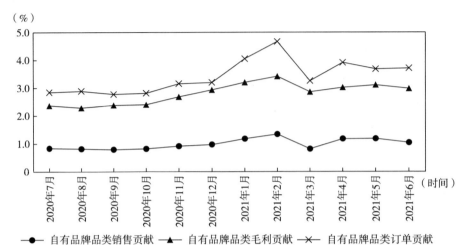

图 6-44　个人护理品类自有品牌品类内月贡献情况

资料来源：笔者整理。

2020 年 7 月至 2021 年 6 月个人护理品类的自有品牌毛利率月对比情况如图 6-45 所示。

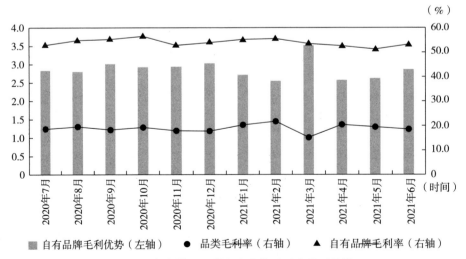

图 6-45　个人护理品类自有品牌毛利率月对比情况

资料来源：笔者整理。

整体来看，2020年7月至2021年6月，个人护理品类毛利率大约处于19%的水平，而自有品牌毛利率大体处于54%的水平。自有品牌毛利率可观，高于品类平均水平，且波动较小。就盈利来看，个人护理品类自有品牌的盈利能力高且稳定，具有很大的吸引力。中小型零售商若能实现市场份额的突破，可以从中获得极大的回报。

（十一）洗浴用品品类发展情况

2020年7月至2021年6月洗浴用品品类月贡献情况如图6-46所示。

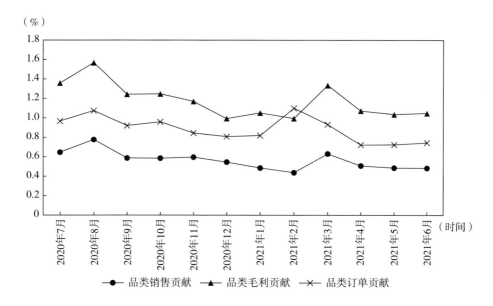

图6-46　洗浴用品品类月贡献情况

资料来源：笔者整理。

2020年7月至2021年6月，洗浴用品销售、毛利和订单贡献整体相对较低，基本维持在1%水平左右，且波动较为相似。2020年8月洗浴用品的销售、毛利及订单贡献均呈现小幅上涨，其中毛利和销售贡献分别达到峰值1.57%、0.78%，随后各项指标呈下滑态势。后续销售、毛利贡献在2021年3~4月出现波动，应是春节前后零售商整体销售情况的异常波动，从侧面反映出该品类为日常消费品类，需求较为稳定。整体来看此类产品的市场规模相对较小，毛利高于平均水平，客单价低于平均水平，销售情况受季节影响，夏季表现更为突出。

2020年7月至2021年6月洗浴用品品类的CR5市场集中度变动情况如图6-47所示。

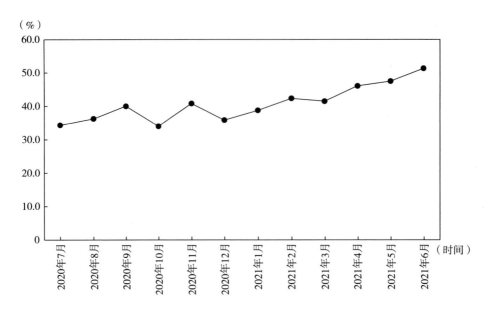

图 6-47 洗浴用品品类 CR5 市场集中度变动情况

资料来源：笔者整理。

洗浴用品的品类集中度呈现逐月攀升趋势，已达到中等偏高水平。具体而言，洗浴用品前五的销售贡献基本维持在 30%~50%，2020 年 7 月到 12 月洗浴用品排名前五的销售占比呈现小幅波动状态，但 2020 年 12 月之后销售占比逐月递增，并于 2021 年 6 月增至 51.31%，比 2020 年 7 月的 34.35% 增长了 16.96%。其中在 2020 年 7 月，自有品牌销售占比达到第三位，2021 年 5 月，自有品牌销售占比已成为第一。

2020 年 7 月至 2021 年 6 月洗浴用品品类自有品牌品类内月贡献情况如图 6-48 所示。

洗浴用品自有品牌的销售贡献、毛利贡献以及订单贡献在 2020 年 7 月到 11 月变动较为平稳，基本维持在 5% 左右，从 11 月开始呈现高速增长趋势，整体发展态势良好。

2020 年 7 月，洗浴用品自有品牌品类内毛利贡献仅为 7.41%，截至 2021 年 6 月，自有品牌毛利贡献达到 27.60%，除 2020 年 7 月至 10 月小幅度波动外，均呈增长趋势；自有品牌品类内销售贡献和订单贡献走势大致相同，分别由 2020 年 7 月的 5.39%、6.32% 增至 2021 年 6 月的 22.27%、19.74%。自有品牌逐渐得到了消费者的认可，整体发展趋势良好。同时可以看出，自有品牌具有一定的毛利优势，客单价水平与品类水平相仿。

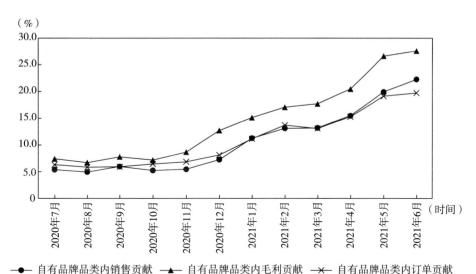

图 6-48 洗浴用品品类自有品牌品类内月贡献情况

资料来源：笔者整理。

2020 年 7 月至 2021 年 6 月洗浴用品品类自有品牌毛利率月对比情况如图 6-49 所示。

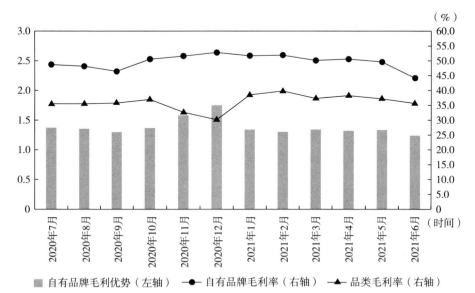

图 6-49 洗浴用品品类自有品牌毛利率月对比情况

资料来源：笔者整理。

全年洗浴用品自有品牌毛利率均高于品类毛利率，但并未拉开差距，月均毛利优势为1.38。品类毛利率全年均低于自有品牌毛利率，2020年11月和12月品类毛利率大幅度下滑，并于12月达到谷值30.14%，或是受线上"双十一"促销活动影响，2021年1月有所回升并稳定在35%左右。自有品牌毛利率基本维持在50%，波动幅度较小，零售商可以更好地掌握自有品牌的价格、成本等因素，因此毛利率受外界影响较小，整体较为平稳。自有品牌毛利优势全年变化相对稳定，除2020年11月、12月达到1.58和1.75外，均处于1.2~1.4。虽然相比于品类平均毛利率，自有品牌的毛利优势并不十分明显，但50%水平的毛利率本身就处于相对高位，对中小型零售商来说仍然具有较高的吸引力。

（十二）居家日用品品类发展情况

2020年7月至2021年6月居家日用品品类月贡献情况如图6-50所示。

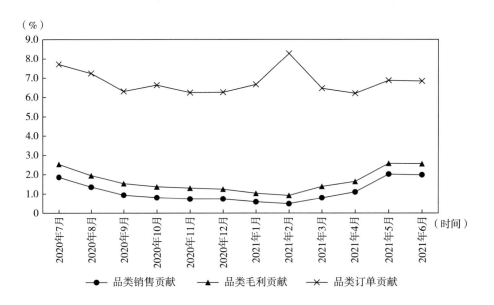

图6-50 居家日用品品类月贡献情况

资料来源：笔者整理。

居家日用品在全品类之中销售贡献和毛利贡献处于较低水平，但订单贡献占比较高，是中小型零售商重要的获客品类。

居家日用品的品类销售贡献和毛利贡献变化趋势大致相同，整体呈现出先减后增态势，2020年7月居家日用品的销售、毛利贡献分别为1.86%和2.54%，随后处于下降态势，2021年2月分别达到谷底0.49%、0.92%，之后呈现稳定增长，2021 年 6 月已回升到 2020 年 7 月水平。相比于销售和毛利贡献，居家日用品的订单一直保持较高占比，维持在 7% 左右，其中 2021 年 2 月达到峰值8.27%。居家日用品属于订单占比高而客单价较低的商品，未来通过提高其客单价可带动销售增长。

2020 年 7 月至 2021 年 6 月居家日用品品类 CR5 市场集中度变动情况如图 6-51 所示。

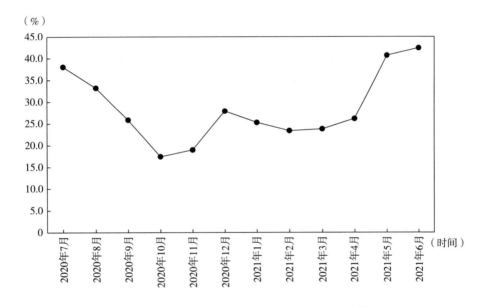

图 6-51　居家日用品品类 CR5 市场集中度变动情况

资料来源：笔者整理。

2020 年 7 月至 2021 年 6 月，居家日用品类前五名品牌的月销售总额占比出现了较大波动，整体呈现先减后增趋势。

2020 年 7 月居家日用品前五名月销售占比为 38.04%，但后续持续下降，至 2020 年 10 月达到最低值 17.43%，而后 12 月回升到 27.90%，但 2021 年 1 月再次出现下滑，至 4 月均维持在 25% 左右，5 月出现爆发性增长，增长至 40.66%。该品类的集中度波动与销售周期相仿，或是由于头部品牌在销售旺季集中发力，同时居家日用品消费者的品牌忠诚度较低，购买时易受品牌宣传、价格促销等因素影响。

2020 年 7 月至 2021 年 6 月居家日用品类自有品牌品类内月贡献情况如图6-52 所示。

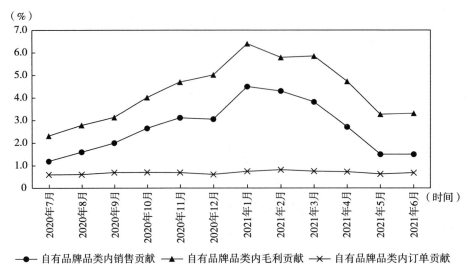

图6-52 居家日用品品类自有品牌品类内月贡献情况

资料来源：笔者整理。

居家日用品品类自有品牌订单贡献占比较少，但是整体较为平稳，销售贡献和毛利贡献呈现先增后减趋势，与头部品牌销售占比趋势相反。同时该品类自有品牌具有一定的毛利优势，且客单价水平高于品类平均。

自有品牌品类内订单贡献在一年内均处于1%以下，变化较小，占比较低，可见居家日用品品类自有品牌尚未得到消费者的充分认可。居家日用品品类自有品牌品类内销售贡献及毛利贡献先增后降，整体与头部品牌占比趋势相反，是此消彼长的状态，反映出自有品牌的主要生存方式是避开与头部品牌的直接竞争。2021年1月，自有品牌的品类内销售贡献和毛利贡献达到峰值，分别为4.50%和6.39%。这说明单就产品而言，自有品牌仍具有较高的发展潜力。同时自有品牌的毛利贡献高于销售贡献，说明其毛利率高于品类平均；销售贡献高于订单贡献，说明其客单价高于品类平均。较低的订单贡献提示中小型零售商应考虑如何引导更多消费者接受居家日用品的自有品牌，并且进一步培养消费者的品牌忠诚度。同时中小型零售商也应该更关注该品类内头部品牌的发展策略，根据实际情况决定效仿或是规避。

2020年7月至2021年6月居家日用品品类自有品牌毛利率月对比情况如图6-53所示。

居家日用品品类自有品牌毛利率基本维持在45%水平，且相对稳定，比较具有吸引力。自有品牌平均毛利率约为品类平均毛利率的1.66倍，毛利优势呈现先降后升的趋势。品类毛利率波动较大，整体来看，夏季是销售旺季，毛利率相对更低，结合前部分数据，应是由于主要头部品牌进行了更多促销活动。据此推断，该品类的消费者对价格更为敏感，头部品牌在销售旺季进行的促销活动能够大幅吸引消费者，自有品牌当前主要采取的是稳定价格策略，在销售淡季更具吸引力。中小型零售商可在更谨慎地评估相关情况后确定是否有必要在旺季增加促销力度。

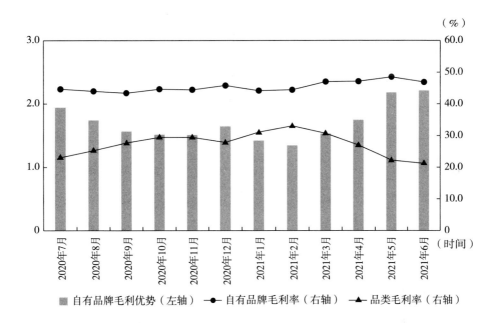

图 6-53　居家日用品品类自有品牌毛利率月对比情况

资料来源：笔者整理。

（十三）熟食生鲜品品类发展情况

2020 年 7 月至 2021 年 6 月熟食生鲜品品类月贡献情况如图 6-54 所示。

相较于其他品类，熟食生鲜的市场规模相对有限，销售和毛利贡献大概处于 2% 水平，且变化相对平稳。其毛利水平接近平均状态，客单价水平相对较低。但其订单贡献可达 4% 的水平，获客能力相对较好。

2020 年 7 月至 2021 年 6 月，熟食生鲜品类的销售贡献及毛利贡献波动较小，基本维持在 2% 左右；2020 年 7 月至 2021 年 1 月熟食生鲜品类的订单贡献稳定在 4% 左右，2021 年 2 月有所提升，达到 5.13%，熟食相较其他品类春节期间更加火爆，但是由于客单价有限，因此毛利和销售贡献上升幅度较小，此后迅速回落，并一直呈现缓慢降低趋势，2021 年 6 月降至一年内谷值 3.35%。熟食生鲜品作为日常消费的基础性产品，消费需求相对稳定，虽获利能力并不突出，客单价相对较低，但订单贡献相对突出，获客能力较好。

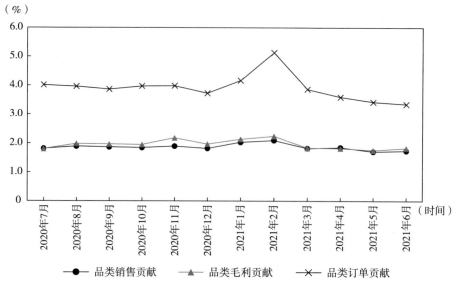

图 6-54　熟食生鲜品品类月贡献情况

资料来源：笔者整理。

2020 年 7 月至 2021 年 6 月熟食生鲜品品类 CR5 市场集中度变动情况如图 6-55 所示。

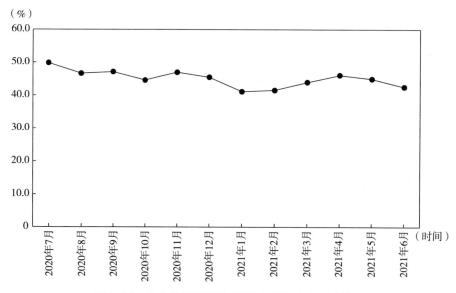

图 6-55　熟食生鲜品品类 CR5 市场集中度变动情况

资料来源：笔者整理。

熟食生鲜品的品类集中度较高，全年变化较为稳定，维持在45%左右。2020年7月熟食生鲜品排名前五的产品月销售占比为49.83%，之后略有下降，于2021年1月降至谷值41.13%，2月开始逐渐增长，至4月回升到46.08%，而后开始缓慢下降。因为熟食生鲜品类关乎消费者的健康，因此消费者更倾向于购买知名品牌，市场集中程度较高，新品牌的进入有一定难度。

2020年7月至2021年6月熟食生鲜品品类自有品牌品类内月贡献情况如图6-56所示。

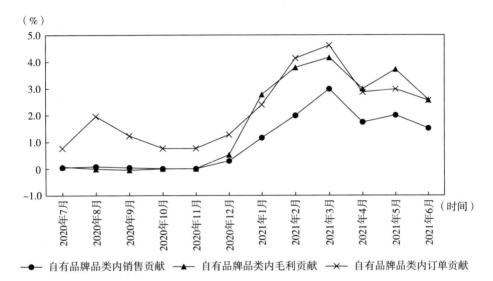

图6-56　熟食生鲜品品类自有品牌品类内月贡献情况

资料来源：笔者整理。

熟食生鲜类自有品牌品类内销售贡献、毛利贡献以及订单贡献在一年中波动较大，但整体呈现上涨态势。自有品牌打开局面不久，整体销售水平尚处于低位，客单价较低，同时具有一定的毛利优势。

2020年7月至11月，熟食生鲜类自有品牌虽有一定量的订单贡献，但是销售贡献以及毛利贡献基本为零，甚至出现亏损情况。由于熟食生鲜品类保质期较短且储存困难，在前期未能吸引足够消费者的情况下，会产生较大销售成本，有效收益有限。自2020年11月起，自有品牌在该品类中开始发力，销售贡献、毛利贡献以及订单贡献均开始大幅增长，到2022年3月均达到峰值，而后出现一定程度的回落。当前熟食生鲜品类中的自有品牌尚处于早期发展阶段，整体规模不大，毛利率高于品类均值，客单价低于品类均值。此外该品类商品受节日影响波动较大，商家应当根据节日及当地消费者的饮食习惯进行营销和产品创新。

2020 年 7 月至 2021 年 6 月熟食生鲜品类自有品牌毛利率月对比情况如图 6-57 所示。

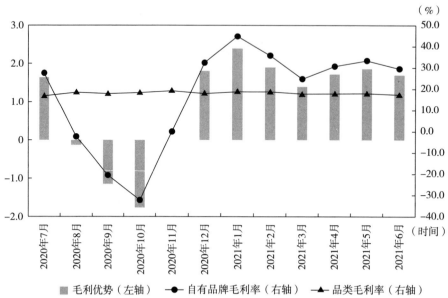

图 6-57　熟食生鲜品类自有品牌毛利率月对比情况

资料来源：笔者整理。

2020 年 7 月至 2021 年 6 月熟食生鲜品品类毛利率较为平稳，在 15% 左右波动，受不确定因素影响小。自有品牌毛利率和毛利优势起伏波动较大，前期甚至出现严重亏损，应是由于前期规模太小，数据不稳定。2020 年 12 月后自有品牌有了一定的发展，毛利水平高于品类平均。

2020 年 7 月至 2020 年 10 月熟食生鲜品类自有品牌毛利率处于高速下滑阶段，在 10 月达到最低点 -32.25%，出现了严重亏损。2020 年 11 月之后品类内自有品牌进行了新的产品开发和推广活动，自有品牌产品开始扭亏为盈，之后迅速提升，并于 2021 年 1 月达到最高值 44.76%。2021 年 1 月之后自有品牌毛利率有所回落，整体处于 30% 左右水平。自 2020 年 12 月开始，该品类自有品牌整体高于行业平均毛利率，毛利优势处于 1.39~2.39。此外，自有品牌的毛利率最低时销售贡献最高，说明价格促销具有较好的效果，中小型零售商可以考虑通过更优越的性价比吸引消费者。

（十四）五金器具品类发展情况

2020 年 7 月至 2021 年 6 月五金器具品类月贡献情况如图 6-58 所示。

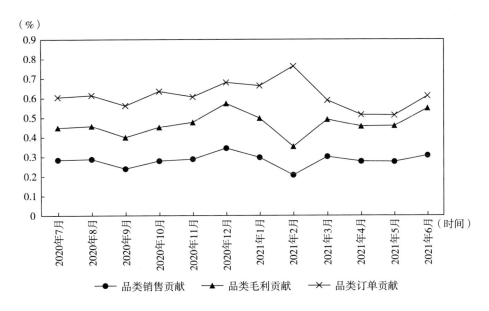

图 6-58　五金器具品类月贡献情况

资料来源：笔者整理。

五金器具品类使用场景有限，因此品类销售贡献、毛利贡献以及订单贡献在整体品类中均低于0.8%，发展空间较小。

该品类销售和毛利贡献变化趋势较为一致，2020年7月至2020年12月变动相对平稳，虽然在9月有小幅下滑，但整体呈缓慢增长态势，2020年12月，销售、毛利贡献均达到峰值，分别为0.34%和0.57%，随后2021年2月分别达到一年内谷值0.21%、0.35%，2021年3月有所回升并趋于稳定；品类订单贡献则恰恰相反，于2021年2月达到峰值0.76%，后续虽有所回落但最终呈现上升趋势。该趋势说明很多消费者会选择春节时段购买五金器具产品，但该品类本身客单价较低，订单贡献转化的销售贡献和毛利贡献不比其他品类。

2020年7月至2021年6月五金器具排名前五的产品月销售总额占五金器具销售总额的比值变动情况如图6-59所示。

整体来看，五金器具前五名的销售贡献较为稳定，基本维持在80%，内部集中度很高。五金器具是一个较小的产品品类，本身的货架空间有限，整体品牌数较少，头部品牌竞争优势十分明显。自有品牌同样踏足了这一品类，2020年9月，自有品牌首次进入品类销售前五名，并在之后的11个月中保持了第四名的销售成绩。

2020年7月至2021年6月五金器具品类自有品牌品类内月贡献情况如图6-60所示。

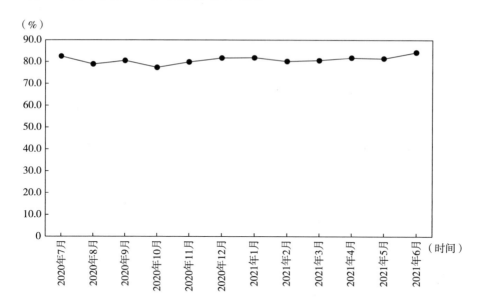

图 6-59　五金器具排名前五的产品月销售总额占五金器具销售总额的比值变动情况
资料来源：笔者整理。

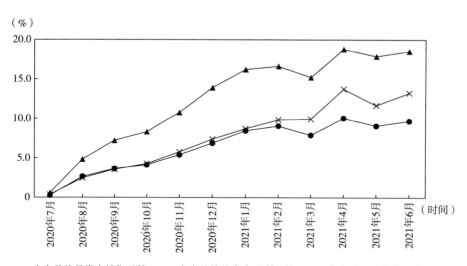

——●—— 自有品牌品类内销售贡献　　——▲—— 自有品牌品类内毛利贡献　　——✕—— 自有品牌品类内订单贡献

图 6-60　五金器具品类自有品牌品类内月贡献情况
资料来源：笔者整理。

整体而言，2020 年 7 月至 2021 年 6 月五金器具自有品牌保持稳定增长，发展势头良好。五金器具类自有品牌品类内销售贡献、毛利贡献以及订单贡献从

2020 年 7 月至次年 2 月呈持续稳定增长，分别由 0.28%、0.59%、0.35% 增至 9.06%、16.63%、9.86%。2021 年 3 月订单贡献增长速度放缓，销售、毛利贡献有所回调，但 4 月销售、毛利、订单贡献均有大幅提升，达到一年内峰值，分别为 10.08%、18.81%、13.74%，后续虽小幅度下降，但整体仍呈上升趋势。在知名品牌几乎垄断市场的情况下，自有品牌仍然能够突出重围，说明进行相关开发的零售商充分挖掘了自有品牌的发展潜力。2021 年 2 月之后，该品类自有品牌的客单价有所降低，或需进行有针对性的分析。

2020 年 7 月至 2021 年 6 月五金器具品类自有品牌毛利率月对比情况如图 6-61 所示。

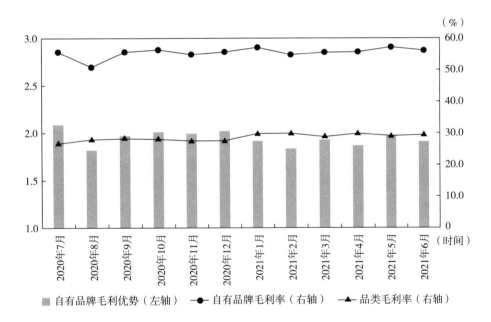

图 6-61　五金器具品类自有品牌毛利率月对比情况

资料来源：笔者整理。

五金器具的自有品牌毛利率均高于品类毛利率，自有品牌具有一定的毛利优势。具体而言，月均品类毛利率基本维持在 28.56%，自有品牌毛利率保持在较高水平，月均毛利率为 55.44%，大约是品类毛利率的 2 倍，且全年波动较小，具有较高毛利优势。

（十五）母婴用品品类发展情况

2020 年 7 月至 2021 年 6 月母婴用品品类月贡献情况如图 6-62 所示。

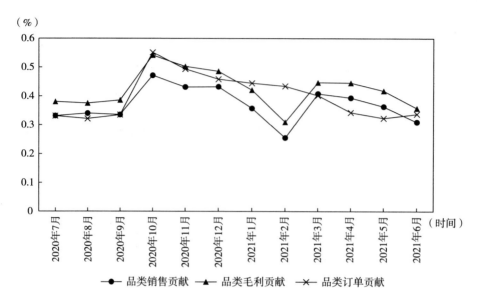

图 6-62 母婴用品品类月贡献情况

资料来源：笔者整理。

母婴用品的销售贡献、毛利贡献以及订单贡献都低于 0.6%，在全品类中处于较低水平。品类销售贡献和毛利贡献变化趋势较为相似，2020 年 7 月至 9 月波动较小，分别维持在 0.34%、0.38%左右，10 月出现较大幅度增长，增至 0.47%和 0.54%，而后开始迅速回落，直到次年 2 月分别达到最低值 0.26%、0.31%，之后出现小幅回升，但后续仍呈下降趋势；品类订单贡献自 2020 年 10 月峰值 0.55%后呈缓慢下滑趋势，2021 年 4 月开始进入平稳状态。整体而言，母婴用品在全品类中处于较低水平，由于母婴用品的消费者群体拥有更多购买渠道，如专业化的母婴店等，中小型零售商相对竞争力较弱。

2020 年 7 月至 2021 年 6 月母婴用品品类 CR5 市场集中度变动情况如图 6-63 所示。

母婴用品前五名的销售贡献相比其他品类内部集中度处于中等水平，头部品牌竞争力呈现出先增后减的趋势，2020 年 10 月至 2021 年 1 月优势相对明显。

2020 年 7 月母婴用品销售额前五名的销售贡献占比为 30.67%，8 月略有下调，9 月迎来快速增长，10 月达到最大值 39.15%并趋于稳定，4 个月后，2021 年 2 月呈现大幅度下降，降至 34.68%，后续除 2021 年 4 月略微有所回升外，一直处于下降状态，2021 年 6 月占比率降为 31.54%。头部品牌的竞争优势存在波动，或是受到了营销努力的影响。

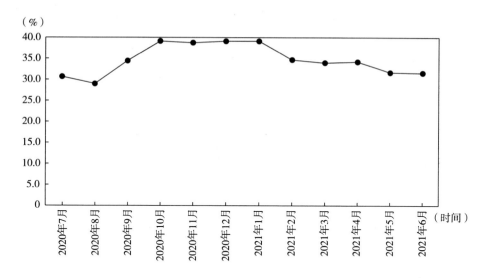

图 6-63 母婴用品品类 CR5 市场集中度变动情况

资料来源：笔者整理。

2020 年 7 月至 2021 年 6 月母婴用品品类自有品牌品类内月贡献情况如图 6-64 所示。

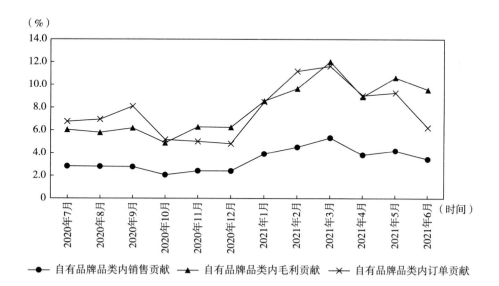

图 6-64 母婴用品品类自有品牌品类内月贡献情况

资料来源：笔者整理。

母婴用品自有品牌的销售贡献基本维持在3%左右，处于中低水平；毛利贡献及订单贡献明显高于销售贡献，说明自有品牌具有较高的毛利优势，获客能力也相对较好，但客单价水平大幅低于品类平均，使得订单优势不能有效转化为销售额优势。

母婴用品类自有品牌毛利贡献在2020年7月至2020年12月虽有小幅波动，但是整体变化相对来说较为平稳，从2021年1月开始进入高速增长，在3月达到峰值12.03%，之后有所回落，2021年6月毛利贡献为9.56%；销售贡献与毛利贡献变动趋势大体相似，但是相对来说更为缓和，维持在2%~5.4%；2020年7月母婴用品订单贡献为6.76%，后呈现波动上升状态至2021年3月达到峰值11.63%，但随后迅速回落，2021年6月降为6.23%，呈现明显的季节性波动。母婴用品自有品牌虽然订单占比较高，但是销售贡献略低，可以看出自有品牌仍集中于低端产品，未来零售商可以拓展产品种类提升产品定位，充分利用订单优势。

2020年7月至2021年6月母婴用品品类自有品牌毛利率月对比情况如图6-65所示。

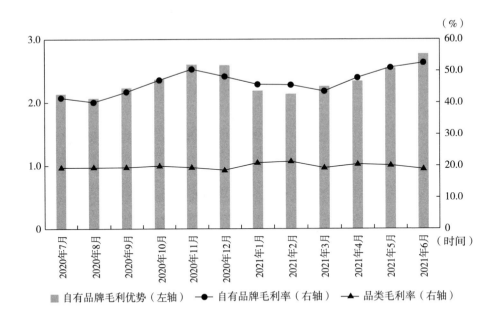

图6-65 母婴用品品类自有品牌毛利率月对比情况

资料来源：笔者整理。

母婴用品类自有品牌毛利率是品类毛利率的2倍以上，呈现出较大毛利优势。2020 年 7 月母婴用品自有品牌毛利率为 41.46%，8 月略有下降，之后呈现持续升高态势，2020 年 11 月毛利率增至 50.45%，后续到 2021 年 3 月虽缓慢下降，但 4 月开始再次呈现上升趋势，2021 年 6 月毛利率达到 52.60%。相比于自有品牌毛利率，品类毛利率变化更加平稳，全年维持在 20% 左右；自有品牌毛利优势平均为 2.35，拥有较强的获利能力。母婴用品的整体品类销售份额较低，但是自有品牌毛利优势显著，对中小型零售商具有一定的吸引力。

（十六）计生用品品类发展情况

2020 年 7 月至 2021 年 6 月计生用品品类月贡献情况如图 6-66 所示。

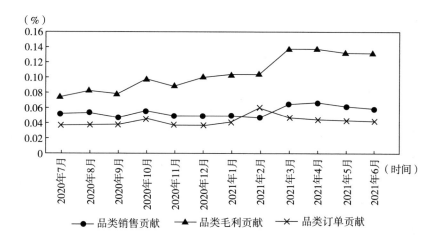

图 6-66　计生用品品类月贡献情况

资料来源：笔者整理。

计生用品品类是一个小品类，销售贡献率、毛利贡献、订单贡献在全品类中处于低位水平，均未超过 0.14%。销售贡献和订单贡献变动幅度较小，说明这是一个具有相对稳定需求的品类，同时该品类产品在节庆期间的销售更为火爆。该品类的毛利贡献远高于销售贡献，说明其毛利率水平远超平均水平，具有很高的盈利能力。

2020 年 7 月至 2021 年 6 月计生用品品类 CR5 市场集中度变动情况如图 6-67 所示。

计生用品排名前五的产品销售占比在 72%~85%，呈现缓慢上涨趋势，说明头部品牌具有极大的竞争优势，且其垄断程度正在加剧。2020 年 7 月计生用品排名前五的产品销售占比为 76.68%，8 月小幅度下跌后呈持续上升状态，并于

2021 年 2 月达到 84.29% 后保持稳定。该品类市场较小，容纳的品牌也相对较少，头部品牌具备绝对的竞争优势。值得一提的是，自有品牌在 2020 年 9 月首次进入品类前五，之后每月稳步上升一位排名，2020 年 12 月成为品类销售额第二的品牌并持续至 2021 年 6 月。在这个小市场中，自有品牌强势杀入，并获得了稳定的市场份额。

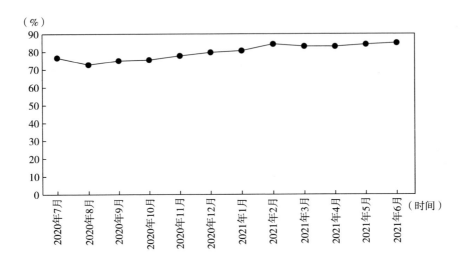

图 6-67　计生用品品类 CR5 市场集中度变动情况

资料来源：笔者整理。

2020 年 7 月至 2021 年 6 月计生用品品类自有品牌品类内月贡献情况如图 6-68 所示。

作为 2020 年 7 月新开发的自有品牌，计生用品品类自有品牌销售贡献、毛利贡献以及订单贡献均实现大幅度增长，发展潜力较大。该品类自有品牌客单价低，毛利率高，对消费者和零售商来说都具有较高性价比。

其中增长最快的是自有品牌品类毛利贡献率，2020 年 7 月毛利贡献仅为 0.99%，后续保持高速增长，2021 年 3 月达到一年内峰值 54.86%，随后虽有回调，但仍保持在 50% 以上。自有品牌销售贡献变化和毛利贡献大致相似，但增长势头相对较缓，2021 年 2 月后维持在 26% 左右。自有品牌订单贡献由 2020 年 7 月的 0.49% 增至 2021 年 3 月的 38.04%，后续波动较小，保持在 38%。总体而言计生用品自有品牌发展良好，仅一年时间，毛利贡献占比就达到总品类的一半以上，是针对小品类做集聚性开发的良好案例。

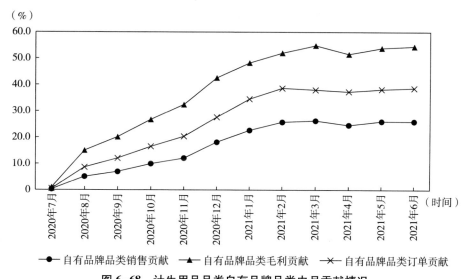

图 6-68 计生用品品类自有品牌品类内月贡献情况

资料来源：笔者整理。

2020 年 7 月至 2021 年 6 月计生用品品类自有品牌毛利率月对比情况如图 6-69 所示。

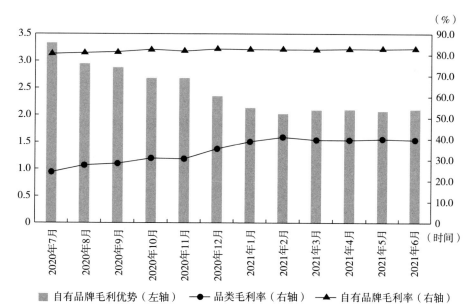

图 6-69 计生用品品类自有品牌毛利率月对比情况

资料来源：笔者整理。

计生用品品类自有品牌毛利率一直稳定维持在较高水平，2020年7月毛利率为80.46%，2021年6月毛利率增至82.87%，整体呈现缓慢上升趋势。2020年7月品类毛利率为24.16%，与自有品牌毛利率相差较大，自有品牌毛利优势高达3.33，但后续保持增长，2021年2月品类毛利率达到一年内峰值40.86%，3月略有回调后趋于稳定。虽然品类毛利率保持了较高的增长态势，但自有品牌毛利优势仍稳定在2以上，获利能力十分显著，后续零售商应持续关注计生用品的自有品牌运营，通过扩大销量获得更多收益。

（十七）冷藏/冷冻食品品类发展情况

2020年7月至2021年6月冷藏/冷冻食品品类月贡献情况如图6-70所示。

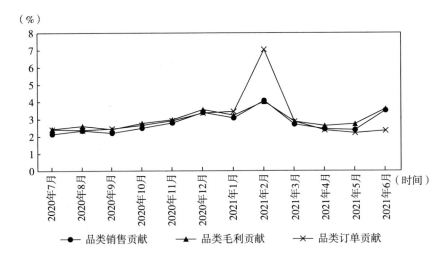

图6-70 冷藏/冷冻食品品类月贡献情况

资料来源：笔者整理。

冷藏/冷冻食品品类市场规模相对较小，2020年7月至2021年6月该品类的销售贡献、毛利贡献和订单贡献大体处于4%水平以下，均呈现先增后减变化趋势，春节期间销售表现更为突出。

2020年7月品类销售贡献、毛利贡献分别为2.15%、2.43%，后呈波动增长，2021年2月增至一年内峰值4.07%、4.01%，随后虽有大幅度回落，但2021年6月仍呈现出上涨趋势；2020年7月品类订单贡献为2.41%，随后缓慢上升至2021年1月的3.44%，受春节影响，冷藏/冷冻食品品类订单激增，2021年2月订单贡献增至7.04%，但3月急速下降至2.86%，后趋于稳定。冷藏/冷冻食品品类销售、毛利和订单贡献呈现倒"U"形变化，在2月节庆期间表现尤为突出。

2020 年 7 月至 2021 年 6 月冷藏/冷冻食品品类 CR5 市场集中度变动情况如图 6-71 所示。

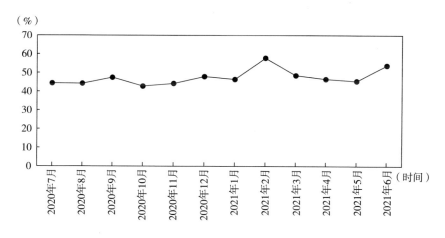

图 6-71 冷藏/冷冻食品品类 CR5 市场集中度变动情况

资料来源：笔者整理。

总体上看，冷藏/冷冻食品品类的集中度较高，排名前五的品牌月销售贡献在 42.8%~57.8%。2020 年 7 月冷藏/冷冻食品排名前五品牌销售占比为 44.4%，至 2021 年 1 月，波动较为平稳，集中在 42%~48%，但 2021 年 2 月，销售占比增至 57.84%，为一年内峰值。2021 年 3 月至 5 月冷藏/冷冻食品前五销售占比有所回落，但 6 月再次呈上升态势。冷藏/冷冻食品品类有一定的进入壁垒和竞争难度，尤其对产品配送有更高的要求，头部品牌具有较大的竞争优势，对小品牌和新品牌的发展有一定阻碍。

2020 年 7 月至 2021 年 6 月冷藏/冷冻食品品类自有品牌品类内月贡献情况如图 6-72 所示。

冷藏/冷冻食品品类自有品牌的发展相对落后，销售贡献和毛利贡献在一年内占比较小，均在 0.6% 以下。但自有品牌订单贡献占比较大，最高可达 12.78%，说明该品类自有品牌得到了较多消费者的认可，但客单价水平远低于品类平均，销售额转化效率低。

自有品牌品类销售贡献和毛利贡献大多数情况下接近重合，只在 2020 年 11 月出现背离，自有品牌品类销售贡献上升，但是品类毛利贡献减少，甚至下降到负值，应是由于自有品牌进行了大幅度的促销活动。2020 年 11 月后，自有品牌品类毛利率逐渐上涨至正值并最终回到之前的水平。然而自有品牌品类订单贡献波动较大，大部分时间处于 10% 左右水平，但 2021 年 2 月骤降至 3.89%，说明自有品牌在春节档并不具备竞争力。整体来看自有品牌的订单贡献表现比较亮眼，中小型零售商可考虑更完善的产品线开发和产品定位布局，充分利用自有品牌建立起的人气基础进行销售和盈利的转化。

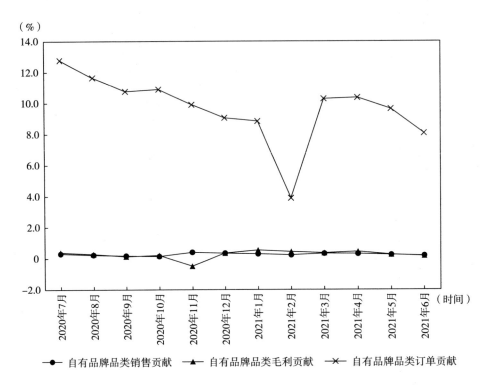

图 6-72　冷藏/冷冻食品品类自有品牌品类内月贡献情况

资料来源：笔者整理。

2020 年 7 月至 2021 年 6 月冷藏/冷冻食品品类自有品牌毛利率月对比情况如图 6-73 所示。

冷藏/冷冻食品品类平均毛利率较为稳定，基本处于 18.56% 左右，波动较小。然而自有品牌毛利率及毛利优势起伏波动较大，甚至个别月份出现严重亏损。自有品牌毛利率 2020 年 10 月至 11 月下降最为明显，从 28.43% 大幅下降到 -21.48%，应是进行了较大程度的促销。12 月后自有品牌毛利率回升，并在 15%~34% 波动，大部分时间高于品类平均毛利率。自有品牌毛利率的大幅波动提示中小型零售商应加强供应链及价格把控。

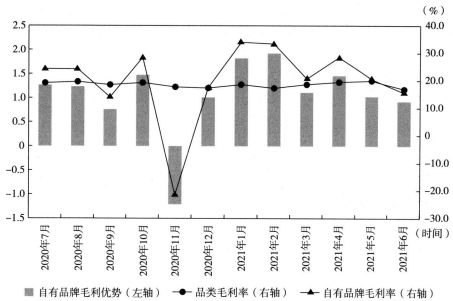

图 6-73　冷藏/冷冻食品品类自有品牌毛利率月对比情况

资料来源：笔者整理。

（十八）烟草品类发展情况

2020 年 7 月至 2021 年 6 月烟草品类月贡献情况如图 6-74 所示。

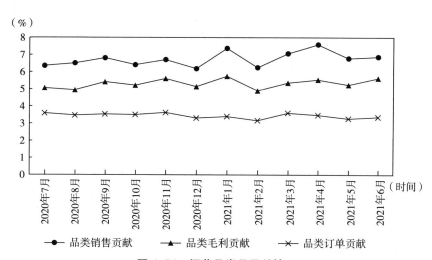

图 6-74　烟草品类月贡献情况

资料来源：笔者整理。

烟草品类是具有一定市场规模的品类，销售贡献在7%水平上下波动。其品类销售贡献大于毛利贡献大于订单贡献，虽然顾客群有限，毛利率较低，但客单价水平很高，所以销售额喜人。

2020年7月烟草品类的销售贡献为6.36%，随后波动上涨，2021年6月，烟草销售贡献增至6.89%；烟草品类毛利贡献和销售贡献变化趋势较为一致，集中在4.9%~5.8%；烟草品类订单贡献相对波动较小，变化趋势不明显，在3.1%~3.7%。烟草品类销售贡献大于毛利贡献，说明毛利率水平低于平均水平。该品类的订单占比相对较低，但销售贡献很高，说明客单价很高，即该品类虽然面对的消费者有限，却拥有很多重度消费用户，是相对稳定、收入较高的品类。

2020年7月至2021年6月烟草品类CR5市场集中度变动情况如图6-75所示。

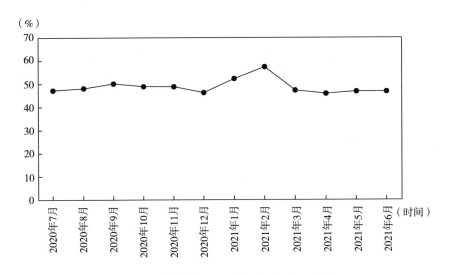

图6-75 烟草品类CR5市场集中度变动情况

资料来源：笔者整理。

烟草品类排名前五的品牌月销售贡献占比相对较高且较为稳定，除个别月份外均在45%~50%波动。2020年12月烟草排名前五的产品销售贡献为46.26%，2021年2月受节日影响，连续高速增长至57.42%，为一年内峰值，随后迅速回落到平均水平。总体上，烟草品类集中度较高，消费者黏性较大，对小品牌和新品牌来说具有一定的壁垒和竞争难度。

2020年7月至2021年6月烟草品类自有品牌品类内月贡献情况如图6-76所示。

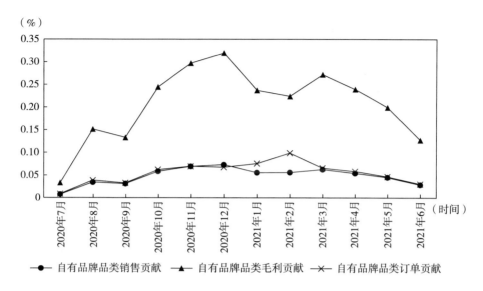

图 6-76 烟草品类自有品牌品类内月贡献情况

资料来源：笔者整理。

自有品牌品类销售贡献、毛利贡献、订单贡献均占比较小，其中自有品牌品类销售贡献和订单贡献在 0.1% 以下，毛利贡献相对较高，在 0.03% ~ 0.32%，即当前自有品牌在品类内的发展尚不足规模，但自有品牌的毛利优势很大。

自有品牌品类毛利贡献变化较明显，2020 年 7 月至 12 月呈现上升趋势，达到一年内峰值 0.32%，随后除 2021 年 3 月有所回升外，其他月份均出现下降，2021 年 6 月降至 0.13%，整体呈现先增后减的变化态势。除 2021 年 1 月和 2 月外，自有品牌销售和订单贡献波动情况基本一致，分别保持在 0.01% ~ 0.07%、0.01% ~ 0.10%，波动幅度较小，整体同样呈现出先增后减的趋势。总体上，烟草类自有品牌开发相对落后，并未有效打开市场。

2020 年 7 月至 2021 年 6 月烟草品类自有品牌毛利率月对比情况如图 6-77 所示。

烟草品类毛利率较为稳定，全年维持在 13% ~ 14%；烟草品类自有品牌毛利率远高于品类毛利率，在 55% ~ 60% 波动，除 2021 年 2 月受节日影响有所下调外，全年变化幅度不大。自有品牌毛利优势全年维持在 4 ~ 4.5，自有品牌的获利能力显著高于其他品牌，能够为零售商带来更多收益，有潜力成为新的利润增长点。

（十九）家装软饰品类发展情况

2020 年 7 月至 2021 年 6 月家装软饰品类月贡献情况如图 6-78 所示。

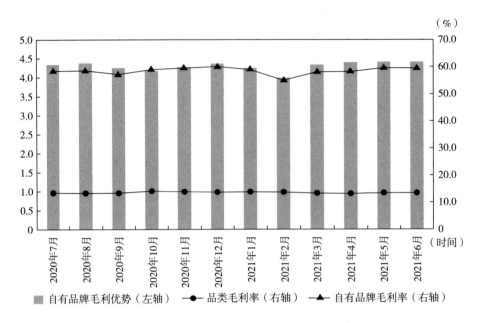

图 6-77 烟草品类自有品牌毛利率月对比情况

资料来源：笔者整理。

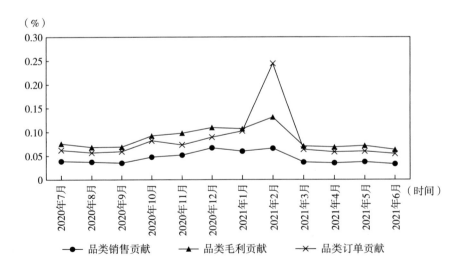

图 6-78 家装软饰品类月贡献情况

资料来源：笔者整理。

家装软饰品类的品类销售贡献、毛利贡献、订单贡献占比较低，均低于0.25%，是一个相对小的品类。受春节节庆影响，整体呈现先增后减趋势。

家装软饰品类销售贡献、毛利贡献、订单贡献变化趋势一致，在 2020 年下半年稳步上升，直到 2021 年 2 月达到最大值，而后迅速回落，其中品类订单贡献在 2021 年 2 月最为突出，由 1 月的 0.10% 升至 2 月的 0.24%，单月呈现翻倍增长，3 月回落至 0.06%，导致 2 月订单贡献呈现明显波峰，春节期间需要进行节日布置，因此家装三项指标对比平时均有明显提升。进入 2021 年后，该品类的销售表现整体低于 2020 年下半年。

2020 年 7 月至 2021 年 6 月家装软饰品类 CR5 市场集中度变动情况如图 6-79 所示。

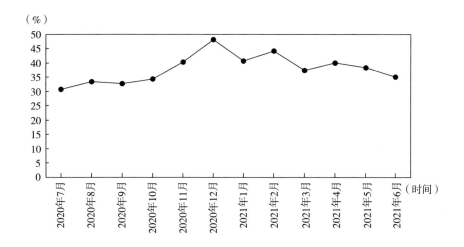

图 6-79　家装软饰品类 CR5 市场集中度变动情况

资料来源：笔者整理。

家装软饰排名前五的品牌月销售贡献占比波动较大，且整体呈现先升后降的趋势。2020 年 7 月至 2020 年 12 月家装软饰品类排名前五的产品月销售贡献稳定上升，从一年内谷值 30.01% 上升至峰值 48.39%，随后波动下降，2021 年 6 月降为 34.6%。总体上家装软饰品类内集中度处于中等水平，排名前五的品牌销售情况波动较大，但整体集中度有所增长。

2020 年 7 月至 2021 年 6 月家装软饰品类自有品牌品类内月贡献情况如图 6-80 所示。

家装软饰自有品牌品类销售贡献、毛利贡献和订单贡献波动较大，但整体呈现上升趋势。2020 年 7 月自有品牌销售贡献为 2.40%，之后缓慢上升，2021 年 1 月增至 5.08%，2021 年 2 月，销售贡献出现迅猛增长，升至 11.01%，单月实现翻倍增长，随后 3 月回落并趋于稳定。自有品牌毛利贡献、订单贡献与销售贡献变化趋势较为一致，除2021年2月受春节影响有大幅度提升外，总体处于平稳上升态势。自有品牌自2020年10月首次成为销售额排名前五的品牌，2021年6月成为排名第二位的品牌。另外，每个月份自有品牌的毛利贡献均高于订单贡献和销售贡献，体现了自有品牌较好的获利能力，后续零售商应持续关注家装软饰自有品牌建设，维持上升的发展态势。

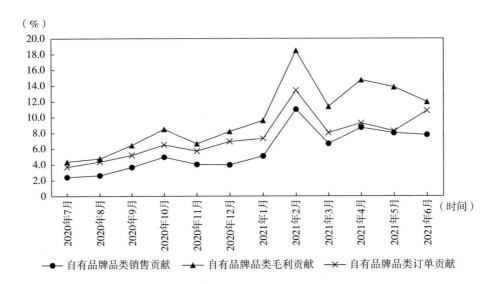

图6-80 家装软饰品类自有品牌品类内月贡献情况

资料来源：笔者整理。

2020年7月至2021年6月家装软饰品类自有品牌毛利率月对比情况如图6-81所示。

2020年7月至2021年6月，自有品牌和品类毛利率均在小范围内波动，且自有品牌毛利率一直高于品类毛利率，毛利优势在1.7左右。

家装软饰自有品牌毛利率除2020年11月和2021年6月出现下滑之外，其余时间在55%~60%水平小幅波动。家装软饰品类毛利率一年间较为稳定，除2020年12月出现明显谷值27.03%外，均在31%~35%小幅度波动。自有品牌毛利优势在1.5~2.1，自有品牌毛利率水平较高，且相对于品类平均具有更高的获利能力。

（二十）保健食品品类发展情况

2020年7月至2021年6月保健食品品类月贡献情况如图6-82所示。

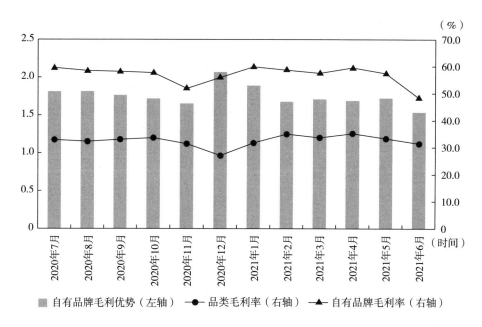

图 6-81 家装软饰品类自有品牌毛利率月对比情况

资料来源：笔者整理。

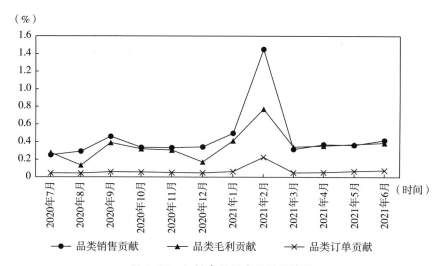

图 6-82 保健食品品类月贡献情况

资料来源：笔者整理。

保健食品品类销售贡献、毛利贡献、订单贡献整体占比较低，是一个小份额品类，且品类销售贡献大于毛利贡献和订单贡献，说明其毛利率水平略低于中小型零售商平均水平，但客单价水平高于平均。

保健食品品类销售贡献在 2020 年 7 月至 2020 年 12 月变化较小，在 0.25%~0.46%波动，2021 年 1 月至 2021 年 2 月实现高速增长，从 0.50%增至 1.45%，随后 3 月快速回落至 0.34%，而后趋于平稳。品类毛利贡献变化趋势与品类销售贡献变化趋势基本一致，数值在 0.14%~0.77%，波动程度相比品类销售贡献较小。品类订单贡献相对较为平稳，除 2021 年 2 月达到 0.23%外，均在 0.04%~0.08%小范围波动。保健食品除满足消费者日常需求外，也是走亲访友的常见礼品，因此受春节影响较为明显。

2020 年 7 月至 2021 年 6 月保健食品品类 CR5 市场集中度变动情况如图 6-83 所示。

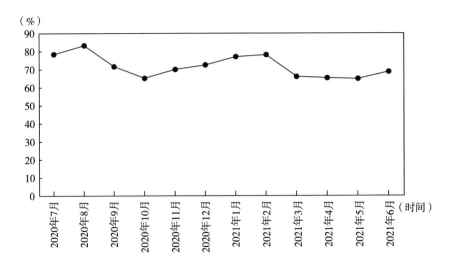

图 6-83　保健食品品类 CR5 市场集中度变动情况

资料来源：笔者整理。

保健食品品类排名前五的品牌月销售贡献占比很高，在 71%左右波动。2020 年 7 月保健食品排名前五产品销售贡献为 78.43%，8 月略微上升后，10 月下降至 65.19%，随后四个月缓慢上升，2021 年 2 月升至 78.16%，3 月有所回调后趋于稳定。保健食品品类内部产品集中度虽然存在波动，但整体占比较高，对新品牌和小品牌来说竞争压力较大。

2020 年 7 月至 2021 年 6 月保健食品品类自有品牌品类内月贡献情况如图 6-84 所示。

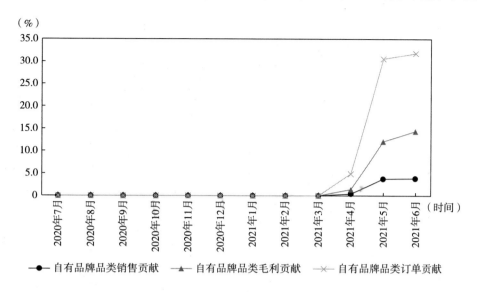

图6-84 保健食品品类自有品牌品类内月贡献情况

资料来源：笔者整理。

样本中的中小型零售商于2021年4月新开发了保健食品品类自有品牌，之后其发展较为迅速，获客能力尤为突出。

2021年4月，该品类自有品牌刚步入市场，品类订单贡献达到4.92%，且5月自有品牌订单贡献激增至30.58%。2021年4月自有品牌的销售贡献为0.44%，到2021年5月增至3.80%，幅度相对小于订单贡献。自有品牌毛利贡献从2021年4月的1.43%增至2021年6月的14.40%，说明自有品牌获利能力相对较好。该品类自有品牌销售数据较为有限，但从中可以看到自有品牌吸引到了相当一部分消费者的尝试，具有一定的发展潜力。中小型零售商可更加关注如何充分发挥自有品牌的获客优势，维持初期的快速增长态势。

2020年7月至2021年6月保健食品品类自有品牌毛利率月对比情况如图6-85所示。

保健食品品类毛利率全年变化较大，在8%~19%波动。自有品牌在4月进入市场后毛利率一直维持在56.88%左右，毛利优势月均约为3.39，相对于其他品牌，自有品牌获利能力十分显著，且较为平稳，但该品类自有品牌的信息较为有限，具体分析需要等待更多的数据积累。

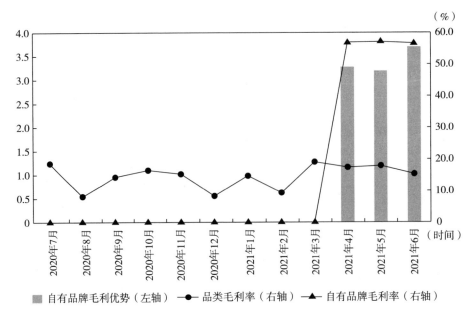

图 6-85　保健食品品类自有品牌毛利率月对比情况

资料来源：笔者整理。

四、小　结

本部分关注中小型零售商开发的自有品牌在不同品类上的表现，并从多个角度对不同品类的发展机会以及自有品牌的发展状态进行了分析。

从品类开发情况来看，2020 年 7 月至 2021 年 6 月中小型零售商的整体在售单品数在持续下降，而自有品牌单品数则保持了良好的上升趋势。自有品牌单品数的逆势增长说明其表现得到了中小型零售商和市场的认可，范围和规模都在持续扩张。截至 2021 年 6 月，自有品牌在日用品大类中的单品数最多，其次为食品品类。2020 年 7 月到 2021 年 6 月，食品品类单品数增量最高，其次为日用品品类。这说明中小型零售商的自有品牌开发主要集中在日常品类之中，较大的市场规模和稳定的市场环境能为自有品牌提供较好的支持。在不同品类中，医药保健/计生品类自有品牌品类内单品数占比最高，其次为日用品品类和家具/家装品类，即在一些相对规模较小的品类中自有品牌也具有一定的发展机会，可以进行更快速的渗透布局。

　　自有品牌的优势在不同品类中有不同的体现。就销售额而言，自有品牌的销售排名最高的品类为卫生清洁品类，其次为粮油调味和休闲食品品类。就毛利额而言，自有品牌毛利排名最高的品类为卫生清洁品类，其次为休闲食品和粮油调味品类。就毛利率而言，自有品牌排名最高的品类为计生用品品类，其次为床上用品和烟草品类。就毛利优势而言，自有品牌排名最高的品类为保健食品品类，其次为烟草和个人护理品类。就订单优势而言，自有品牌的订单量最高的品类为卫生清洁品类，其次为休闲食品和粮油调味品类。整体来看，自有品牌发展最好的品类为卫生清洁品类，为自有品牌带来的销售贡献、毛利贡献和订单贡献均为最高，其次为粮油调味和休闲食品品类，日常重度消费品类依然是自有品牌发展的重点。除此之外，自有品牌在不同品类中具有不同的优势，如方便速食品类的自有品牌订单优势较明显，获客能力更强，计生用品的毛利率很高，盈利能力更强。中小型零售商需更加关注不同品类自有品牌的不同特点，重点发挥其特有的优势。同时自有品牌的订单数据展示出自有品牌的跨品类订单十分有限，即自有品牌在不同品类上的交叉销售实现度低。中小型零售商可以考虑增加不同品类自有品牌的联动效果，更有效率地促进自有品牌发展。

　　在第三个部分，我们构建了一个用于分析不同品类自有品牌发展潜力的评估体系。该体系包括品类贡献、品类市场集中度、自有品牌品类内贡献、自有品牌毛利率对比共四组指标。其中品类贡献情况可以展示中小型零售商在各个品类的销售贡献、毛利贡献和订单贡献情况，展示品类自身的发展规模和发展趋势；品类市场集中度计算了各品类中排名前五的品牌在品类内的销售额占比，可以体现品类内的垄断程度和头部品牌的竞争力；自有品牌品类内贡献计算了各个品类自有品牌的销售额、毛利额、订单量在品类内的占比情况，可以反映自有品牌在各品类的发展规模和趋势；自有品牌毛利率对比部分展示了各品类自有品牌毛利率和品类平均毛利率的差别，体现自有品牌的盈利能力。

　　在这个四维体系的分析中我们可以看到，当前中小型零售商的自有品牌发展主要采取了两种战略。一种战略是选取市场集中度不高的大型品类，通过稳健的自有品牌运营参与市场竞争，在品类中占据一席之地，从品类本身的大份额中获取稳定的收益。另一种战略则是进入市场规模较小的品类，通过更为积极的品牌运营快速占领市场成为头部品牌，虽然品类本身的规模不大，但自有品牌可以通过品类内的高市场占有率获取收益。两种战略各有利弊，需要中小型零售商在充分的品类分析基础上结合其自有品牌开发运营能力做出决断。我们也希望这套四维体系可以帮助中小型零售商更好地了解不同品类中自有品牌的发展现状，从而评估不同品类中自有品牌的发展机会。

第七章

中小型零售商自有品牌业态发展情况

为了深入了解零售商和自有品牌各业态发展情况的差别，本章将对2020年7月到2021年6月不同业态中我国中小型零售商的整体销售和自有品牌销售情况进行分析。由于生鲜店样本过少，故业态分析中不纳入生鲜店。主要分析内容包括各业态的销售情况、毛利情况、订单及客单价情况以及品类销售情况四个方面。

一、中小型零售商自有品牌各业态销售情况

（一）各业态店均销售额整体呈下降趋势

2020年7月至2021年6月中小型零售商各业态店均销售额对比情况如图7-1所示。

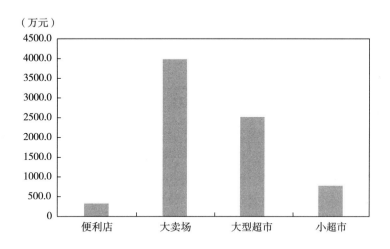

图7-1　各业态店均销售额对比情况

资料来源：笔者整理。

2020年7月至2021年6月中小型零售商各业态的店均销售额差异较大，从高到低依次为大卖场、大型超市、小超市、便利店。

具体来看，大卖场的店均销售额为 3982 万元，自身规模优势使大卖场的店均销售额远高于其他业态；大型超市次于大卖场，店均销售额为 2520 万元；小超市、便利店的店均销售额相对较少，分别为 777 万元、325 万元。

2020 年 7 月至 2021 年 6 月中小型零售商各业态店均销售额变动情况如图 7-2 所示。

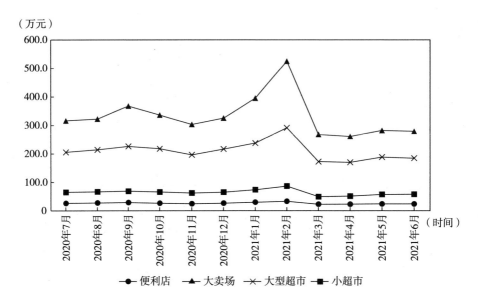

图 7-2　各业态店均销售额变动情况

资料来源：笔者整理。

2020 年 7 月至 2021 年 6 月，各业态店均销售额均呈现先增后减的趋势，其中大卖场和大型超市随季节波动较为明显。

2020 年下半年，大型超市、便利店、小超市店均销售额波动较小，大卖场受 9 月中秋节等促销活动影响，店均销售额环比增长 14%，其他业态受节日影响也略有涨幅，但均低于 6%。2021 年 2 月，因受春节影响，各业态店均销售额均达到巅峰，大卖场店均销售额环比增幅高达 33%，遥遥领先于其他业态。大卖场往往拥有更多的节庆礼品、赠品类商品并会执行更大规模的促销活动，因此较其他业态涨幅偏高，大型超市、小超市、便利店环比增长率分别为 22%、17%、11%。春节过后，各业态均出现大幅度回撤，大卖场、大型超市、小超市店均销售额环比分别降低 49%、41%、42%，便利店降幅略小，为 30%。此后 2021 年 4 月至 5 月虽有所回升，但各业态店均销售额表现仍不如春节前。中小型零售商销售环境出现不同程度衰退，亟须寻找新的消费点以增强自身竞争实力。

（二）各业态店均自有品牌销售额呈不同程度增长

上文分析了中小型零售商各业态的整体销售情况，为了深入了解其中自有品牌的发展情况，本部分提取了各业态的自有品牌销售数据并进行分析。2020 年 7 月至 2021 年 6 月各业态店均自有品牌销售额对比情况如图 7-3 所示。

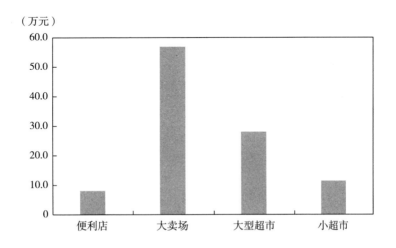

图 7-3　各业态店均自有品牌销售额对比情况

资料来源：笔者整理。

2020 年 7 月至 2021 年 6 月中小型零售商各业态的店均自有品牌销售额从高到低依次为大卖场、大型超市、小超市、便利店。

大卖场的店均自有品牌销售额为 56.9 万元，处于绝对优势地位；之后是大型超市，店均自有品牌销售额为 28.1 万元，是大卖场的 1/2；小超市和便利店受自身规模限制，店均自有品牌销售额分别为 11.4 万元、8.1 万元。

2020 年 7 月至 2021 年 6 月各业态店均自有品牌销售额变动情况如图 7-4 所示。

各业态店均自有品牌销售额均呈现出增长态势。大卖场的店月均自有品牌销售额由 2020 年 7 月的 1.66 万元增加到 2021 年 6 月的 6.78 万元，大型超市的店月均自有品牌销售额由 2020 年 7 月的 1.71 万元增加到 2021 年 6 月的 3.07 万元，均实现大幅增长；小超市的店月均自有品牌销售额由 2020 年 7 月的 0.78 万元增加到 2021 年 6 月的 1.10 万元；便利店的店月均自有品牌销售额由 2020 年 7 月的 0.54 万元增加到 2021 年 6 月的 0.82 万元。

2020 年 7 月到 11 月各业态店均自有品牌销售额呈平稳增长态势。进入 2020

年12月后大卖场和大型超市的店均自有品牌销售额出现爆发式增长，环比增长率达到92%和42%；小超市和便利店的店均自有品牌销售额环比增长率也分别达到19%和29%，自有品牌的推广成效卓越，更快速地被消费者接纳。2021年1月和2月各业态的销售持续增加，并于2021年2月达到巅峰，大卖场的店均自有品牌销售额增长至9.32万元，大型超市、小超市和便利店的店均自有品牌销售额也分别达到了3.70万元、1.40万元和1.01万元。2021年2月过后各业态自有品牌销售有所回落，但各业态回归稳定之后店均自有品牌销售额仍大幅高于2020年下半年。在整体销售低迷的情况下，自有品牌仍保持良好的增长态势，说明了消费者对自有品牌的接受度越来越高，自有品牌发展潜力巨大。对于大卖场、大型超市等更大型的业态来说，自有品牌的发展更是动力强劲、前景广阔。

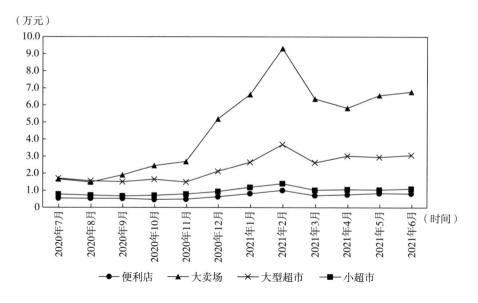

图7-4 各业态店均自有品牌销售额变动情况

资料来源：笔者整理。

（三）各业态自有品牌销售贡献持续大幅增长

为了更好地分析自有品牌各业态的销售情况，本部分分别计算了各业态的自有品牌销售贡献，以期体现各业态中自有品牌在整体零售中的相对重要性。2020年7月至2021年6月各业态店均销售额、店均自有品牌销售额及自有品牌销售贡献对比情况如图7-5所示。

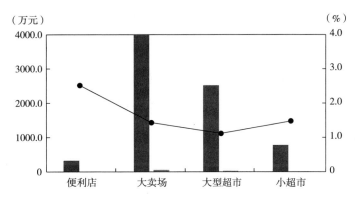

图 7-5 各业态自有品牌销售贡献对比情况

资料来源：笔者整理。

便利店和小超市虽受自身规模限制，店均销售额和自有品牌销售额处于低位，但自有品牌销售贡献高于大卖场及大型超市。具体而言，便利店自有品牌贡献为 2.50%，位居首位；其次是小超市、大卖场及大型超市，自有品牌贡献分别为 1.47%、1.43% 和 1.11%。这应是由于当前中小型零售商开发的自有品牌大部分集中于日常品类，使自有品牌对小型业态做出了更多的贡献。同时在小型业态中，消费者品牌选择有限，自有品牌竞争环境相对轻松，也更易于商家进行自有品牌推广。不过从整体来看，当前中小型零售商的自有品牌占比仍处于相对低位。

2020 年 7 月至 2021 年 6 月各业态自有品牌销售贡献变动情况如图 7-6 所示。

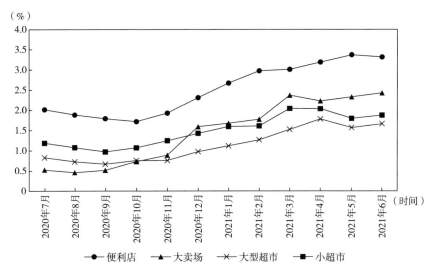

图 7-6 各业态自有品牌销售贡献变动情况

资料来源：笔者整理。

2020年7月至2021年6月，各业态自有品牌的销售贡献均保持了积极增长的态势，其中大卖场的增幅最大，先后超过大型超市、小超市，仅次于便利店，位列第二。

2020年7月，大卖场的自有品牌销售贡献仅为0.53%，低于其他业态，但截至2021年6月，大卖场的自有品牌销售贡献增至2.43%，为2020年7月的4.6倍。除4月略有回落外，一直保持着较为迅猛的增长态势。大型超市自有品牌销售贡献增长较为平稳，由2020年7月的0.83%增至2021年6月的1.66%，实现翻倍增长，虽仍低于小超市，但差距在逐步缩小。小超市一年期间虽略有波动，但整体呈现增长态势，自有品牌销售贡献由1.19%增至1.87%，在各业态中增势最为平稳。便利店2020年7月的自有品牌销售贡献为2.01%，10月之前虽略有下降，但此后均处于上升态势，至2021年6月达到3.31%，始终保持自有品牌销售贡献第一。自有品牌销售贡献排名的变化同时体现了各业态的销售特点。大卖场等大型业态销售品牌较为齐全，竞争环境更为复杂，自有品牌前期的发展阻力较大；但长期来看大型业态拥有更广阔的市场空间，并能更有效地利用规模经济，自有品牌的后期发展潜力巨大。对于便利店和小超市等小型业态来说，在售品牌数量较少，自有品牌的前期推广相对轻松，但后续需要持续发力，维持良好态势。

二、中小型零售商自有品牌各业态毛利情况

（一）各业态店均毛利额整体呈下降趋势

2020年7月至2021年6月中小型零售商各业态店均毛利额对比情况如图7-7所示。

2020年7月至2021年6月中小型零售商各业态的店均毛利额从高到低依次为大卖场、大型超市、小超市、便利店。其中，大卖场的店均毛利额达到687万元，处于绝对优势地位；其次是大型超市、小超市及便利店，店均毛利额分别为399万元、117万元和57万元。各业态店均毛利额有明显差距，且随企业规模呈梯度变化。

2020年7月至2021年6月中小型零售商各业态店均毛利额变动情况如图7-8所示。

2020年7月至2021年6月，各业态店均毛利额呈现出与店均销售额相似的

变动情况，呈现出先增后减的趋势；店均毛利额在各业态的分布情况较为稳定，其中大卖场的店均毛利额远高于其他业态，大型超市的店均毛利额虽少于大卖场但高于小超市和便利店。

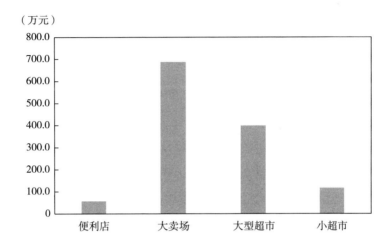

图 7-7 各业态店均毛利额对比情况

资料来源：笔者整理。

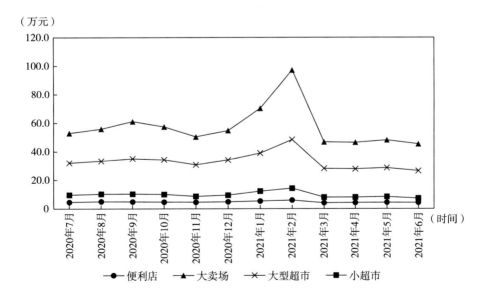

图 7-8 各业态店均毛利额变动情况

资料来源：笔者整理。

2020年7~11月各业态均呈先增后减的趋势，其中11月应是受线上促销活动冲击，除便利店下降幅度较小外，大卖场、大型超市、小超市均受到较大影响，分别环比下降12%、10%和14%。2021年1月和2月因临近春节，各业态店均毛利额均有所增长，其中大卖场和大型超市环比增幅高达38%和24%，小超市和便利店因规模所限增长幅度较小，分别为16%、11%。2021年春节过后各业态店均毛利额均出现大幅度回落，导致2021年4月回归稳定后依旧低于春节前，与店均销售额变化一致，整体呈现下降态势。

（二）各业态店均自有品牌毛利额呈凸型增长

2020年7月至2021年6月中小型零售商各业态店均自有品牌毛利额如图7-9所示。

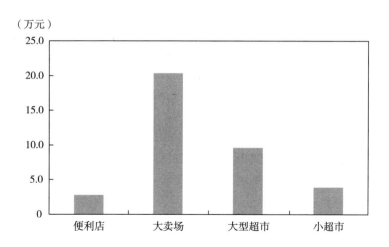

（万元）

图7-9　各业态店均自有品牌毛利额分布

资料来源：笔者整理。

各业态的店均自有品牌毛利额从高到低依次为大卖场、大型超市、小超市、便利店。2020年7月至2021年6月，大卖场的店均自有品牌毛利额最高，总值高达20.4万元；其次是大型超市、小超市、便利店的店均自有品牌毛利额分别为9.6万元、3.9万元、2.8万。各业态店均自有品牌毛利额有明显差距，且与企业规模成正比。

2020年7月至2021年6月中小型零售商各业态店均自有品牌毛利额变动情况如图7-10所示。

2020年7月至2021年6月，各业态店均自有品牌毛利额均呈现出先增后减的趋势；店均自有品牌毛利额在各业态的分布情况较为稳定，其中大卖场的店均自有品牌毛利额总体高于其他业态。

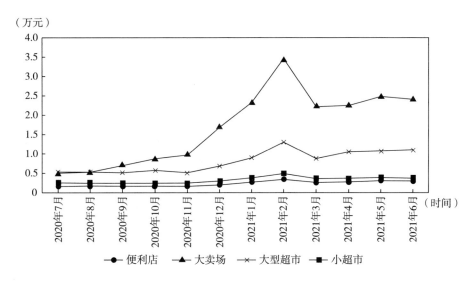

图 7-10　各业态店均自有品牌毛利额变动情况

资料来源：笔者整理。

总体来看，2020 年 12 月四种业态店均自有品牌毛利额均呈现出上升的态势，其中大卖场的店均自有品牌毛利额增长速度最快，变化波动最大。大卖场从 2020 年 7 月到 11 月，一直呈现出稳步上升状态，从 2020 年 12 月开始，店均自有品牌毛利额呈现爆发式增长，环比增长率高达 73.8%，这一增长趋势一直持续到 2021 年 2 月。2021 年 3 月，店均自有品牌受到春节后消费低迷状态影响，毛利额有所回落，之后趋于稳定。大型超市、小超市和便利店变化情况较为一致，2020 年 7~11 月，店均自有品牌毛利额较为平稳，2020 年 12 月后店均自有品牌毛利额开始呈现出上升的趋势，并于 2021 年 2 月分别达到峰值 1.3 万元、0.5 万元、0.3 万元，之后虽有所回落但仍高于 2020 年下半年平均水平。在整体毛利额下降的情况下，自有品牌逆势增长，表现出了自身较好的获利能力。

（三）各业态自有品牌毛利贡献稳定上升

本部分分析了 2020 年 7 月至 2021 年 6 月各业态店均整体毛利额、店均自有品牌毛利额及自有品牌毛利贡献情况，如图 7-11 所示。

便利店和小超市的店均自有品牌毛利额虽然显著低于大卖场和大型超市（见图 7-11），但是自有品牌毛利贡献高于大卖场和大型超市，对小型业态来说自有品牌的毛利贡献更为突出。具体而言，便利店以 4.85% 的自有品牌毛利贡献位居首位，小超市以 3.33% 的自有品牌毛利贡献紧随其后，最后为大卖场和大型超市，自有品牌毛利贡献分别为 2.96% 和 2.42%。

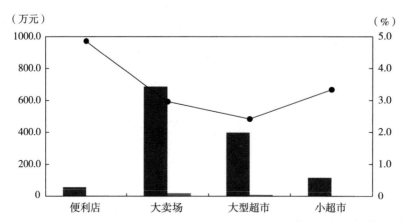

图 7-11　各业态自有品牌毛利贡献分布

资料来源：笔者整理。

2020 年 7 月至 2021 年 6 月各业态自有品牌毛利贡献变动情况如图 7-12 所示。

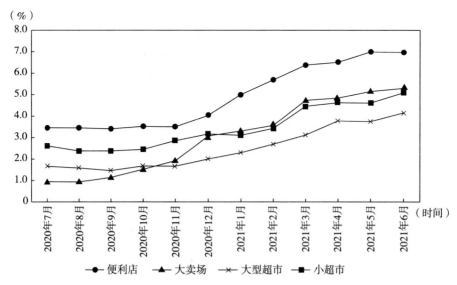

图 7-12　各业态自有品牌毛利贡献变动情况

资料来源：笔者整理。

2020 年 7 月至 2021 年 6 月，各业态自有品牌的毛利贡献均保持了积极的增长态势，其中大卖场的增幅最高，先后超过了大型超市和便利店，位居第二；便利店的自有品牌毛利贡献一直优于其他业态，稳居首位。

2020 年 7 月大卖场的自有品牌毛利贡献为 0.95%，12 个月内持续增长，截至 2021 年 6 月，自有品牌毛利贡献增至 5.30%，是 2020 年 7 月的 5.6 倍。大型超市的自有品牌毛利贡献整体呈现出较为稳定的增长态势，从 2020 年 7 月的 1.66% 增长到 2021 年 6 月的 4.15%，实现了翻倍增长。小超市虽呈现一定波动但整体处于增长趋势，自有品牌毛利贡献从 2020 年 7 月的 2.62% 增长到 2021 年 6 月的 5.09%。便利店一直处于领先地位，自有品牌毛利贡献从 2020 年 7 月的 3.46% 增长到 2021 年 6 月的 6.97%，且 2020 年 12 月至 2021 年 3 月四个月内保持了快速增长态势。可见，自有品牌虽然处于初级发展阶段，但是毛利贡献一直稳步上升，未来具有较大的发展空间。对于大卖场等大型业态来说，自有品牌的毛利贡献更是增势喜人，自有品牌发挥出越来越重要的盈利作用。

（四）各业态毛利率整体呈下降趋势

为了更好地分析各业态的盈利能力情况，本部分选取了毛利率作为分析指标。2020 年 7 月至 2021 年 6 月各业态毛利率情况如图 7-13 所示。

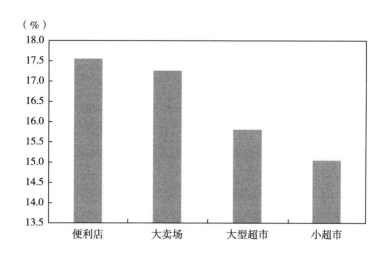

图 7-13 各业态毛利率分布

资料来源：笔者整理。

各业态的毛利率从高到低依次是便利店、大卖场、大型超市、小超市。

2020年7月至2021年6月，便利店毛利率以17.55%的毛利率排名第一；大卖场毛利率17.26%紧随其后；后面依次是大型超市和小超市，毛利率分别为15.81%、15.05%。便利店虽然规模较小，但所处的位置通常具有一定的地理优势，能够获取更加稳定的客源，这部分消费者一般是为了方便和快捷而选择便利店购物，对价格敏感度相对较低，因此可以保持较高的盈利能力。大卖场规模较大，销售产品类型齐全，高端产品的销售可以为其带来较高的毛利率，而大型超市和小型超市的消费者价格敏感度相对较高，因此毛利率较低。

2020年7月至2021年6月各业态毛利率变动情况如图7-14所示。

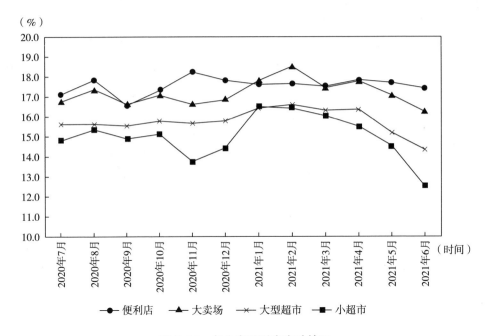

图7-14　各业态毛利率变动情况

资料来源：笔者整理。

2020年7月至2021年6月，除便利店表现较为平稳外，其他业态毛利率均呈现不同程度的下滑，其下滑趋势在2021年春节后尤为明显，其中小超市的下降趋势最为显著。

便利店的毛利率从2020年7月的17.1%增至2021年6月的17.4%，呈小幅度波动。便利店主要服务周边居民日常需求，客源较为稳定，营销活动相比其他业态较少，一年内毛利率上下浮动小于1.7%。大卖场受节假日影响明显，2021

年2月毛利率达到峰值18.5%，但后续表现一般，除4月略有回升外，一直处于下降趋势，截至2021年6月下降为16.2%，低于2020年7月的16.8%。大型超市2020年下半年毛利率较为稳定，2021年1月、2月受春节影响毛利率有所提升，但5月毛利率从16.4%骤降至15.2%，且6月仍旧处于下降趋势，毛利率降至14.4%，较2020年6月的15.6%降低了1.2%。小超市波动最为显著，2021年1月毛利率达到峰值16.5%，之后持续下降，截至2021年6月毛利率已降至12.5%，远低于其他业态。

（五）各业态自有品牌毛利率整体呈现上升趋势

为了更好地展示各业态自有品牌盈利能力情况，本部分选取了毛利率作为分析指标。自2020年7月至2021年6月各业态自有品牌毛利率情况如图7-15所示。

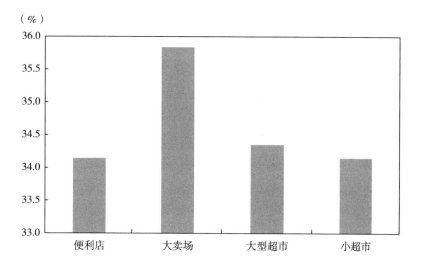

图7-15　各业态自有品牌毛利率分布

资料来源：笔者整理。

2020年7月至2021年6月，大卖场的自有品牌毛利率最高，为35.84%，领先于其他业态；其后是大型超市，自有品牌毛利率为34.35%；小超市和便利店的自有品牌毛利率较为接近，分别为34.15%、34.14%。大卖场等大型业态自身规模较大，具有规模优势，自有品牌开发成本应相对低于其他业态，因此拥有更高的自有品牌盈利能力。

2020年7月至2021年6月，各业态自有品牌毛利率整体呈现增长态势，其中大卖场的自有品牌毛利率整体处于领先地位（见图7-16）。

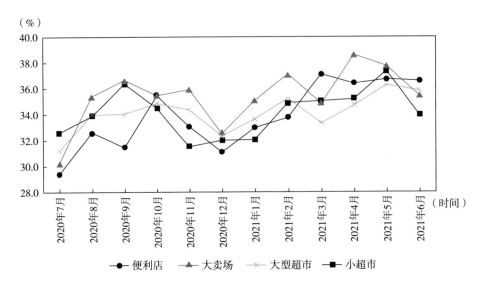

图7-16 各业态自有品牌毛利率变动情况

资料来源：笔者整理。

2020年7月至2021年6月，各业态自有品牌毛利率总体呈上升态势，但均呈现"M"型变化。2020年7~9月，自有品牌毛利率呈现波动上升趋势；2020年9~12月，则出现波动下降；2020年12月至2021年5月，自有品牌毛利率再次呈现波动上升，但至2021年6月，毛利率又出现回落。将四种业态各月份的自有品牌毛利率进行对比，结果显示除了大卖场在大多数月份的自有品牌毛利率具有微弱优势外，其余各业态一直处于交替变化，整体差异较小。

（六）各业态自有品牌毛利优势较大

图7-17比较了各业态整体毛利率和自有品牌毛利率的差别，以进一步分析自有品牌的盈利情况。

相较其他品牌，各业态的自有品牌毛利率相比业态整体毛利率具有明显优势。小超市自有品牌毛利优势为2.27，其次是大型超市、大卖场和便利店，其自有品牌毛利优势分别为2.17、2.08、1.95。大型超市和小超市整体毛利率偏低，而自有品牌表现出了极佳的盈利优势，毛利率约为整体毛利率的两倍，有望成为新的获利增长点。

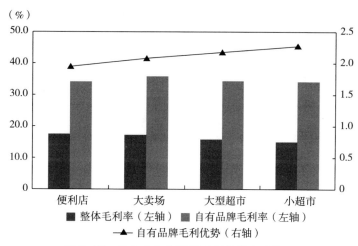

图 7-17　各业态自有品牌毛利优势变动情况

资料来源：笔者整理。

三、中小型零售商自有品牌各业态订单及客单价情况

（一）各业态店均订单量呈现小幅度下降趋势

2020 年 7 月至 2021 年 6 月中小型零售商各业态店均订单量对比情况如图 7-18 所示。

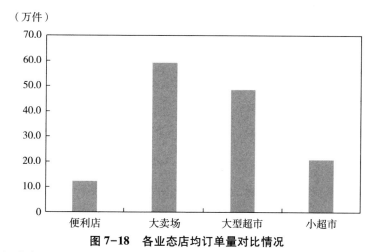

图 7-18　各业态店均订单量对比情况

资料来源：笔者整理。

2020 年 7 月至 2021 年 6 月中小型零售商各业态店均订单量从高到低依次为大卖场、大型超市、小超市、便利店。其中,大卖场的店均订单量为 59.2 万件,处于绝对优势地位;其次是大型超市、小超市和便利店,店均订单量分别为 48.5 万件、20.8 万件及 12.3 万件。从图 7-18 中可以发现,大卖场和大型超市显著高于小超市和便利店,店均订单量与店规模成正比。

2020 年 7 月至 2021 年 6 月中小型零售商各业态店均订单量变动情况如图 7-19 所示。

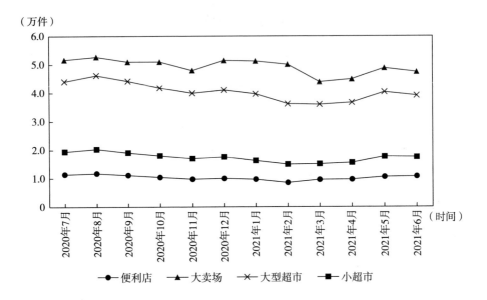

图 7-19 各业态店均订单量变动情况

资料来源: 笔者整理。

2020 年 7 月至 2021 年 6 月,店均订单量在各业态的分布情况较为稳定,其中大卖场的店均订单量在各月份都远高于其他业,大型超市的店均订单量虽低于大卖场,但仍较大幅度高于小超市和便利店。从各业态店均月订单量来看,四种业态均呈现出波动下降趋势。

四种业态的店月均订单量总体变动趋势较为相似。2020 年 9~11 月,四种业态的店月均订单量都呈现出下降趋势,环比下降 1.39%~4.26%,其中大型超市和大卖场的下降幅度较大,均高于 3%。2020 年 12 月虽有所回调,但 2021 年 1 月和 2 月再次呈现下降态势,对比图 7-4,各业态销售额在此期间出现较大提升,可以推测,应是由于春节期间消费者消费习惯发生变化,更倾向于一次性购入大量产品,导致订单量有所下降。2021 年春节过后,小超市和便利店店均订单量最先回升，随后是大卖场和大型超市，但在 6 月，除便利店外，各业态的店均订单量再次出现下降趋势，推测应为"6·18"等线上活动冲击所致。总体而言，各业态的店均订单量呈波动下降趋势，进一步说明中小型零售商的销售环境可能受其他销售渠道发展的冲击出现退化，我国中小型零售商应当结合当前形势，寻找转型升级突破口，进一步提升市场竞争力。

（二）各业态店均自有品牌订单量普遍增加

2020 年 7 月至 2021 年 6 月中小型零售商各业态店均自有品牌订单量对比情况如图 7-20 所示。

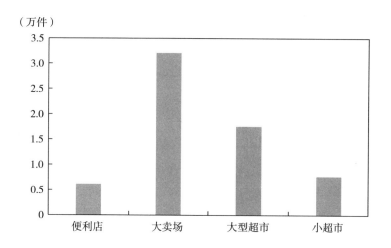

（万件）

图 7-20　各业态店均自有品牌订单量对比情况

资料来源：笔者整理。

2020 年 7 月至 2021 年 6 月中小型零售商各业态的店均自有品牌订单量从高到低依次为大卖场、大型超市、小超市、便利店。大卖场的店均自有品牌订单量为 3.2 万件，处于绝对优势地位，其后依次是大型超市、小超市和便利店，店均自有品牌订单量分别为 1.8 万件、0.8 万件及 0.6 万件。可以发现，与整体订单量分布情况类似，大卖场的店均自有品牌订单量显著高于其他业态。

为了更好地展现各业态的店均自有品牌订单量在最近 12 个月的变动情况，本部分分别统计分析了各业态每月的店均自有品牌订单量，如图 7-21 所示。

2020 年 7 月至 2021 年 6 月，各业态店均自有品牌订单量均呈现出增长态势，其中大卖场增幅最大，大型超市次之，小超市和便利店增幅相对较小。大卖场的店月均自有品牌订单量由 2020 年 7 月的 1603 件增加到 2021 年 6 月的 3465 件，实现了翻倍增长。大型超市的店月均自有品牌订单量由 2020 年 7 月的 1283 件增加到 2021 年 6 月的 1791 件，增长率高达 39.6%。小超市的店月均自有品牌订单量由 2020 年 7 月的 587 件增加到 2021 年 6 月的 726 件，增长率为 23.7%。便利店的店月均自有品牌订单量由 2020 年 7 月的 477 件增加到 2021 年 6 月的 601 件，增幅达 26%。与各业态整体订单量的下降趋势不同，各业态自有品牌订单量均实现了不同程度的增长，这说明自有品牌得到了越来越多消费者的支持。

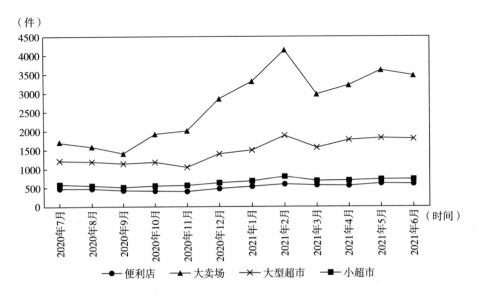

图 7-21　各业态店均自有品牌订单量变动情况

资料来源：笔者整理。

自 2020 年 12 月开始，大卖场和大型超市的店均自有品牌订单量出现大幅增长，环比增长率分别达到 42.24% 和 33.54%；小超市和便利店的店均自有品牌订单量环比增长率也达到 11.83% 和 18.47%。2021 年 1 月和 2 月各业态的订单量持续增加，到 2021 年 2 月大卖场的店均自有品牌订单量达到了 4135 件，大型超市、小超市和便利店的店均自有品牌订单量也分别增至 1791 件、726 件和 601 件，均达到 12 个月的峰值。2020 年 2 月过后，各业态自有品牌订单量虽有所回落，但大卖场和大型超市回归稳定之后的店均自有品牌订单量仍显著高于 2020 年下半年水平，小超市和便利店同样表现良好。可以发现，各业态的自有品牌订单量在整体订单量减少的情况下仍然保持了较好的增长态势，这说明消费者逐渐接受并认可自有品牌，未来发展前景乐观。

（三）各业态自有品牌订单贡献呈现上升趋势

为更好地了解自有品牌各业态的发展情况，本部分统计分析了各业态的自有品牌订单贡献，由此进一步证明各业态自有品牌对于销售贡献的重要程度。2020年7月至2021年6月各业态店均订单量、店均自有品牌订单量及自有品牌订单贡献对比情况如图7-22所示。

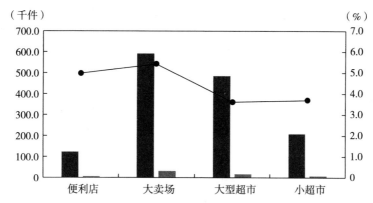

图7-22　各业态自有品牌订单贡献对比情况

资料来源：笔者整理。

2020年7月至2021年6月自有品牌订单贡献从高到低依次为大卖场、便利店、小超市和大型超市。其中，大卖场的自有品牌订单贡献最高，为5.41%；便利店以自有品牌订单贡献4.98%紧随其后；小超市、大型超市自有品牌订单贡献较低，分别为3.69%、3.61%。

2020年7月至2021年6月中小型零售商各业态自有品牌订单贡献变动情况如图7-23所示。

2020年7月至2021年6月，各业态自有品牌的订单贡献均保持了积极的增长态势，其中大卖场的增长速度最快，大型超市次之，小超市和便利店的变化趋势基本一致。

大卖场的自有品牌订单贡献从2020年7月的3.10%增长到2021年6月的7.30%，实现翻倍增长；大型超市的自有品牌订单贡献从2020年7月的2.91%增长到2021年6月的4.58%；小超市的自有品牌订单贡献从2020年7月的3.02%增长到2021年6月的4.15%；便利店的自有品牌订单贡献从2020年7月的4.18%增长到2021年6月的5.61%。2020年11月之前，便利店的自有品牌订单贡献一直处于首位，但大卖场后来居上，11月超过便利店后便一直处于领先地位，且随着时间的推移，与其他业态的差距不断扩大。一开始大卖场自有品牌发展存在一定阻力，但后期逐渐得到消费者的认可，获客能力逐步提升。此外值得一提的是，2021年春节过后小超市和便利店的自有品牌订单贡献存在小幅下降趋势，中小型零售商可以对此给予更多关注。

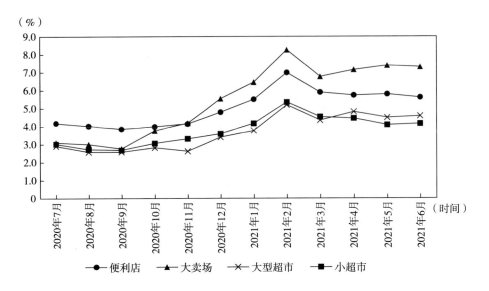

图7-23　各业态自有品牌订单贡献变动情况

资料来源：笔者整理。

（四）各业态客单价整体出现下降趋势

2020年7月至2021年6月中小型零售商各业态客单价对比情况如图7-24所示。

2020年7月至2021年6月中小型零售商各业态的客单价从高到低依次为大卖场、大型超市、小超市、便利店。其中，大卖场的客单价为67.26元，处于绝对优势地位；其后分别是大型超市、小超市和便利店，客单价分别为51.94元、37.30元和26.47元。大卖场的客单价远高于其他业态，大超市客单价虽少于大卖场但仍高于小超市和便利店的客单价。可以发现，客单价与店规模成正比。

2020年7月至2021年6月中小型零售商各业态客单价变动情况如图7-25所示。

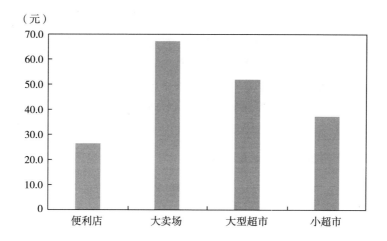

图 7-24 各业态客单价对比情况

资料来源：笔者整理。

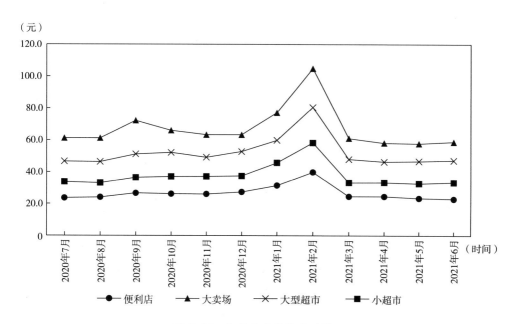

图 7-25 各业态客单价变动情况

资料来源：笔者整理。

2020 年 7 月至 2021 年 6 月，各业态客单价的变化情况基本一致，均呈现出先增加后减少的趋势。其中大卖场的客单价一直保持各业态中最高，大型超市的客单价虽低于大卖场，但高于小超市和便利店，各业态客单价之间的差价较为稳定，均在 10 元左右。

2020 年 7 月至 2021 年 2 月，四种业态的客单价均呈现出增长趋势，9 月大卖场可能受中秋促销活动等影响，变动幅度大于其他三种业态，其余业态增长情况基本一致。2021 年 2 月春节过后各业态的客单价均呈现出相似坡度回落，且回归稳定之后仍低于 2020 年下半年的平均水平。面对客单价下滑的趋势，中小型零售商需要更加关注消费者的需求变化和渠道选择，充分地激发消费者的购买欲望。

（五）各业态自有品牌客单价普遍提高

2020 年 7 月至 2021 年 6 月中小型零售商各业态自有品牌客单价对比情况如图 7-26 所示。

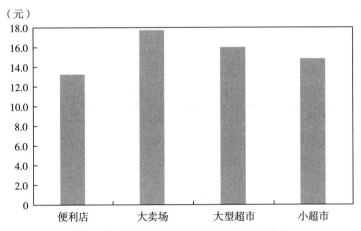

图 7-26 各业态自有品牌客单价对比情况

资料来源：笔者整理。

2020 年 7 月至 2021 年 6 月中小型零售商各业态的自有品牌客单价从高到低依次为大卖场、大型超市、小超市、便利店。其中，大卖场的自有品牌客单价为17.74 元，略高于其他业态；其后依次是大型超市、小超市和便利店，客单价分别为 16.01 元、14.84 元和 13.26 元。客单价随零售商规模缩小而下降，但总体差值较小。相较于自有品牌订单数，大卖场的自有品牌客单价优势较小，如何在保有客源的情况下，进一步提升客单价是大卖场需要解决的问题之一。

2020 年 7 月至 2021 年 6 月中小型零售商各业态自有品牌客单价变动情况如图 7-27 所示。

2020 年 7 月至 2021 年 6 月，各业态自有品牌客单价总体呈上升趋势，其中大卖场的增幅最大，大型超市次之，小超市和便利店的变动趋势大致相同。

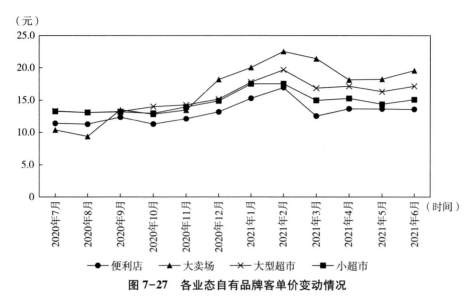

图 7-27　各业态自有品牌客单价变动情况

资料来源：笔者整理。

大卖场的自有品牌客单价从 2020 年 7 月的 10.38 元增长到 2021 年 6 月的 19.57 元，实现了近 1 倍的增长；大型超市的自有品牌客单价从 2020 年 7 月的 13.33 元增长到 2021 年 6 月的 17.14 元，增长率为 28.58%；便利店的自有品牌客单价从 2020 年 7 月的 11.40 元增长到 2021 年 6 月的 13.57 元，增长了 19.04%；小超市的自有品牌客单价从 2020 年 7 月的 13.28 元增长到 2021 年 6 月的 15.09 元，增长了 13.63%。在 2020 年 9 月之前，大卖场的自有品牌客单价较其他业态偏低，但此后逐渐升高，且在 2020 年 11 月之后，一直保持领先地位；大型超市在 2021 年 2 月之前，自有品牌客单价和小超市相差无几，而 2021 年 2 月之后，大型超市和小超市突然拉开较大差距，且后续维持稳定差额；便利店在 2020 年 9 月被大卖场反超之后，其自有品牌客单价一直处于末位，但仍呈现上升态势。总体而言，我国中小型零售商在整体客单价下降的情况下，仍然实现了自有品牌客单价的增长，这说明消费者对自有品牌的接受度和购买能力都在增强。

四、中小型零售商自有品牌各业态品类销售情况

（一）各业态一级品类销售占比存在差异

本部分对 2020 年 7 月至 2021 年 6 月中小型零售商各业态共计 13 个一级品类

的销售占比情况进行分析，具体情况如图 7-28 所示。

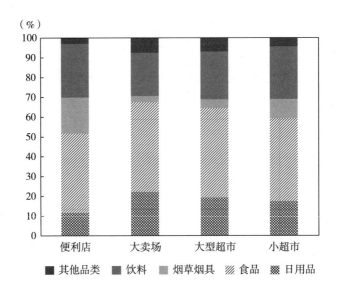

图 7-28　各业态一级品类销售占比情况

资料来源：笔者整理。

在各业态一级品类销售占比中，食品均以绝对优势居于首位，其他品类销售占比排名随业态有所变化，但饮料、日用品和烟草烟具均稳居前列，且前四项销售占比总和占全部品类的90%以上，是各业态最主要的销售品类。

从 2020 年 7 月至 2021 年 6 月中小型零售商各业态一级品类的整体销售占比情况来看，便利店、大卖场、大型超市以及小超市各业态中食品的销售占比最高，分别为 40.27%、45.53%、45.33%和 42.12%，食品作为消费者日常生活中的必需品，消费需求较大。其他品类各业态占比排名虽有所变化，但仍集中在饮料、日用品和烟草烟具这三个品类。便利店销售占比前四名的品类分别为食品、饮料、烟草烟具和日用品，这四个品类占便利店业态全部一级品类的销售比例为96.92%；大卖场销售占比前四名的品类分别为食品、日用品、饮料和烟草烟具，这四个品类占大卖场业态全部一级品类的销售比例为92.52%；大型超市销售占比前四名的品类分别为食品、饮料、日用品和烟草烟具，这四个品类占大型超市业态全部一级品类的销售比例为93.14%；小超市销售占比前四名的品类分别为食品、饮料、日用品和烟草烟具，这四个品类占小超市业态全部一级品类的销售比例为95.70%。总体来看，各业态销售占比排名靠前的一级品类大多与人们的日常生活饮食及消遣需求相关。业态不同，一级品类具体分布情况也有所差异。

例如，便利店的烟草烟具的销售占比明显高于其他业态，而日常用品的销售占比较低，这体现了便利店的地缘优势，更有利于满足消费者的即时需求，而由于大卖场的规模较大，更能满足消费者对于日用品的采购需求，因此大卖场的日用品销售占比较高。

（二）各业态自有品牌一级品类销售占比相似

本部分对 2020 年 7 月至 2021 年 6 月中小型零售商各业态自有品牌一级品类销售占比情况进行分析，如图 7-29 所示。

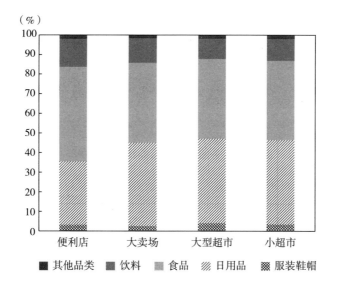

图 7-29　各业态自有品牌一级品类销售占比情况

资料来源：笔者整理。

从 2020 年 7 月至 2021 年 6 月中小型零售商各业态自有品牌一级品类的整体销售占比情况来看，便利店、大卖场、大型超市以及小超市各业态中销售占比较高的品类均为食品、日用品、饮料和服装鞋帽。

不同业态的自有品牌一级品类销售占比相似度较高。便利店销售占比前四名的品类分别为食品、日用品、饮料和服装鞋帽，这四个品类占便利店业态全部自有品牌一级品类的销售占比为 97.99%。前四名的品类一致，依次为日用品、食品、饮料和服装鞋帽，这四个品类在大卖场、大型超市及小超市的销售占比分别为 98.35%、98.17% 和 97.98%。由图 7-29 可以看出，对于不同业态来说，自有品牌的占比形态变化不大，没有充分体现出不同业态的固有销售品类差异。未来中小型零售商开发和推广自有品牌时可以更多关注对于不同业态的定制化发展。

（三）各业态二级品类销售占比存在差异

上文对各业态一级品类的整体和自有品牌的销售占比情况进行了分析，本部分统计了 13 个一级品类下的二级品类销售情况，并选取了排名前 20 的二级品类进行分析，如表 7-1 所示。

表 7-1　各业态二级品类整体销售排名

业态	便利店		大卖场		大型超市		小超市	
排名	二级品类	销售占比（%）	二级品类	销售占比（%）	二级品类	销售占比（%）	二级品类	销售占比（%）
1	非酒精饮料	21.27	粮油调味	18.86	粮油调味	19.37	非酒精饮料	21.54
2	烟草	18.03	非酒精饮料	17.51	非酒精饮料	19.34	粮油调味	18.05
3	粮油调味	14.74	休闲食品	13.06	休闲食品	12.97	休闲食品	12.92
4	休闲食品	14.32	个人护理	8.98	个人护理	7.95	烟草	9.60
5	酒精饮料	5.73	卫生清洁	8.08	卫生清洁	7.07	个人护理	7.22
6	方便速食	4.78	方便速食	4.49	酒精饮料	4.86	卫生清洁	6.35
7	个人护理	4.72	酒精饮料	4.39	烟草	4.36	酒精饮料	5.12
8	卫生清洁	4.51	冷藏/冷冻食品	3.17	方便速食	4.22	方便速食	3.97
9	冲调品	2.14	冲调品	3.15	冲调品	3.15	冷藏/冷冻食品	2.62
10	冷藏/冷冻食品	2.07	烟草	3.07	冷藏/冷冻食品	2.91	冲调品	2.40
11	熟食生鲜	1.72	餐饮用具	2.98	餐饮用具	2.45	餐饮用具	1.86
12	餐饮用具	1.06	熟食生鲜	1.95	熟食生鲜	2.01	熟食生鲜	1.64
13	居家日用	0.83	护肤品	1.50	奶粉	1.70	居家日用	1.20
14	护肤品	0.60	奶粉	1.14	护肤品	1.41	护肤品	0.77
15	五金器具	0.39	居家日用	1.11	居家日用	1.08	保健食品	0.60
16	洗浴用品	0.37	厨房小电	0.88	保健食品	0.58	洗浴用品	0.55
17	奶制品	0.35	奶制品	0.67	奶制品	0.55	奶粉	0.43
18	玩具乐器	0.29	洗浴用品	0.65	洗浴用品	0.52	奶制品	0.42
19	鞋类	0.24	保健食品	0.56	厨房小电	0.40	五金器具	0.35
20	厨房小电	0.20	母婴用品	0.51	鞋类	0.35	鞋类	0.32

资料来源：笔者整理。

2020年7月至2021年6月中小型零售商各业态自有品牌二级品类的整体销售占比呈现差异化分布，但粮油调味、非酒精饮料及休闲食品在不同业态中均保持高位。

不同业态的二级品类整体销售占比不尽相同。其中，便利店销售占比前五名的二级品类分别为非酒精饮料、烟草、粮油调味、休闲食品和酒精饮料，这五个二级品类占便利店业态全部二级品类的销售比例为74.09%；大卖场和大型超市销售占比前五的二级品类排名较为一致，分别为粮油调味、非酒精饮料、休闲食品、个人护理和卫生清洁，这五个二级品类的销售总占比分别为66.49%、66.7%；小超市销售占比前五名的二级品类分别为非酒精饮料、粮油调味、休闲食品、烟草和个人护理，这五个二级品类占小超市业态全部二级品类的销售比例为69.33%。总体来看，各业态二级销售占比情况与各业态主营商品类型、消费者的购买习惯和日常生活需求有着重要关系，如便利店的烟草销售占比远高于其他业态。

（四）各业态自有品牌二级品类销售占比相似

上文对各业态排名前20的二级品类整体销售情况进行了分析，本部分将进一步对各业态排名前20的自有品牌二级品类的销售情况进行具体分析，如表7-2所示。

表7-2 各业态二级品类自有品牌销售排名

业态	便利店		大卖场		大型超市		小超市	
排名	二级品类	销售占比（%）	二级品类	销售占比（%）	二级品类	销售占比（%）	二级品类	销售占比（%）
1	卫生清洁	23.54	卫生清洁	30.45	卫生清洁	30.74	卫生清洁	29.87
2	粮油调味	21.47	粮油调味	17.70	粮油调味	15.67	粮油调味	16.78
3	休闲食品	16.86	休闲食品	12.91	休闲食品	13.88	休闲食品	13.85
4	非酒精饮料	9.84	非酒精饮料	8.68	餐饮用具	6.76	非酒精饮料	7.34
5	冲调品	5.59	餐饮用具	7.31	非酒精饮料	6.64	餐饮用具	6.35
6	酒精饮料	4.35	冲调品	4.88	冲调品	6.61	冲调品	5.47
7	餐饮用具	3.90	方便速食	4.36	鞋类	3.94	酒精饮料	3.77
8	方便速食	3.57	酒精饮料	3.80	方便速食	3.77	方便速食	3.73
9	鞋类	3.09	鞋类	2.47	酒精饮料	3.70	鞋类	3.48
10	个人护理	2.61	个人护理	2.27	个人护理	2.52	个人护理	3.34
11	洗浴用品	1.34	洗浴用品	1.77	洗浴用品	2.30	洗浴用品	2.34

业态	便利店		大卖场		大型超市		小超市	
排名	二级品类	销售占比（%）	二级品类	销售占比（%）	二级品类	销售占比（%）	二级品类	销售占比（%）
12	居家日用	1.00	居家日用	0.70	居家日用	0.76	居家日用	1.01
13	五金器具	0.72	熟食生鲜	0.65	熟食生鲜	0.61	五金器具	0.54
14	熟食生鲜	0.68	五金器具	0.60	五金器具	0.55	熟食生鲜	0.51
15	母婴用品	0.48	冷藏/冷冻食品	0.36	母婴用品	0.41	母婴用品	0.50
16	计生用品	0.20	母婴用品	0.35	计生用品	0.35	计生用品	0.33
17	烟草	0.16	计生用品	0.30	冷藏/冷冻食品	0.22	家装软饰	0.19
18	冷藏/冷冻食品	0.14	烟草	0.10	家装软饰	0.13	护理护具	0.14
19	保健食品	0.10	保健食品	0.07	烟草	0.10	冷藏/冷冻食品	0.12
20	护理护具	0.09	家装软饰	0.05	保健食品	0.08	烟草	0.08

资料来源：笔者整理。

从 2020 年 7 月至 2021 年 6 月中小型零售商各业态自有品牌二级品类的整体销售占比情况来看，卫生清洁、粮油调味、休闲食品在各业态均稳居销售占比前三。其次是餐饮用具、非酒精饮料、冲调品等二级品类，且随业态不同销售排名也略有变化。

与整体销售情况不同，自有品牌二级品类在便利店、大卖场、大型超市、小超市各业态销售排名前三的品类相同，均为卫生清洁、粮油调味、休闲食品，且销售总占比也较为相似，分别为 61.87%、61.06%、60.29% 和 60.50%。自有品牌二级品类在各业态发展较为均衡，销售主力集中，模糊了各业态各自销售特点。其中，卫生清洁品类在各业态的自有品牌销售占比稳居第一，远高于整体销售占比。消费者对卫生清洁品类的新品接受度较高，因此自有品牌可以顺利打开市场。其后，不同业态自有品牌二级品类销售排名略有变化。便利店销售占比第四名、第五名的自有品牌二级品类分别为非酒精饮料和冲调品；大卖场和小超市排名相同，第四名、第五名分别为非酒精饮料和餐饮用具；大型超市的餐饮用具以微弱优势超过非酒精饮料位列第四。总体上，各业态的自有品牌二级品类销售占比与各业态整体的二级品类销售占比存在较为明显的差异，中小型零售商可以更具体地分析不同业态不同品类产品的市场潜力，针对业态的不同对自有品牌布局进行更有效的调整。

五、小结

本章对中小型零售商自有品牌各业态销售、毛利、订单及客单价、品类销售情况进行了分析，得到如下结论。

大卖场因其自身规模大、销售品种全等特点，在整体销售额、毛利额、订单量、客单价等指标上一直处于领先地位，但大卖场的规模优势一开始并未惠及自有品牌，特别是在 2020 年 8 月之前，大卖场自有品牌店均销售额、毛利额一度低于大型超市，客单价、销售贡献、毛利贡献更是在四种业态中垫底。大卖场销售品牌较为齐全，竞争环境更为复杂，使大卖场需要付出更多的精力，采取更具吸引力的手段引导消费者接受并认可自有品牌，而这一过程需要时间积累，所以呈现出"慢热"状态。后期大卖场自有品牌相关的各项指标都有大幅度提升，其中销售额、毛利额、订单量、客单价等指标均升至首位，并与其他业态逐渐拉开距离；销售贡献和毛利贡献虽仍低于便利店，但上升势头十分迅猛，大有超越之势。大卖场应充分意识到自有品牌的发展潜力，并对自有品牌进行更多的品牌建设和推广的投入，增强自有品牌吸引力。大卖场自身的规模优势逐渐展现，未来自有品牌在大卖场的发展将会更加广阔。从大卖场的整体销售品类来看，除食品、日用品、饮料和烟草烟具四种品类外，美妆护肤、母婴产品和数码家电等品类销售占比较高，但是自有品牌在这些一级品类上的销售贡献并不高。自有品牌可以考虑根据大卖场的品类份额分布开发更多的相关产品。

便利店规模相对其他业态较小，主要服务周边客户，满足消费者即时需求。便利店品类大多为日常消费品类，是大部分中小型零售商自有品牌开发覆盖的重点品类。便利店受规模所限，在售品牌相对较少，自有品牌的竞争压力也相对较小，同时便利店顾客的品牌忠诚度相对较低，更容易接受自有品牌。在便利店业态中自有品牌具有一定的天然优势，前期品牌推广相对轻松。另外，2020 年疫情的暴发和蔓延，导致消费者的活动半径受限，便利店地缘优势更加突出，自有品牌得到较快的发展。因此，便利店虽受自身规模限制，自有品牌总体销售额、毛利额、订单量、客单价较低，但销售贡献和毛利贡献仍领先于其他业态，订单贡献虽不及大卖场，但也远超大型超市和小超市。后续便利店应继续扩大自有品牌版图，完善自有品牌的品类和产品线布局，增强客户黏性，以维持良好发展态势。从便利店的销售品类来看，便利店的自有品牌主要集中在食品、日用品、饮料和服装鞋帽品类，原本具有较大销售占比的烟草烟具品类中自有品牌的发展却不够突出。便利店中非酒精饮料整体销售占比最高，但是自有品牌的非酒精饮料表现一般，未来可以考虑加大此类自有品牌产品研发，其应有较大消费潜力。

大型超市和小超市介于大卖场和便利店之间，规模适中，在自有品牌的销售额、毛利额、订单量、客单价等方面表现中规中矩，但仍呈现出积极增长的态势。另外，自有品牌表现出了较高的毛利优势，在大型超市、小超市整体毛利率急速下降的情况下，自有品牌毛利贡献格外突出，有望成为新的利润增长点。从销售品类来看，大型超市和小超市自有品牌销售排名较为相似，均集中在日用品、食品、饮料和服装鞋帽。具体到二级品类，卫生清洁、粮油调味和休闲食品在各业态自有品牌销售均名列前茅，但个人护理这一总体销售占比较高的品类，自有品牌发展较为有限，该品类作为基础性产品，市场上消费需求较大，未来大型超市和小超市可以重点考虑此品类产品的研发和推广。

第八章

中小型零售商自有品牌
地区发展情况

为深入了解零售商和自有品牌各地区发展情况的差异，本章将对 2020 年 7 月到 2021 年 6 月不同地区中我国中小型零售商的整体销售和自有品牌销售情况进行分析。主要分析内容包括四个方面，分别为各地区的销售情况、毛利情况、订单及客单价情况、品类销售情况。

当前样本中包含 66 家北部门店、128 家东部门店、94 家南部门店、143 家中部门店。值得注意的是，不同地区的门店业态分布并不均匀，样本门店的地区和业态交叉分布情况如表 8-1 所示。由于不同业态的销售情况存在较大差异，故本部分不再进行店均数据的跨地区对比，着重于体现变化趋势而非绝对数值的差别。因此，对数据中体现的地区差别的理解需考虑业态差别等其他要素。

表 8-1　样本门店的地区及业态分布　　　　　　　单位：家

业态＼地区	北部地区	东部地区	南部地区	中部地区	总计
便利店	37	36	24	100	197
大卖场	17	11	15	16	59
大超市	10	25	21	9	65
小超市	0	56	25	18	99
生鲜	2	0	9	0	11
总计	66	128	94	143	431

资料来源：笔者整理。

一、中小型零售商自有品牌各地区销售情况

（一）各地区店均销售额出现不同程度的下降

2020 年 7 月至 2021 年 6 月各地区中小型零售商店均销售额变动情况如图 8-1 所示。

整体来看，2020 年 7 月至 2021 年 6 月，各地区店均销售额均呈现出先增加后减少的趋势，在 2021 年 2 月之后出现了较为明显的销售下降趋势。

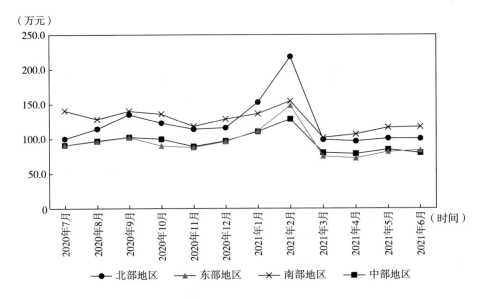

图 8-1　各地区店均销售额变动情况

资料来源：笔者整理。

具体来看，四个地区的店月均销售额整体变动趋势大体类似。2020 年下半年四个地区的店月均销售额波动幅度较小，各地区相邻两月波动幅度均在 15% 以内。2021 年 1 月和 2 月由于受春节促销的影响，全国各地商品需求增加，各地区店均销售额均明显上涨；无论是北部和南部地区还是东部和中部地区，店均销售额在 2021 年 2 月都达到峰值。2021 年春节过后各地区店均销售额呈现急剧下降趋势，且均低于春节前的水平。四个地区中北部地区体现出的波动性最强，或与北部样本门店中大型业态占比更高有关。

（二）各地区店均自有品牌销售额呈不同程度增长

2020 年 7 月至 2021 年 6 月各地区店均自有品牌销售额变动情况如图 8-2 所示。

整体来看，2020 年 7 月至 2021 年 6 月，各地区店均自有品牌销售额呈现出不同程度的增长。北部地区和中部地区的月店均自有品牌销售额均实现了成倍增加，南部地区的月店均自有品牌销售额增加了 85%，东部地区增长了 82%。与各地区整体销售的下降态势不同，各地区自有品牌销售发展情况良好。

具体来看，2020 年 7 月到 2021 年 2 月，各地区店均自有品牌销售额都实现了大幅增长。与其他地区相比，东部地区增长速度和增长幅度相对较小，整体发展较为平稳，自有品牌的推广仍有空间。北部、南部和中部地区前期发展较为平缓，之后实现了迅速爬升。南部地区和中部地区于 2020 年 11 月后进入快速爬升期，略早于北部地区，而北部地区的快速发展期最为迅猛，后来居上。春节过后，四个地区店均自有品牌销售额均出现回落，南部、中部和东部地区之后维持了相对稳定的状态，而北部地区回落后仍保持了较强的增长态势。这说明 2021 年春节过后，我国北部地区维持了自有品牌的快速发展，北部地区消费者对自有品牌接受度快速上升。

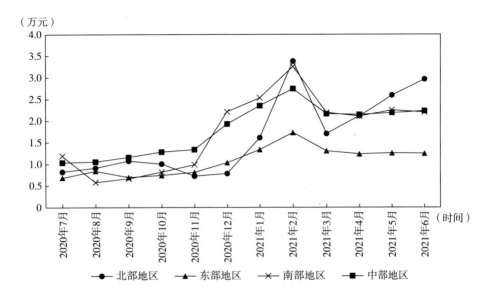

图 8-2　各地区店均自有品牌销售额变动情况

资料来源：笔者整理。

（三）各地区自有品牌销售贡献翻倍增长

2020 年 7 月至 2021 年 6 月各地区自有品牌销售贡献变动情况如图 8-3 所示。

整体来看，2020 年 7 月至 2021 年 6 月，各地区自有品牌销售贡献均呈现出较大幅度的增长态势，至 2021 年 6 月大部分地区都实现了翻倍增长，其中北部地区增长最为迅猛，中部地区增长较为持续，而南部和东部地区在 2021 年 3 月后增长出现了停滞。

具体来看，各个地区均实现了明显的增长，但增长幅度仍存在较大差异。北部地区的自有品牌销售贡献从 2020 年 7 月的 0.82% 增长到 2021 年 6 月的 2.95%，增长率达到 259.8%；中部地区的自有品牌销售贡献从 2020 年 7 月的 1.14% 增长到 2021 年 6 月的 2.80%，增长率达到 145.6%；南部地区的自有品牌销售贡献从 2020 年 7 月的 0.84% 增长到 2021 年 6 月的 1.87%，增长率达到 122.6%；东部地区的自有品牌销售贡献从 2020 年 7 月的 0.76% 增长到 2021 年 6 月的 1.49%，增长率达到 96.1%。尽管各地区都基本实现了翻倍增长，但北部地区的增长最为迅猛。此外，自 2021 年 3 月之后，东部地区和南部地区的自有品牌贡献情况出现了小幅下降，中部地区出现波动但仍有小幅增长的态势，北部地区则持续保持了十分迅猛的增长速度，并最终反超中部地区成为自有品牌销售贡献最高的地区。这一趋势提醒中小型零售商自有品牌的发展需要持续地推进和维护，中小型零售商需要不断关注自有品牌的发展，并持续寻找新的增长动力。

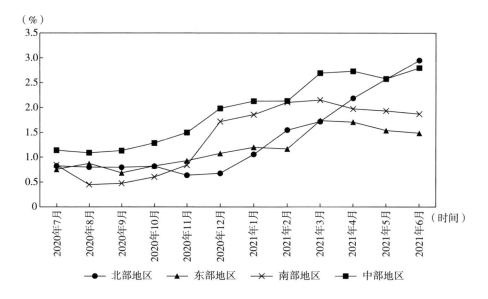

图 8-3　各地区自有品牌销售贡献变动情况

资料来源：笔者整理。

二、中小型零售商自有品牌各地区毛利情况

（一）各地区店均毛利额发展整体出现下降趋势

2020 年 7 月至 2021 年 6 月中小型零售商各地区店均毛利额变动情况如图 8-4 所示。

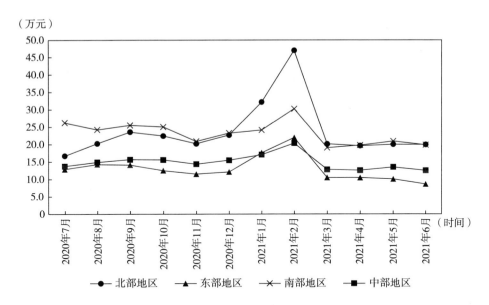

图 8-4 各地区店均毛利额变动情况

资料来源：笔者整理。

整体来看，2020 年 7 月至 2021 年 6 月，各地区店均毛利额呈现出与店均销售额相似的变动情况，店均毛利额均呈现出先增加后减少的趋势。

具体来看，四个地区的店月均毛利额整体变动趋势大体类似。2020 年下半年四个地区的店月均毛利额存在一定波动，年前出现较为明确的毛利增长。2021年春节过后各地区店均毛利额都回归稳定状态，且均低于春节前的水平。北部地区毛利波动最大，或与其业态分布中大型业态较多有关。各地区的中小型零售商在盈利方面都面临着压力，提升盈利水平是其需要解决的重要问题。

（二）各地区店均自有品牌毛利额整体增长

2020 年 7 月至 2021 年 6 月中小零售企业各地区店均自有品牌毛利额变化情况如图 8-5 所示。

整体来看，2020 年 7 月至 2021 年 6 月，各地区店均自有品牌毛利额呈现出与自有品牌销售额相似的上升趋势，其中北部地区增长最为迅猛。

具体来看，2021 年 2 月之前各地区自有品牌店均毛利额基本经历了从相对平稳到快速增长的过程，其中东部地区增长幅度最小，北部地区增长最为迅猛。春节过后自有品牌店均毛利额出现回落，之后南部、中部、东部地区的自有品牌店均毛利额处于相对稳定的发展状态，而北部地区自有品牌毛利额仍维持了较为快速的增长。

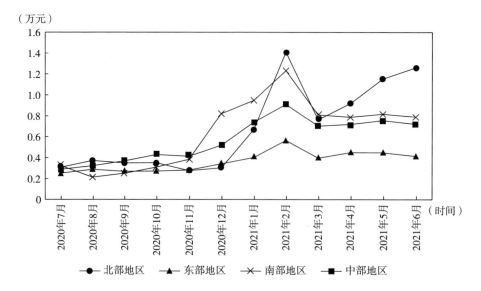

图 8-5　各地区店均自有品牌毛利额变化情况

资料来源：笔者整理。

（三）各地区自有品牌毛利贡献整体增长

2020 年 7 月至 2021 年 6 月各地区自有品牌毛利贡献变动情况如图 8-6 所示。

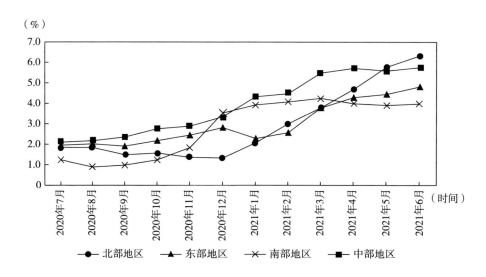

图 8-6　各地区自有品牌毛利贡献变动情况

资料来源：笔者整理。

整体来看，2020年7月至2021年6月，各地区自有品牌的毛利贡献大体保持了增长的态势，获利能力整体呈上升趋势。不同地区对比而言，北部地区增长幅度最大；南部地区和中部地区后期增长出现停滞。

具体来看，北部的自有品牌毛利贡献从2020年7月的1.84%增长至2021年6月的6.33%，增长了2.44倍；中部地区的自有品牌毛利贡献从2020年7月的2.10%增长到2021年6月的5.75%，增加为原来的2.7倍；南部地区的自有品牌毛利贡献从2020年7月的1.24%增长到2021年6月的3.98%，增加了2.2倍；东部地区的自有品牌毛利贡献从2020年7月的1.95%增长到2021年6月的4.81%，增加为原来的2.5倍。这说明最近12个月内，各业态的自有品牌毛利贡献均呈现出增长的态势，其中北部地区的增长幅度最大。东部地区整体增幅最小，主要是2021年1月出现了较大幅度的下降，但整体仍保持了增长态势。南部和中部地区前期保持了较好的增长，但2021年春节过后增长出现了停滞，甚至有小幅下降的趋势，需要商家予以特别注意。

（四）各地区毛利率变动各有差异

2020年7月至2021年6月各地区毛利率变动情况如图8-7所示。

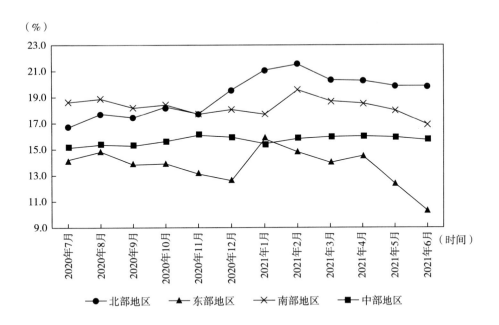

图8-7 各地区毛利率变动情况

资料来源：笔者整理。

整体来看，2020 年 7 月至 2021 年 6 月，各地区毛利率的变动趋势各有差异。中部地区相对稳定，毛利率处于 15.12%~16.08%，变动幅度不大。北部地区的毛利率出现了相对明显的提升，从 2020 年 7 月的 16.68% 增长到 2021 年 6 月的 19.86%。尤其是在 2020 年 11 月以后，北部地区毛利率出现了较大幅度的持续提升，在 2021 年 2 月达到毛利率峰值 21.52%，之后有所回落并稳定在 20%。南部地区毛利率呈两段下降的趋势，2020 年 7 月至 2021 年 1 月毛利率自 18.62% 波动下降至 17.69%，2021 年 2 月升高至 19.55%，之后持续下降至 2021 年 6 月的 16.90%。东部地区同样呈两段下降的趋势，2020 年下半年自 14.19% 波动下降至 12.61%，2021 年 1 月回升至 15.78%，之后波动下降至 2021 年 6 月的 10.28%。尤其是在 2021 年 4 月之后，东部地区毛利率下降情况极为严重。

（五）各地区自有品牌毛利率波动较大

2020 年 7 月至 2021 年 6 月各地区自有品牌毛利率变动情况如图 8-8 所示。

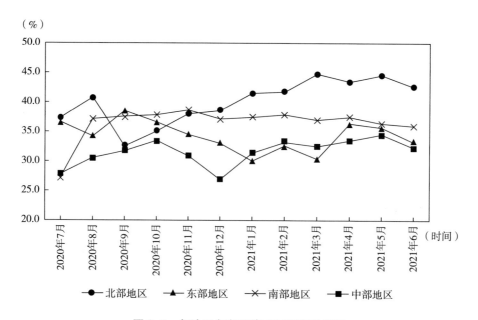

图 8-8　各地区自有品牌毛利率变动情况

资料来源：笔者整理。

整体来看，2020 年 7 月至 2021 年 6 月，各地区自有品牌毛利率变动情况各异，其中北部地区的自有品牌毛利率的增长趋势更为明显。

具体来看，2020 年 7 月至 2021 年 6 月，各地区的自有品牌毛利率均呈现出波动状态。其中，北部地区自 2020 年 9 月之后自有品牌毛利率呈现较好的增长态势，在 2021 年 3 月达到高点后略有下降。南部地区从 2020 年 7 月至 2020 年 8 月，出现了较大幅度的上升，随后保持了相对平稳的状态，波动幅度较小。东部地区自有品牌毛利率波动较大，且在 2021 年上半年与整体毛利率的变动情况相背离。在整体毛利率处于相对高位的 2021 年第一季度，自有品牌毛利率处于低位，而在整体毛利率大幅下降的第二季度，自有品牌毛利率反而有所回升。中部地区的自有品牌毛利率在 2020 年 12 月前后出现了一个低谷，其他时间内相对稳定并略有上升。

（六）各地区自有品牌毛利率优于整体毛利率

为了更好地展示各地区整体毛利率和自有品牌毛利率的对比情况和自有品牌优势的情况，本部分将这些数据进行整合，结果如图 8-9 所示。

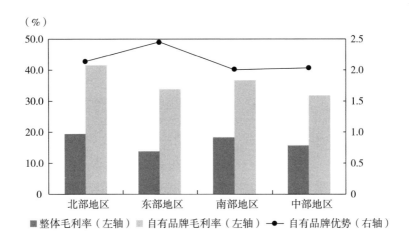

图 8-9　各地区自有品牌优势变动情况

资料来源：笔者整理。

整体来看，各地区的自有品牌毛利率均优于整体毛利率，是整体毛利率的两倍以上水平。

具体来看，东部地区的自有品牌优势最大，自有品牌毛利率是整体毛利率的 2.45 倍。对于东部地区来说，其零售发展水平较高，尤其是线上零售发达，竞争相对激烈，整体毛利率水平偏低，但其自有品牌的毛利优势却更为凸显，对于中小型零售商来说是一个增加盈利水平的有效方式。北部地区自有品牌优势也较高，自有品牌毛利率是整体水平的 2.14 倍，或有其业态分布偏大型业态的原因。南部地区和中部地区自有品牌优势相对较低，中部地区的自有品牌优势为 2.08，南部地区的自有品牌优势为2.00。这两个地区可以更多地挖掘自有品牌的盈利潜力，通过更有效的自有品牌运营获得更高收益。

三、中小型零售商自有品牌各地区订单及客单价情况

（一）各地区店均订单量持续下降

2020年7月至2021年6月中小型零售商各地区店均订单量变动情况如图8-10所示。

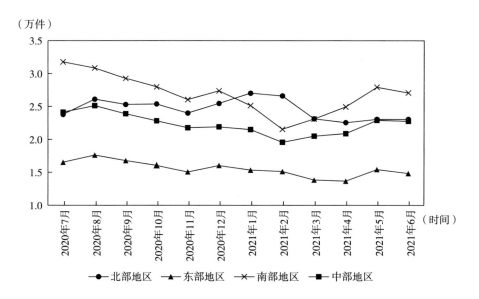

图8-10　各地区店均订单量变动情况

资料来源：笔者整理。

整体来看，2020年7月至2021年6月，各地区店均订单量存在整体下降趋势，东部、南部和中部地区均呈现先下降后提升的状态。

具体来看，2020年下半年四个地区的店月均订单量基本处于下降状态，11月应是由于线上促销活动达到半年内的最低值。南部地区和中部地区从2020年12月至2021年2月继续保持下降状态，之后开始回升。东部地区的下降态势则持续到了2021年4月，之后开始回升。北部地区则是在2020年11月后订单量

出现较大幅度的持续增长，至 2021 年 3 月订单量回落，之后保持了相对稳定，但整体订单水平低于年前状态。北部地区的异常变动或是由于其样本业态更偏重大型业态。其他地区的变动趋势体现出疫情得到控制后中小型零售商的订单状态仍维持了长时间的缩减状态，中小型零售商需要关注订单水平的变动情况，促进订单量的回升。

（二）各地区自有品牌店均订单量持续增长

2020 年 7 月至 2021 年 6 月中小型零售商各地区自有品牌店均订单量变动情况如图 8-11 所示。

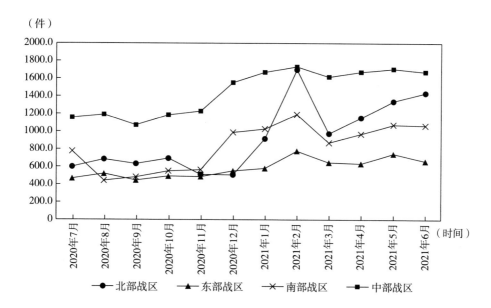

图 8-11　各地区自有品牌店均订单量变动情况

资料来源：笔者整理。

整体来看，2020 年 7 月至 2021 年 6 月，各地区自有品牌店均订单量趋势相对一致，但幅度差别较大，其中北部地区增长速度和幅度较大。

具体来看，各地区自有品牌店均订单量呈现出稳步上升趋势，受到节日因素影响，四个地区的自有品牌店均订单量均在 2021 年 2 月达到最高值。中部地区和东部地区的店均自有品牌订单量相对稳定，大体维持了上升状态。南部地区和北部地区自有品牌订单量波动较大，北部地区的波动更为明显。南部和北部地区的自有品牌订单量在春节之前出现了更大幅度的攀升，并在春节期间达到顶点后出现了较为明显的回落，之后维持了继续增长的状态。

（三）各地区自有品牌订单贡献整体增长

2020 年 7 月至 2021 年 6 月中小型零售商各地区自有品牌店均订单贡献变动情况如图 8-12 所示。

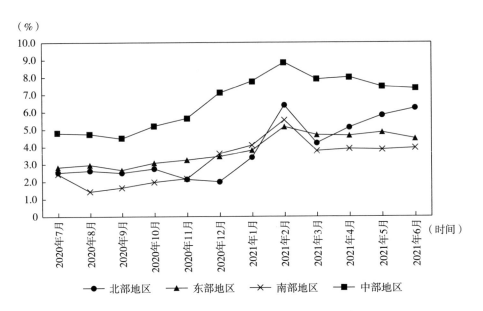

图 8-12　各地区自有品牌店均订单贡献变动情况

资料来源：笔者整理。

整体来看，2020 年 7 月至 2021 年 6 月，各地区自有品牌店均订单贡献变动情况整体相似，但略有差别。在 2021 年 2 月之前，各地区自有品牌订单贡献大体呈持续增长状态，2021 年 3 月出现回落后北部地区维持了增长状态，其他地区增长后劲不足。

具体来看，中部地区的自有品牌店均订单贡献相对较高，这意味着其他地区的自有品牌订单贡献仍有较大的发展潜能。在 2021 年 2 月之前，各地区订单贡献整体增长，其中北部地区增长起步点更晚一些但增幅更快。2021 年 2 月，各地区自有品牌订单贡献达到峰值，之后出现回落。2021 年 3 月后，北部地区自有品牌订单贡献仍然保持了较快的增长，至 2021 年 6 月已逼近春节峰值水平。其他三个地区中部、南部地区自有品牌订单贡献相对稳定，实现了较小幅度的增长，东部地区同样维持相对稳定，但有小幅度的下降。中部地区虽然自有品牌订单贡献的基数较高，但在 2021 年 3 月后出现了较大幅度的下降。除了北部地区，其他三个地区均出现了自有品牌订单贡献增长后劲不足的状态，中小型零售商需从品类拓展、门店宣传等方面增强自有品牌的获客能力。

（四）各地区客单价变动趋势相似

2020 年 7 月至 2021 年 6 月中小型零售商各地区客单价变动情况如图 8-13 所示。

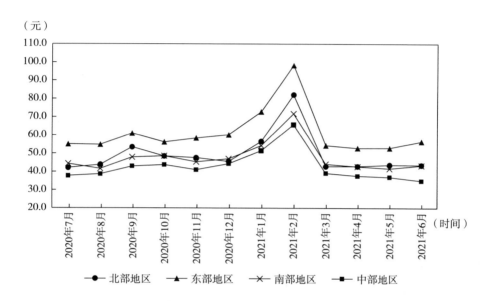

（元）

图 8-13　各地区客单价变动情况

资料来源：笔者整理。

整体来看，2020 年 7 月至 2021 年 6 月，各地区客单价呈现出极为相似的变动趋势，2020 年 12 月到 2021 年 2 月增长较为明显，其他时间相对保持稳定，但 2021 年春节后的整体客单价水平低于 2020 年下半年。

（五）各地区自有品牌客单价变动趋势相似

2020 年 7 月至 2021 年 6 月中小型零售商各地区自有品牌客单价变动情况如图 8-14 所示。

整体来看，2020 年 7 月至 2021 年 6 月，各地区自有品牌客单价呈现出十分相似的变动趋势。2020 年 7 月到 2021 年 2 月，各地区自有品牌客单价基本处于波动增长状态，春节后出现回落，整体节后水平高于节前。分地区来看，南部地区客单价的增长幅度最大，但峰值之后的回落期持续较长。北部地区的增长势头最好，至 2021 年 6 月客单价水平已超过 2 月峰值水平。

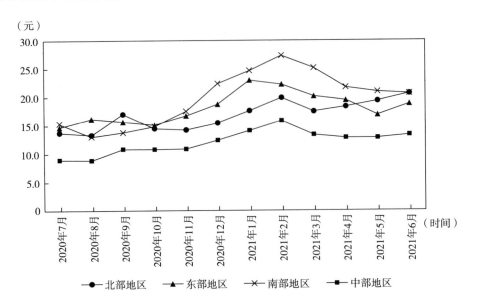

图 8-14　各地区自有品牌客单价变动情况

资料来源：笔者整理。

四、中小型零售商自有品牌各地区品类销售情况

（一）各地区一级品类销售占比相似

本部分对 2020 年 7 月至 2021 年 6 月中小型零售商各地区一级品类：服装鞋帽、家具/家装、交通用品、美妆护肤、母婴产品、日用品、食品、数码家电、文体娱乐、烟草烟具、医药保健/计生、饮料、园艺花卉/宠物共计 13 个一级品类的销售占比情况进行分析，具体情况如图 8-15 所示。

由图 8-15 可以看出，从 2020 年 7 月至 2021 年 6 月中小型零售商各地区一级品类的整体销售占比情况来看，北部地区、东部地区、南部地区以及中部地区的食品销售占比最高，分别为 47.25%、44.20%、42.17%、43.97%，这与人们日常生活对食品的需求程度有着极大的关系。从各个地区的具体情况分析，不同地区的一级品类销售占比相似。就北部地区而言，其销售占比前四名的品类分别为：食品、饮料、日用品和烟草烟具，这四个品类占北部地区整体一级品类销售比例为 92.86%。就东部地区而言，其销售占比前四名的品类和北部地区一致，分别为：食品、饮料、日用品和烟草烟具，这四个品类占东部地区整体一级品类销售比例为94.67%。就南部地区而言，其销售占比前四名的品类分别为：食品、日用品、饮料和烟草烟具，这四个品类占南部地区整体一级品类销售比例为93.19%。就中部地区而言，其销售占比前四名的品类与北部地区和东部地区一致，分别为：食品、饮料、日用品和烟草烟具，这四个品类占中部地区整体一级品类销售比例为94.03%。总的来看，食品、饮料、日用品和烟草烟具这四个品类是各地区销售占比排名靠前的一级品类，大多与人们的日常生活饮食及消遣需求存在密切联系，且品类占比情况大致相同。

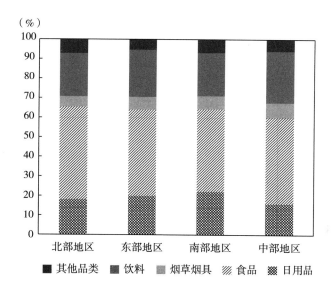

图 8-15　各地区一级品类销售占比情况

资料来源：笔者整理。

（二）各地区自有品牌一级品类销售占比相似

本部分对2020年7月至2021年6月中小型零售商各地区自有品牌一级品类：服装鞋帽、家具/家装、交通用品、美妆护肤、母婴产品、日用品、食品、数码家电、文体娱乐、烟草烟具、医药保健/计生、饮料、园艺花卉/宠物共计13个一级品类的销售占比情况进行分析，同时与各地区整体一级品类销售占比情况进行对比分析，具体情况如图8-16所示。

由图8-16可以看出，从2020年7月至2021年6月中小型零售商各地区自有品牌一级品类的销售占比情况来看，北部地区、东部地区、南部地区以及中部

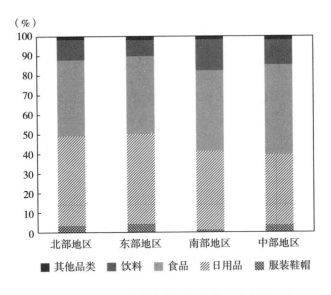

图 8-16 各地区自有品牌一级品类销售占比情况

资料来源：笔者整理。

地区的食品和日用品的销售占比处于前两位，这与人们日常生活需求有着极大的关系。从各个地区的具体情况分析，不同地区的自有品牌一级品类销售占比也相似。就北部地区而言，其销售占比前四名的品类分别为：日用品、食品、饮料和服装鞋帽，这四个品类占北部地区自有品牌一级品类销售比例为 98.33%。就东部地区而言，其销售占比前四名的品类和北部地区一致，分别为：日用品、食品、饮料和服装鞋帽，这四个品类占东部地区自有品牌一级品类销售比例为 98.16%。就南部地区而言，其销售占比前四名的品类分别为：食品、日用品、饮料和服装鞋帽，这四个品类占南部地区自有品牌一级品类销售比例为 98.33%。就中部地区而言，其销售占比前四名的品类与南部地区一致，分别为：食品、日用品、饮料和服装鞋帽，这四个品类占中部地区自有品牌一级品类销售比例为 98.08%。总的来看，食品、日用品、饮料和服装鞋帽这四个品类是各地区销售占比排名靠前的自有品牌一级品类，且东部地区和北部地区销售占比前四名的自有品牌一级品类一致，中部地区和南部地区销售占比前四名的自有品牌一级品类一致，各地区自有品牌销售占比呈现趋同性。与上文各地区整体一级品类销售占比情况进行对比分析可以看出，各地区自有品牌日用品一级品类的销售占比较整体日用品一级品类的销售占比更高；各地区自有品牌对于烟草烟具品类的销售占比远低于整体烟草烟具品类的销售占比；各地区自有品牌一级品类中服装鞋帽的销售占比情况明显优于整体品类服装鞋帽的销售占比情况。

（三）各地区二级品类销售占比存在差异

上文对各地区一级品类的整体和自有品牌的销售占比情况进行了分析，本部分将对服装鞋帽、家具/家装、母婴产品、日用品、数码家电等 13 个一级品类下各二级品类的销售情况进行具体分析。2020 年 7 月至 2021 年 6 月，各地区排名前 20 的二级品类整体销售情况如表 8-2 所示。

表 8-2　各地区二级品类整体销售排名

业态	北部地区		东部地区		南部地区		中部地区	
排名	二级品类	销售占比（%）	二级品类	销售占比（%）	二级品类	销售占比（%）	二级品类	销售占比（%）
1	粮油调味	18.46	粮油调味	19.77	粮油调味	19.05	非酒精饮料	21.20
2	非酒精饮料	18.09	非酒精饮料	19.00	非酒精饮料	17.48	粮油调味	16.11
3	休闲食品	13.25	休闲食品	13.25	休闲食品	11.19	休闲食品	14.57
4	卫生清洁	6.79	个人护理	8.37	个人护理	9.22	烟草	7.47
5	个人护理	6.72	卫生清洁	7.07	卫生清洁	7.94	个人护理	6.73
6	方便速食	5.64	烟草	6.56	烟草	6.76	卫生清洁	6.32
7	烟草	5.31	酒精饮料	5.04	酒精饮料	4.63	酒精饮料	5.27
8	冲调品	4.02	方便速食	3.54	冲调品	3.55	方便速食	5.22
9	酒精饮料	4.01	冷藏/冷冻食品	3.40	方便速食	3.41	冷藏/冷冻食品	2.73
10	餐饮用具	3.11	餐饮用具	2.38	餐饮用具	2.70	冲调品	2.61
11	冷藏/冷冻食品	2.61	冲调品	2.12	冷藏/冷冻食品	2.46	熟食生鲜	2.02
12	熟食生鲜	2.35	熟食生鲜	1.55	熟食生鲜	1.80	餐饮用具	1.72
13	奶粉	2.05	居家日用	1.31	居家日用	1.33	奶粉	1.68
14	护肤品	1.55	保健食品	1.23	护肤品	1.14	护肤品	1.41
15	居家日用	0.81	护肤品	0.93	厨房小电	0.78	居家日用	0.79
16	洗浴用品	0.62	洗浴用品	0.56	洗浴用品	0.72	奶制品	0.62
17	厨房小电	0.62	厨房小电	0.56	奶粉	0.69	洗浴用品	0.40
18	奶制品	0.59	奶制品	0.47	母婴用品	0.62	厨房小电	0.33
19	保健食品	0.43	中西药品	0.32	奶制品	0.54	母婴用品	0.32
20	鞋类	0.39	五金器具	0.29	内衣	0.48	鞋类	0.30

资料来源：笔者整理。

由表 8-2 可以看出，2020 年 7 月至 2021 年 6 月，中小型零售商各地区二级品类整体销售分布具有一定的差异性。就北部地区而言，其销售占比前五名的二级品类分别为：粮油调味、非酒精饮料、休闲食品、卫生清洁和个人护理，这五个二级品类占北部地区二级品类销售比例为 63.31%。就东部地区而言，其销售占比前五名的二级品类分别为：粮油调味、非酒精饮料、休闲食品、个人护理和卫生清洁，这五个二级品类占北部地区二级品类销售比例为 67.46%。就南部地区而言，其销售占比前五名的二级品类与东部地区一致，分别为：粮油调味、非酒精饮料、休闲食品、个人护理和卫生清洁，这五个二级品类占东部地区二级品类销售比例为 64.88%。就中部地区而言，其销售占比前五名的二级品类分别为：非酒精饮料、粮油调味、休闲食品、烟草和个人护理，这五个二级品类占中部地区二级品类销售比例为 66.08%。总体来看，各地区二级销售占比情况与各地区人们的消费习惯有关，地区不同，二级品类销售占比也存在差异。例如，中部地区的非酒精饮料、休闲食品、烟草、酒精饮料、方便速食等品类的销售占比较其他地区占比更高；南部地区的个人护理、卫生清洁、洗浴用品等品类销售占比相对高于其他地区；东部地区的保健食品和中西药品类占比相对高于其他地区；北部地区各品类销售更为平均，但奶粉品类相比其他地区更为畅销。值得注意的是，不同地区的门店样本业态分布存在差异，不同地区的品类销售表现并不能完全代表地区需求差异。

（四）各地区自有品牌二级品类销售占比相似

上文内容对各地区排名前 20 的二级品类整体销售情况进行了分析，本部分将深入对各地区排名前 20 的自有品牌二级品类的销售情况进行具体分析，并与各地区整体二级品类销售情况进行对比分析。2020 年 7 月至 2021 年 6 月各地区排名前 20 的自有品牌二级品类销售情况如表 8-3 所示。

表 8-3　各地区自有品牌二级品类销售排名

业态	北部地区		东部地区		南部地区		中部地区	
排名	二级品类	销售占比（%）	二级品类	销售占比（%）	二级品类	销售占比（%）	二级品类	销售占比（%）
1	卫生清洁	31.76	卫生清洁	30.47	卫生清洁	28.49	卫生清洁	27.17
2	休闲食品	14.19	粮油调味	17.48	粮油调味	19.04	粮油调味	19.58
3	粮油调味	12.45	休闲食品	12.61	休闲食品	13.30	休闲食品	15.20
4	餐饮用具	8.67	餐饮用具	7.79	非酒精饮料	12.77	非酒精饮料	7.97
5	冲调品	6.00	冲调品	5.73	餐饮用具	6.58	冲调品	6.15
6	非酒精饮料	5.84	非酒精饮料	5.25	方便速食	3.99	餐饮用具	4.73

续表

业态	北部地区		东部地区		南部地区		中部地区	
7	方便速食	4.80	鞋类	4.24	冲调品	3.98	酒精饮料	4.65
8	酒精饮料	4.61	个人护理	3.60	酒精饮料	3.10	方便速食	3.81
9	鞋类	3.36	方便速食	3.58	个人护理	2.34	鞋类	3.51
10	个人护理	3.19	洗浴用品	3.17	洗浴用品	2.05	个人护理	1.98
11	洗浴用品	1.43	酒精饮料	3.12	鞋类	1.14	洗浴用品	1.28
12	熟食生鲜	1.20	居家日用	0.83	居家日用	0.77	居家日用	0.95
13	居家日用	0.60	母婴用品	0.58	五金器具	0.75	五金器具	0.70
14	母婴用品	0.38	五金器具	0.44	熟食生鲜	0.43	熟食生鲜	0.69
15	五金器具	0.34	计生用品	0.28	冷藏/冷冻食品	0.33	母婴用品	0.43
16	计生用品	0.30	熟食生鲜	0.25	计生用品	0.30	冷藏/冷冻食品	0.36
17	个护电器	0.18	家装软饰	0.23	母婴用品	0.24	计生用品	0.29
18	冷藏/冷冻食品	0.18	护理护具	0.14	家装软饰	0.13	烟草	0.16
19	烟草	0.16	运动户外	0.08	烟草	0.08	保健食品	0.11
20	保健食品	0.11	床上用品	0.04	运动户外	0.05	个护电器	0.08

资料来源：笔者整理。

由表8-3可以看出，从2020年7月至2021年6月中小型零售商各地区自有品牌的头部二级品类销售在不同地区中大体相同，分别为卫生清洁、粮油调味、休闲食品品类。自有品牌销售份额占10%以下的二级品类在不同地区存在一定差异。比如北部、东部的餐饮用具销售占比较高，南部和中部的非酒精饮料占比较高。同样值得提醒的是当前样本的地区业态分布并不平衡，数据差异并不能完全体现地区差异。此外，我们能看到的是不同地区自有品牌的二级品类分布并不能很好地拟合地区整体品类分布。自有品牌在不同地区的布局更多体现的还是自身开发能力，而非地区特性。中小型零售商的自有品牌布局可以更多考虑不同地区的市场差异，提高布局效率。

五、小　结

在地区分析中可以看到，不同地区中小型零售商的销售情况整体出现了下滑趋势，各地区的整体销售情况均不容乐观。在这一背景下，自有品牌逆势而上，体现出了较好的发展动力和潜力。

就当前样本情况来看，北部地区的大型业态相对更多一些，体现出的自有品牌发展势头最为强劲，自有品牌的销售贡献、毛利贡献、订单量、客单价等指标均出现了较快增长，并在 2021 年 6 月冲到了前位。中部地区自有品牌的发展相对更为成熟，且样本中便利店数量更多，体现出的自有品牌销售贡献、毛利贡献、订单贡献均整体高于其他地区，自有品牌得到了中小型零售商的大力支持，也获得了消费者的认可。中部地区的中小型零售商应更多关注如何维持自有品牌的发展后劲，实现持续增长。东部地区零售业相对更为发达，零售毛利率相对更低，自有品牌应会面临更多的竞争。在当前样本中，东部地区自有品牌的销售增长幅度相对较小，销售贡献相对较低，但自有品牌的毛利优势体现得更为突出。东部地区的中小型零售商应更多关注自有品牌的开发和推广，充分利用自有品牌的毛利优势。南部地区样本中自有品牌的销售、毛利、订单贡献相对较低，但客单价水平相对较高，自有品牌应更加着力于提高市场接纳度，扩大受众基础，吸引更多消费者尝试和接纳自有品牌。此外，不同地区的自有品牌销售占比更多体现的是自有品牌在该品类的固有开发能力，中小型零售商可在未来更多地关注市场的地域性差异，进行有地域针对性的自有品牌布局。

特别值得注意的是，当前的门店样本在不同地区存在较大的业态差别，数据体现的地域差别同时包含业态等因素的影响。我们希望读者在理解和分析现有结果时更加谨慎，也希望经过更长时间的样本积累后展示更全面的结果。

第九章

蚂蚁商联：自有品牌的众创之路

2021 年 10 月 17 日，蚂蚁商业联盟年会之"生态力"暨商品展、第五届全国自有品牌大会在郑州国际会展中心隆重举行，行业内知名企业家、专家、学者齐聚现场。

会议上，蚂蚁商联董事长吴金宏发表了精彩生动的主题演讲，他说道："目前蚂蚁商联成员企业已经达到 82 家，区域横跨全国 28 个省区市，甚至拓展到海外阿联酋阿布扎比和迪拜，共计 7000 多家门店，年销售规模超 900 亿元，旗下开发的 9 大自有品牌涵盖 2234 个 SKU，已成长为全国最大的连锁零售自愿联盟组织……"蚂蚁商联的多品牌发展战略已经取得卓越成就，未来的发展也不止于现有的 9 个品牌。

演讲结束后，吴金宏董事长回忆起 2017 年的日本 CGC 访问之行（CGC 即日本中小零售企业联盟）。在看到当时的 CGC 拥有 1600 个自有品牌 SKU 后，吴金宏心生羡慕，"1600"这一数字成为他的理想，然而蚂蚁商联仅仅用了四年时间，自有品牌 SKU 已达到 2234 个，远超 CGC 的自有品牌单品数量，吴金宏董事长的理想已然照进现实。

一、蚂蚁商联创业历程

蚂蚁商联成立于 2017 年 10 月 19 日，当时零售业界内抱团取暖的诉求旺盛，掀起了一股联盟浪潮，齐鲁商盟、淮海商盟等各类组织应运而生。蚂蚁商联在短短四年内实现了从无到有，从来自中国 6 省 12 家商业连锁企业共同组织成立发展为遍布全国 28 个省区市，并将业务拓展到海外的蜕变，其发展历程备受行业关注。

（一）日本之行，蚂蚁商联正式成立

零售业界的巨大变革浪潮让时任金好来企业董事长的吴金宏意识到在波谲云诡的商场中似乎暗藏勃勃商机，然而这个商机以怎样的形式呈现令人捉摸不透。2017 年，吴金宏董事长到日本参观考察零售商企业，考察过程中了解到大约 50 多年前，日本东京有一家食品超市名为三德—志春店，在店附近还有一家全国连锁的大型超市与之竞争，三德—志春店的老板发现对家店内商品比自家商品价格低两三成，并且对家超市给供应商施压导致自家店内无法上架优质商品。为了应对对家超市的强势竞争,三德—志春店与其他 9 家超市进行联盟成立了 CGC。CGC 通过联合采购和自有品牌协同开发让联盟成员受益匪浅,并在随后几十年的发展中逐步壮大,在 2011 年销售额超过日本第一大超市企业永旺集团后,一举成为日本最大的零售联盟。CGC 的联盟模式让吴金宏等一行人眼前一亮,新的商机已然显现,中国零售业界正缺少这类商业模式。日本之行结束后,他们借鉴 CGC 的商业模式,并迅速在甘肃新乐超市总部召开会议商议成立中国的 CGC 组织——蚂蚁商业联盟。

(二) 商联初创,首个自有品牌面世

2018 年是蚂蚁商联快速发展的一年,在这一年里,蚂蚁商联体量迅速扩大,从最初的 12 家成员企业扩展到 34 家,数量翻了将近 3 倍。2018 年 5 月,蚂蚁商联首个自有品牌"我得"正式上市,"我得"牛奶和"我得"酸奶开始在蚂蚁商联旗下 28 家企业的近千家门店中销售。"我得"自有品牌的成功上市,是蚂蚁商联开发自有品牌的初次尝试,其效果远超期望值。

(三) 快速发展,自有品牌布局广泛

2019 年,蚂蚁商联始终以"提升中国消费者生活质量,为顾客提供高性价比的商品"为宗旨,不断进行商品创新,力求满足消费者的多元化需求,提升消费者的购物体验。2019 年 3 月,蚂蚁商联旗下非食品品牌"极货"成功上市,共计开发单品 392 支,包含纸类、竹木类等生活用品,为蚂蚁商联的自有品牌布局再添一翼。

(四) 疫情打击,蚂蚁商联初心不改

2020 年,一场蔓延全球的疫情,让蚂蚁商联遭遇了史上最难的开局,在逆境之中,蚂蚁商联秉持着"同心共赢"的理念艰难前行。面对突如其来的疫情,作为全国最大的区域零售企业联盟组织,蚂蚁商联给遍布全国的成员企业做好保障与服务,快速启动防控疫情紧急预案。董事长吴金宏在除夕当天,自行驱车 800 千米安排应急物资,为坐落于湖北的成员企业捐赠消毒液,为武汉地区和黄冈地区某医院捐赠 5 吨消毒液,同时要求企业内员工 24 小时待命,全力以赴地为成员企业解决各种突发问题。疫情的不断升级,各种防疫抗疫物资宣告紧缺,蚂蚁商联迅速响应,开发消杀系列产品,仅仅用时 21 天就完成了消毒液、酒精湿巾、口罩等七个系列共计 18 款单品的开发任务,从根本上解决了消费者的防疫物品需求。2020 年 10 月,围绕厨房场景解决方案的食品品牌"饕厨"正式发布,包含了大米、杂粮、调味料、食用油等民生必需品的全部分类共计 400 多单

品，为成员企业在市场竞争中立于不败之地再添重器。

（五）敏捷创新，聚焦女性与价格敏感者

2021 年，蚂蚁商联首个全品类自有品牌"惠惠熊"上市，该品牌涵盖了休闲场景、厨房场景、家用场景等产品，满足消费和日常需求。这两个新品牌的推出，为蚂蚁商联自有品牌矩阵新增一道亮丽的风景线。

二、中国零售业的巨变

近年来，伴随着零售行业发展环境的快速变化，国内零售企业普遍面临盈利能力不足的压力，零售商迫切需要新的发力点来提升盈利能力，自有品牌作为一种全新选择受到众多零售企业关注。越来越多的零售企业开始增加自有品牌投入，并将其视作企业长期战略的一个重要组成部分。自有品牌以其开发的自主性、灵活性以及产品的针对性成为零售企业探索多业态布局、满足消费者差异化需求的重要工具。

（一）势头正猛，自有品牌潜力无穷

2021 年中国自有品牌达曼白皮书显示，中国自有品牌行业持续多年保持强劲的增长势头，增速从未低于 8.5%，而作为对比的快速消费品行业近五年的年增速不超过 6%。2020 年，中国自有品牌市场总体增长 22.7%，是快速消费品的 12 倍以上（快速消费品同期增长仅为 1.8%），较前两年实现了跨越式增长（见图 9-1）。然而，中国自有品牌发展仍处于初级阶段，自有品牌市场份额仍然不足 1%，远低于欧美部分发达国家自有品牌 40% 的市场份额，可见中国自有品牌市场待开发潜力巨大。

（二）消费升级，自有品牌迎来机遇

随着中国消费升级趋势的日益显著，消费者更愿意在医疗保健、教育、娱乐等领域增加支出，相比之下，在生活必需品方面的消费意愿逐渐降低，消费者希望在此品类中追求更具性价比的同类产品，而自有品牌产品能够满足消费者这一需求。此外，随着信息的快速扩散与透明化，社交平台的购物分享能够被更多消费者获取，消费者视野变得更加广阔，线上购物、跨境电商等渠道的快速发展也为消费者提供了更多的购物选择，这使拥有精明消费主张的购物者越来越多，他

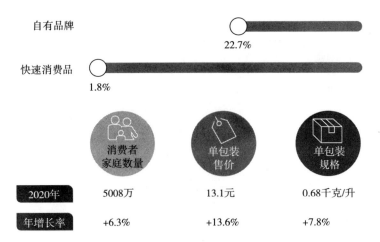

图 9-1　2020 年自有品牌与快速消费品增长

资料来源：凯度消费者指数研究。

们更多通过自己的理性判断来决定消费而非单纯受到品牌知名度的影响而盲目跟风，吴金宏董事长说："顾客更想去选择又好又不贵的性价比商品，顾客正在回归消费理性。"在大多数品类中，知名制造商品牌的市场集中度正在下降，自有品牌份额逐步上升（见图 9-2）。吴金宏董事长一再强调："自有品牌的春天到了！"

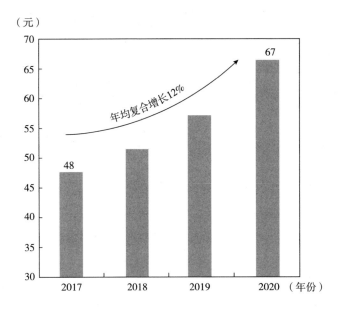

图 9-2　自有品牌城镇消费者家庭年均自有品牌消费支出

资料来源：2021 年中国自有品牌达曼白皮书。

2020 年中国自有品牌达曼白皮书显示，在众多自有品牌消费者中有 55% 的人来自家庭月收入位于中高水平（>9000 元）的家庭，这部分消费者是对零售商具有高贡献度的消费客群（见图 9-3），自 2017 年开始，每个消费者家庭用于自有品牌支出的费用在逐年上升。从 2017 年开始的四年内，每个消费者家庭用于自有品牌产品购买的支出增长近四成，从 48 元上升至 67 元，同期消费者物价指数增幅仅为 5%，可见，自有品牌消费者购买力十分强劲。

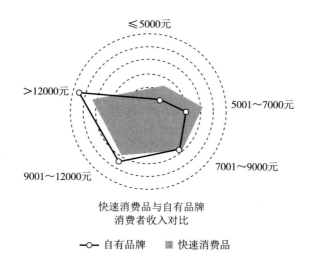

快速消费品与自有品牌
消费者收入对比

—○— 自有品牌　■ 快速消费品

图 9-3　2020 年快速消费品与自有品牌消费者收入对比

资料来源：2020 年中国自有品牌达曼白皮书。

（三）诸多尝试，影响买家消费决策

为提升自有品牌销售额，零售企业针对消费者购买意愿进行了一系列分析与尝试，并初见成效。

第一，关注包装。自有品牌的包装设计不仅要做到与同类产品相比脱颖而出，而且要清晰准确地向消费者传达自有品牌产品的独特之处，凸显自有品牌产品的优势所在（见图 9-4）。

第二，高性价比。消费者购买决策已经从价格驱动逐步转向质量驱动，但价格仍然不能脱离质量，零售企业应该极力秉承以消费者为中心的思维，提高自有品牌性价比，提供物超所值的产品。同时，企业要加强与消费者的沟通和互动，打破消费者对自有品牌产品质量的质疑，让消费者真切感受到自有品牌产品的价值。

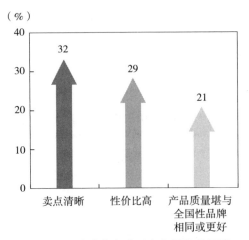

图 9-4　驱动消费者购买自有品牌的因素

资料来源：2021 年中国自有品牌达曼白皮书。

　　第三，消费者体验。大部分自有品牌产品的购物决策发生在门店货架前，消费者愿意为了更好的购物体验支付更高的费用。零售企业为了提高自有品牌产品的销售额可以开展诸如试吃、促销等营销活动，以期有效吸引消费者的目光并促使交易完成。

　　第四，产品组合。自有品牌消费者平均购买 1.9 个品类，并且主要集中在一次性产品、清洁家用产品、米面粮油、零食饮品等民生品类，对于上述潜力巨大的品类，可以加强品类规划、丰富产品组合，促使消费者在购买决策时选择更多品类的产品（见图 9-5）。

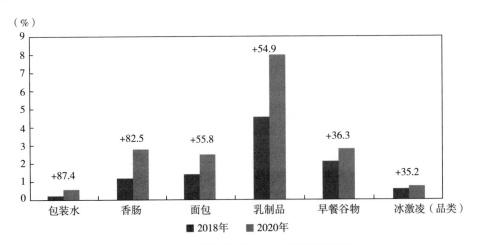

图 9-5　自有品牌高增长的前六品类市场份额

资料来源：2021 年中国自有品牌达曼白皮书。

三、蚂蚁商联的多品牌战略

（一）战略初心：刚需的优质品

1. 创立"我得"，自有品牌的首次尝试

2018年5月26日，蚂蚁商联首个自有品牌"我得"在甘肃新乐超市发布，就在这一天，"我得"旗下两支单品——"我得"牛奶和"我得"酸奶在蚂蚁商联成员企业旗下近千家门店中正式发售，自此蚂蚁商联的自有品牌开发揭开帷幕。与其他零售企业从品类切入进行自有品牌开发的做法不同，蚂蚁商联自有品牌开发的逻辑是先树立品牌、确定品牌名称、进行商标注册、确立品牌调性等，再考虑开发哪些品类。这种统一顶层设计逻辑让蚂蚁商联的自有品牌开发更加系统、全面、合理。与此同时，蚂蚁商联始终秉承着品类系列开发的原则，针对一个品类开发多种单品，全面满足消费者需求，如休闲食品中先确定即将开发的是果干果脆这一系列，再考虑诸如芒果干、葡萄干、菠萝干等具体单品，并且随着时间的推进不断增加此系列中的单品数量，使该系列产品不断创新并获得长足发展（见图9-6）。

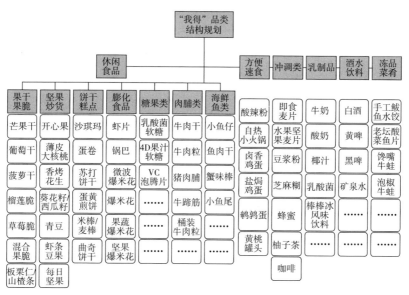

图9-6　蚂蚁商联"我得"品类结构规划

资料来源：蚂蚁商联内部资料。

"我得"致力于塑造"天然如此"的品牌形象，致力于为消费者提供天然、健康的、少添加甚至零添加纯粹的好产品。2018年5月26日，"我得"旗下两支单品——"我得"牛奶和"我得"酸奶在蚂蚁商联成员企业旗下近千家门店中正式发售，"我得"纯牛奶对标金典、特仑苏；"我得"酸奶对标安慕斯、莫斯利安，以最高标准为消费者提供品质保证。"我得"牛奶和"我得"酸奶拥有好奶源，选自国外进口荷斯坦奶牛，奶牛自然生长到18个月，根据自然发育情况，全程遵循自然规律，不用人工催熟。奶牛生活条件优越，听音乐、睡"席梦思"、佩戴运动手环、每年3个月假期，并拥有专属营养师，确保每一只奶牛的营养和健康。"我得"牛奶和"我得"酸奶拥有好工厂，蚂蚁商联亲自考察国内知名工厂，限定双工厂（三元+君乐宝）生产，选择现代化管理经营、高度机械化牧场、严格防疫标准、顶级配套资源。集自动化洁净生产车间、全球高标准质量检测体系于一体的优质工厂，向消费者展现蚂蚁商联坚持高品质的决心与毅力。在产品质量对标国内一线品牌的同时，"我得"牛奶和"我得"酸奶的价格对标二线乃至三线品牌，平均价格低于一线品牌15%～20%，相当于一线品牌的促销折扣价。高品质低价格使"我得"旗下产品坐拥高性价比，为消费者带来物超所值的购物体验。

"我得"啤酒作为蚂蚁商联的第二款自有品牌商品，同样秉承高品质和健康的理念。与市面上见到的其他工业啤酒不同，"我得"啤酒在原料上的选择更加谨慎，其只使用麦芽、啤酒花和水酿造，不添加任何人工添加剂。"我得"啤酒的麦芽选择澳洲进口麦芽，浸出率更高、蛋白质含量更适中，能够更好地保障啤酒色泽，酿造出细腻、丰富且挂杯持久的啤酒泡沫，口味更加纯正；"我得"啤酒的啤酒花选择德国卡斯卡特啤酒花，其有着浓郁香气和味道，贮藏性能好、花粉含量高、具有天然的防腐力，属于啤酒花中的上品；"我得"啤酒采用深度的黄台湖水，更加纯净无污染，这使麦芽汁透明度和啤酒的浊度适宜，其中微量的钙离子可促进酶的活性，并确保啤酒的味道和稳定性；"我得"精酿啤酒的麦芽和啤酒花比例精准恰当，酿造出来的麦芽汁浓度更高，啤酒酒香四溢、沁人心脾。原料齐备之后还需要5倍于工业啤酒的30天超长发酵时间，最好的原料加最佳的制作工艺，铸就"我得"啤酒的良好品质。

蚂蚁商联各成员企业将品质与服务作为核心理念，结合消费者潜在需求，借助新媒体等渠道资源，不断进行消费场景创新。"'我得'精酿啤酒节"就是其中之一，前期通过各种比赛等预热活动吸引目标客群，活动当天邀请专业演员现场表演并与消费者共同互动，使用户参与度极高，对自有品牌有了更深入的认识。门店宣传自有品牌的方式是多种多样的，在移动互联网时代，通过小视频宣传推广自有品牌是一种重要的营销形式。蚂蚁商联在旗下门店中开展"人人都是自有品牌代言人"活动，号召全店员工进行自有品牌小视频的拍摄工作，店长起到带头作用，将拍摄出的精美视频通过社群、朋友圈等渠道进行宣传，员工积极响应并将视频发布到抖音、微信视频号等自媒体平台上，身体力行地进行自有品牌营销推广工作。这种举措为门店自有品牌销量带来大额增长的同时，也使自有品牌在当地的曝光度得到了极大的提升。

在开发"我得"旗下产品时，蚂蚁商联还善于抓住产品自身优势，如产地优势、工厂优势以及原材料优势等，为消费者打造满足需求的高质量产品。为打造"我得"旗下产品文昌椰汁，蚂蚁商联专门探访我国椰子盛产地海南岛，选择素有"海南椰子半文昌"的"椰乡"文昌市作为产品的原产地，并与有关部门签署"文昌椰子"商标使用许可合同，为产品的优质原产地背书。与此同时，蚂蚁商联多次实地访厂，对比多家工厂的加工、乳化、灌装、杀菌等工艺，综合比较之后选择最具实力的工厂进行合作生产，为产品质量提供优质保证。在开发"我得"旗下蜂蜜系列产品时，蚂蚁商联签约自有养蜂基地，养蜂基地地处生态林区，天然无污染，能够为产品提供优质原材料。在蜂蜜后续生产过程中签约外资企业，引进韩国蜂蜜果茶业先进的制作工艺和生产技术，生产出的产品经过专业公司的产品质量控制和技术鉴定，产品品质得到保障。

针对"我得"旗下产品的营销推广活动，蚂蚁商联别出心裁，制定出多种营销方案。在陈列方式上，蚂蚁商联给旗下门店多种选择，集中陈列、地堆陈列、端头陈列、多点陈列、关联陈列等各种陈列方案以供参考，陈列方式的多样和变化，能够针对门店遇到的不同问题提供相应的解决方案。集中陈列让消费者快速找到自有品牌产品并进行集中选购；地堆陈列将一类产品摆放在一起助力促销活动；端头陈列吸引消费者眼球使自有品牌产品在与制造商产品的竞争中脱颖而出（见图9-7）；多点陈列增加消费者注意自有品牌的次数，在消费者心里形成一种购物暗示；关联陈列将关联产品近距离陈列，以一种商品的销售带动另一种商品的销售，有事半功倍之效果，例如，"我得"酸辣粉与"我得"乳酸菌进行关联陈列，二者销量均有所上升。为进一步提高消费者购买自有品牌单品的数量，蚂蚁商联推出组合营销以及捆绑销售的方式，"我得"果干大礼包中包含各种果干口味，让消费者一次带回家。蚂蚁商联还注重节日营销方式，通过将特定节日与"我得"旗下相应产品关联起来，起到促销作用。例如，情人节时主推甜蜜口味的"我得"爆米花，夏至时主推"我得"精酿啤酒（见图9-8），冬至时主推"我得"手工水饺，并制作主题海报将节日与主推产品紧密联系起来，这种营销方式为自有品牌产品的销量增长开辟了新的路径。此外，蚂蚁商联旗下门店通过"我得"产品试吃、试饮等方式吸引消费者注意，并让消费者切身感受到"我得"的产品优势。

图 9-7　蚂蚁商联端头陈列方式

资料来源：蚂蚁商联内部资料。

图 9-8　蚂蚁商联节日营销

资料来源：蚂蚁商联内部资料。

2. 创立极货，打造万千精品

2019 年 3 月，蚂蚁商联推出非食品类品牌"极货"，主打日常生活家居，作为蚂蚁商联打造的第二个自有品牌，"极货"追求极致性价比，致力于为消费者提供优质优价的产品。

为了打造优质的产品，蚂蚁商联在全国范围内搜寻优质厂家。首先进行供应商的招募，对工厂所在的位置、价格、生产能力等多重维度进行考量，之后通过品控部门结合第三方的链条部门判断是否达标，经过一轮一轮的考察，"极货"最终选定 6 家工厂进行代加工。这些被选工厂常年为各大品牌进行加工，他们对一线部门的要求已经非常完善，对质量和服务有着统一的标准，所以生产出来的产品都有着较高的质量保障。

在设计方面，"极货"为了能带给消费者强烈的视觉冲击和更好的购物体验，一直选择专业的设计团队进行包装。两年多的时间，"极货"发展快速，需求不断提高，对合作伙伴的要求也越来越高。疫情期间，蚂蚁商联与双枪洽谈合作，对"极货"竹制品的质量和设计进行改进升级，对此，双方也表示："未来'极货'和双枪将从设计到产品到市场定位开展战略性的合作。"

在产品方面，"极货"从市场需求入手进行全品类开发，从2019年3月首发的318支单品到目前的700余支单品，共计728个SKU，主要分为百货、日杂和收银台三大类（见图9-9），其中百货中的易耗品这一类在分类和数量上都已经做到全国第一。"极货"力求将每一个品类做透，比如一次性用品对标的一线品牌是"妙洁"，妙洁大约有84支单品，而"极货"相关的产品高达190多支，"极货"的产品开发深度已经达到了极致，甚至牙刷产品中专门开发针对假牙的牙刷。"极货"开发的产品数量总体呈上升趋势，但也进行了删减，去掉了易耗品中的一些功能类产品，比如精致的水果叉，因为这些产品过于小众，而"极货"做的是迭代升级，所以保留的是终端销量较大的产品。即使这样，"极货"所涉及的分类，国内的一线品牌也都无法超越，因此"极货"也是一个非常完整的品类解决方案。

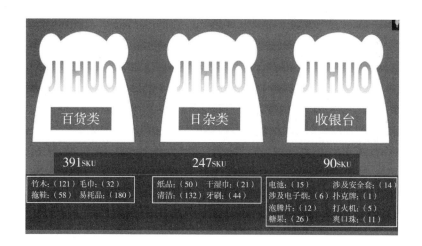

图9-9　蚂蚁商联"极货"品类总览

资料来源：蚂蚁商联内部资料。

在质量方面，"极货"对标一线品牌，60%以上的产品都与代工厂合作，与一线品牌为同样厂家。"极货"对代工厂的要求是全国最低价,且质量的最低标准为国标一。"极货"的每个分类都会找出对标品牌,虽然包装不一样,但产品质量却相当,甚至远超一线大品牌。比如"极货"的洗衣液,国家规定洗衣液总活性物最低含量为15%,"极货"的最低标准为16%,而实际做出的产品已经超过蓝月亮的活性物指标。

虽然"极货"的品牌定位是极致性价比,但毛利却并未因此而降低。在保证质量的前提下,"极货"从厂商手里拿到了全国最低价,将产品直接配送到零售商手中,没有中间商赚差价,也没有产生多余的广告费,使整体终端定价低于竞品20%,毛利比竞品高出50%。比如爆品麦片,对标竞品最低卖到39.9元,而"极货"的麦片可以做到19.9元,这样的价格使消费者无法拒绝。再如春节期间销售的一款抹布,10片价格为9.9元,超市毛利达40%,这个价格对于消费者来说具有强大的吸引力,而且由于毛利较高,超市也非常愿意售卖,这也注定了这款产品的成功。现在为了继续降低成本,蚂蚁商联增加了对成员企业的微信小程序,鼓励成员企业用小程序下单。下单之后,成员企业可以在小程序上看到这款产品,进行物流信息的查询等,大大降低了上下游企业沟通的时间和成本。

在营销方面,"极货"采取多种营销形式。首先,在零售端处,"极货"鼓励现场顾客参与产品体验,并为参与人员发放小礼品,希望通过体验能迅速建立起产品与消费者之间的信任感。此外,在2019年,蚂蚁商联一行人去日本超市参观,发现货架上的小视频机非常新颖,在当地也起到了非常好的效果。于是,他们回来后就将此办法落地实施,将顾客的体验过程拍成视频,在人少的时候循环播放产品卖点,让消费者在15~30秒快速了解产品的作用与特点,从而产生购买欲望。与此同时,"极货"还利用不同的媒介进行宣传,2021年1月29日,"极货"进行了一次专场直播,增加了消费者对"极货"的产品特点、背后故事、产品陈列和产品设计等方面的了解,让消费者对"极货"有了全方位的认识,增加消费者对品牌的信任度,提高消费者的购买意愿。

在员工方面,"极货"每个月都会安排商品大课,进行线上线下课程培训,课程内容主要涉及商品介绍、陈列指导、运营方法和营销方法等。由于疫情原因,线上开会的频率大大增加,仅线上就有5000人听课,为避免课程内容在进行二次下放的时候效果大打折扣,店长、采购、终端销售等都必须参与进来,然后再向消费者讲解产品特点,培养消费者对产品的偏好。

在数据分析方面,一方面,蚂蚁商联建立了大数据分析体系,为会员企业提供行业数据分析报告和咨询报告;另一方面,蚂蚁商联建立蚂力大数据,为企业提供选品分析,并定期发布各地区销售商品的TOP排行榜,为企业提供对标企业的周 PK 报告、月度经营分析报告、定制智能报表工具等。蚂力大数据的系统研发不仅能满足"极货"战略方向的引导，还能进行品类管理的分析。通过蚂力大数据，"极货"能够进行品类细分，把握非食系列的强势品类，通过筛选具体单品，不断完善开发明细。

"极货"从创立到现在已经走过了两年多的历程，目前在 43 家企业进行销售，有着非常精彩的市场表现。2019 年 5 月，"极货"实现销售额 208 余万元，在保证成员企业全部到货的前提下，实现了销售增长 58.6%。疫情期间销售业绩在不同阶段也有不同程度的提升。在 2~3 月，84 消毒液、衣物除菌液和免洗凝胶等产品实现爆发性增长，到了 4 月进行复工复产，免洗凝胶和酒精湿巾等便携产品销售业绩有所增长，在 5 月时全国基本恢复为平衡期，出现消费降级，蚂蚁商联通过推出超级性价比的产品，帮助企业通过价格战去引领市场。

（二）"饕厨"：生活场景的解决方案

2020 年 10 月，作为蚂蚁商业联盟的第七个自有品牌"饕厨"在"2020 第四届全国自有品牌大会暨蚂蚁商业联盟年会"上发布上市。"饕厨"是蚂蚁商联基于厨房场景解决方案的联合自有品牌，定位于"放心的家庭食材专家"，致力于为消费者提供安全、放心、全面的家庭食材，涉及家庭食材的全品类，包含了大米、挂面、杂粮、调味品、调味料、食用油等几乎所有民生必需品的全部分类共计 400 多支单品。"饕厨"品牌在一开始就非常明确定位：只聚焦粮油调味品类，餐桌和厨房使用场景下的所有食品都是"饕厨"的开发的目标，比如常见的粮、油、面、调味、酱料系列，南北干货、副食品、佐餐系列等（见图 9-10）。

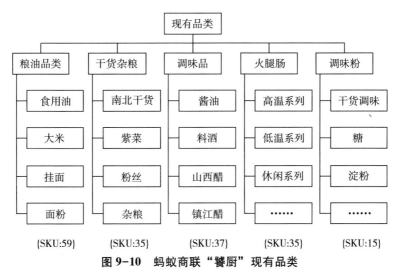

图 9-10　蚂蚁商联"饕厨"现有品类

资料来源：蚂蚁商联内部资料。

2019 年 10 月，"饕厨"团队邀请了荷兰设计师团队（荷兰 YELLOW DRESS 零售设计公司）来中国考察，并了解中国的包装设计以及交流关于自有品牌开发的想法。2020 年 1 月，"饕厨"团队跟荷兰设计公司讨论"饕厨"的品牌文化、品牌要传达给消费者的理念以及"饕厨"将要开发的品类结构等。基于疫情的发生、层层的讨论和筛选评比，让蚂蚁商联更加聚焦"饕厨"品牌开发的品类和传达的品牌文化，最终确认"饕厨"的品牌文化："饕厨"——放心的家庭食材专家。

"饕厨"品牌是蚂蚁商联首个由中外设计师团队合作的作品，从品牌 Logo 到顶层逻辑均由世界一流的设计公司 YELLOW DRESS 完成，该公司为全球包括皇家阿霍德、麦德隆等 80 多个知名零售商的自有品牌做过服务，在零售业内有将近 150 年的经验，客户分布在荷兰、德国、奥地利、印度、中国和泰国等。从顶层到品牌、从品牌到品类、从品类到单品，"饕厨"的每一个环节都有自己的逻辑，在货架端展示和品牌端呈现是一个整体，在包装设计上就尽可能突出食材本身和加工后成品的样式，让消费者能更有代入感和场景性。此外，"饕厨"品牌根据不同的品类采用不同的 Logo 配色，采用底纹和图标来区分产品定位，以及采用不同小图标来表现不同品类的产品卖点（见图 9-11 和图 9-12）。这些细节和版面的规范要求，在国内自有品牌行业中是比较少见的，蚂蚁商联在自有品牌的设计上，一直和欧洲顶级的设计师团队保持紧密的沟通，希望能在设计上跟麦德龙、COSTCO 对标和靠齐。

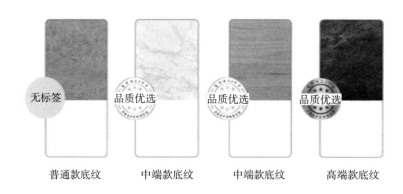

图 9-11 "饕厨"产品定位

资料来源：蚂蚁商联公众号。

在研发环节上，蚂蚁商联在"饕厨"品牌上更是不惜花费成本，大量创新使用了更加人性化的设计方案，并首次在包装上使用了盲文标签，为特殊消费群体提供完善服务。"饕厨"做的设计顶层逻辑设计计划书一共有 90 页，包括版面

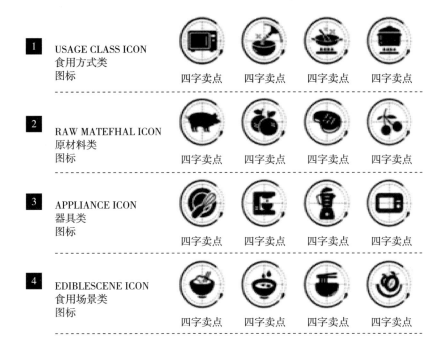

1	USAGE CLASS ICON 食用方式类 图标	四字卖点	四字卖点	四字卖点	四字卖点
2	RAW MATEFHAL ICON 原材料类 图标	四字卖点	四字卖点	四字卖点	四字卖点
3	APPLIANCE ICON 器具类 图标	四字卖点	四字卖点	四字卖点	四字卖点
4	EDIBLESCENE ICON 食用场景类 图标	四字卖点	四字卖点	四字卖点	四字卖点

图 9-12　"饕厨"产品卖点小图标

资料来源：蚂蚁商联公众号。

规范、产品等级划分、文字信息排版、图片摄影方式、效果图展示以及制作规范等。2021 年 5 月，"饕厨"品牌设计获得了第八届顶点奖的铜奖，顶点奖是全球唯一针对自有品牌包装设计的奖项。自有品牌从模仿者和跟随者变成品牌和设计的引领者，不断超越过往并打造出真正与众不同的品牌和包装设计。

作为商联的战略品类，"饕厨"品牌从立项开发、选品、瓶型研发与创新、包装设计到成功上市，倾注了商联团队大量的精力和心血。从原料的产地、品种、种植环境和种植条件、加工、制备和检测等多个环节层层严选把关，确保食品安全的同时，把全面、健康、美味的家庭食材送到消费者的餐桌。家庭使用习惯是"饕厨"开发的准则，开发的规格和包装形式都以家庭食用习惯来确认，进行小包装化，如大米最大规格是 10 千克，一般都是 2.5 千克或者 5 千克这样的包装，液态调味料的规格以 500 毫升为主，杂粮是 200~400 克的小包装，糖淀粉为 300 克左右。"饕厨"品牌定位于全品类的粮油调味副食的产品开发，而且一直在向金龙鱼、福临门、海天看齐，这些一线品牌用 20 年甚至 30 年的时间来布局市场，完成整个粮油品牌的深度和广度，而"饕厨"希望只用 2 年的时间来完善整个粮油品类的全品类布局。

2020 年 11 月 10 日，放心的家庭食材专家——"饕厨杯"美食大赛（金好来站）在巩义宋陵公园北门人民广场火热开启，此次大赛由蚂蚁商联联合自有品牌"饕厨"、金好来超市、巩义市文旅局、巩义市餐饮协会、巩义市市管局共同举办，"饕厨"为大赛提供了全程赞助，大赛现场厨师所使用的食材全程由"饕厨"专供。最终，"饕厨"品牌也在此次活动中获得了"最放心食材奖"的荣誉。在颁奖环节，各位获奖选手的"饕厨"产品成了全场的亮点，这些金牌厨师们纷纷表示要为"饕厨"代言，将这些物超所值的商品推荐给广大的消费者。

首都经济贸易大学陈立平教授在第四届全国自有品牌大会上提到，"无论是商品的研发方向还是商品的落地场景，都是基于消费者不断变化的消费需求进行的研发与创新"。蚂蚁商联始终围绕"提升中国消费者生活质量，为顾客提供高性价比的商品"的组织使命，进行以顾客为中心、以全面解决方案为中心的联合自有品牌的商品创新，来满足消费者需求，提升消费者的体验。"饕厨"品牌的上市发布，既是对蚂蚁商联三年来品牌矩阵初成的献礼，更是对蚂蚁商联品牌文化和价值的传承和诠释。

（三）"舒佳宜"：进军女性消费者市场

舒佳宜，英文名称 Self X School（简称 SXS），意思是自心未知学校，这是一所探寻自我身心灵的学校，号召女性更加关注自身健康和成长。"舒佳宜"是蚂蚁商联旗下首个将视点转移到女性个体身心灵升级、女性新生活方式的自有品牌。

在创立初期，"舒佳宜"就坚定了用创新集成的个护产品和大服务真切呵护女性的初心使命，坚守舒适、佳悦、相宜的美好愿景。"舒佳宜"的品牌 Logo 形象是"莫比乌斯环"，代表了品牌"心心相印，呵爱无尽"的初衷（见图 9-13）。

图 9-13　"舒佳宜"品牌 Logo

资料来源：蚂蚁商联公众号。

在产品层面，"舒佳宜"针对女性个性化、多样化的需求进行产品创新，充分考虑女性群体全年龄段、全身心健康、多场景护理，打造品类布局，满足女性个护的各种需求，其产品将涵盖卫生巾、湿巾、护理液、女性用纸等和女性护理相关的品类。

产品质量是女性护理中的重中之重，而"舒佳宜"在产品品质过程中严格把控，从设计理念、原材料选择和加工工艺，再到质检检测等多个环节均按照国家标准执行，产品质量甚已达到欧洲出口标准，同时，"舒佳宜"在从制作工厂到终端市场的过程中，减少中间环节，在保质保量的前提下，大幅降低成本，以便让更多女性享受到自有品牌产品带来的更加全面的呵护。

（四）"惠惠熊"：普惠大众的品牌

2021年10月16日，蚂蚁商联在郑州推出了新品牌——"惠惠熊"。作为蚂蚁商联推出的首个全品类品牌，"惠惠熊"提倡用最划算的方式来获取更美好的生活，目前涵盖了休闲场景、厨房场景、家具日用场景等产品需求，满足大家日常消费。

如今的市场正面临着全新的消费升级，"惠惠熊"紧紧抓住消费者的新消费理念不断推出新产品。10月16日"惠惠熊"发布了55个新产品，作为可以进行一站淘好物的品牌，"惠惠熊"集合了休闲食品、乳制品、粮油、调味品、日用品、居家清洁等多个产品品类，未来还将继续拓展更多产品领域。"惠惠熊"品类齐全、包装量大、价格优惠，可以为消费者减轻购物成本，尤其是选择成本、试错成本和时间成本，创造全新的消费体验。

不仅如此，"惠惠熊"还进行产品设计的创新。如今消费者经过商品浪潮的洗礼，尤其是对于年轻人而言，他们有了囤货意识，愿意花更少的钱满足日常需求，"惠惠熊"直接将更大的包装和更低的价格结合起来，28卷超大包装的卫生纸、不到10元钱的5升装超大瓶陈醋、10斤大包装洗衣粉……屯一次，半年都不愁。这样创新的产品设计满足了消费者消费心理，每次购买都是折扣价。既避免了满减、津贴、优惠券算计的复杂，也避免了找人拼团被亲朋好友拉黑的尴尬。

此外，随着消费理念的升级，大手大脚的消费习惯已然成了过去式，现在的消费者更加会生活、更加有追求。他们精打细算、追求品质，在消费上更加理性和自我，并且在生活的细节里更喜欢"斤斤计较"，买东西货比三家甚至更多，他们追求少量的包装，既能响应国家号召又能保持家中整洁，在参考自身经济条件的基础上寻求最实惠优质的商品，这是一种生活智慧。"惠惠熊"不仅符合现代人的生活态度，而且可以带给消费者最实惠可靠的体验，使消费者的每一次购物都是"会生活"的体现。

四、总结与业绩

回首蚂蚁商联四年发展历程，实现了从青涩到青春的蜕变。蚂蚁商联是由来自中国6省12家商业连锁企业共同组织成立的，经过四年的发展，旗下成员企业已经增长至89家，横跨全国29个省区市，业务扩展至海外阿联酋阿布扎比、迪拜等地。门店数量更是超越7000家，年销售规模超900亿元，2020年，蚂蚁商联自有品牌增速达到531.92%，当时预计到2021年底，整体销售规模将达到10亿元，四年发展史带来的是体量的巨大变化，蚂蚁商联已成长为全国最大的连锁零售自愿联盟组织。

（一）打造商品矩阵，构筑企业护城河

蚂蚁商联成立伊始便秉承同心协力打造中国自有品牌研发中心的宗旨，自2018年5月发布第一款自有品牌产品"我得"牛奶后，自有品牌产品的开发与生产势如破竹。截至2021年，蚂蚁商联已经开发出"我得""极货""饕厨""舒佳宜""惠惠熊"等九大自有品牌，涵盖2234个SKU，囊括食品、家庭生活用品、厨房用品、女性用品等多个品类，基本满足消费者的日常需求。在商品开发上，除了深耕原有的超市业态外，蚂蚁商联紧跟时代脚步、抓住市场需求变化，不断拓展边界，持续打造自有品牌业态，巨大的商品矩阵形成蚂蚁商联独有的商品力，构筑了企业的护城河。

（二）整合资源能力，提升销售毛利

蚂蚁商联的全国性布局发展为商联聚集了多方位资源，开拓并强化了资源整合的广度和能力。同时，由于成员企业在区域、文化、经济水平等方面不同的差异化需求为蚂蚁商联组织管理和业务赋能提出了更高标准、更严要求。为此，蚂蚁商联成立分部，践行"同心共赢"的核心价值观，更好地为成员企业打造参与商联发展的有效机制，也是蚂蚁商联充分了解不同地区企业实际需求、实现可持续发展的有效保障。蚂蚁商联规模持续扩大的背后是旗下自有品牌给零售商销售和毛利带来的巨大提升。对于区域中小零售企业而言，产品销售很难平衡自有品牌开发投入，因而加入蚂蚁商联成为不少企业的最佳选择。蚂蚁商联通过众多企业的联合自有品牌开发，充分发挥规模效应，有效降低了产品成本，蚂蚁商联

自有品牌商品的平均毛利能够达到40%，商品平均售价低于市场价25%。成员企业数量持续增加带来的是规模经济的红利，可观的利润空间又会吸引来自全国各地的连锁企业加入，就这样形成一种正向循环效应。

（三）不忘社会责任，投身公益事业

蚂蚁商联在不断扩张商业版图的同时不忘企业社会责任感，热心公益事业。每年的5月25日是国际走失儿童日，蚂蚁商联携手中华少年儿童慈善救助基金会，共同启动了"蚂蚁商联525守护宝贝公益活动"。本次公益活动是由蚂蚁商联旗下众多成员企业与合作伙伴共同参与，依托商联强大的商品资源及线下门店优势，为预防儿童失踪、救助失踪儿童及守护儿童安全贡献力量，致力于挽救因走失儿童而支离破碎的家庭，并为他们带来希望和幸福的社会公益活动。蚂蚁商联承诺制定百余种深受消费者喜爱的自有品牌商品作为公益载体，发布失踪儿童信息，让更多消费者能够参与到这项公益事业中，并且蚂蚁商联旗下超过7000家门店将作为"宝贝守护计划的信息登记和联络点"，为需要帮助的人们提供线索登记、联络、帮助和扶持行动（见图9-14）。同时，蚂蚁商联响应国家号召，助力农产品销售。蚂蚁商联在粤鄂两省农业农村厅指导下，积极参与"鄂粤同心，感恩助'荔'"公益活动，共同助力广东荔枝销售。蚂蚁商联发起紧急倡议，旗下成员企业纷纷响应，第一分部成员企业全部参与，其他多家企业均明确表示要联合采购发货，40吨惠来荔枝销售成功落地。未来，蚂蚁商联成员企业将与广东各产地企业进行全方位合作，助农行动持续进行。

图9-14　蚂蚁商联5·25守护宝贝公益活动

资料来源：蚂蚁商联公众号。

（四）抗击新冠肺炎疫情，确保商品供应

新冠肺炎疫情给我国零售行业带来沉重打击，蚂蚁商联逆势而上，各项工作有序开展。疫情伊始，为了给遍布全国的成员企业做好保障与服务，蚂蚁商联迅速启动防控疫情积极预案，打响无声防卫战的第一枪。疫情期间，蚂蚁商联商品中心协助成员企业，针对安全消杀类商品展开资源对接、协助订货、解决物流运输等相关工作，确保成员企业商品供应。与此同时，积极开展防护消杀类自有品牌商品的开发与生产工作，开发出99.9%的桶装杀菌湿巾、75%酒精消毒喷雾、75%免洗消毒凝胶、84消毒液等各类产品，积极降低商品成本，加强质量监督，保障成员企业利益，更通过蚂蚁商联的统一行动，稳定了市场行情，为行业与市场的健康有序发展做出了重要贡献。在疫情防控关键时期，蚂蚁商联旗下成员企业自发为火神山医院每日配送850份盒饭，捐献一次性口罩、医用手套、防护雨衣等物品数百万件，并承诺即使进价及物流价格提高，门店内商品也不涨价或者零利润保供应。

五、展望未来

（一）开发便利店业态，打造收银台场景

由于蚂蚁商联旗下部分成员企业自身拥有便利店业态，因此蚂蚁商联积极开发"蚂蚁便利"项目，专门针对便利店的收银台品类提供自有品牌商品输出，打造便利店收银台自有品牌解决方案。众所周知，便利店企业由于体量小等问题在自有品牌开发上存在天然短板，而依托蚂蚁商联进行联合采购能够降低自有品牌的开发成本，同时蚂蚁商联也能够将业务拓展到便利店领域，形成双赢局面。在蚂蚁商联总部展厅一角，"蚂蚁商联"以实景收银台的形式为便利店内如何进行收银台设置的问题提供了答案。在实景收银台中既包含诸如"我得"泡腾片和软糖、"极货"纸巾和电池等传统收银台应该出现的产品品类，这些自有品牌产品十分契合便利店的收银台场景（见图9-15）。在今后的发展过程中，蚂蚁商联应针对便利店收银台场景建设打造更多、更好的自有品牌产品，扩充便利店收银台位置的产品品类，为蚂蚁商联征服便利店领域做好必要准备。

图 9-15　"蚂蚁便利"效果图

资料来源：蚂蚁商联公众号。

（二）发展线上渠道，携手头部主播

蚂蚁商联线下渠道营销工作如火如荼开展的同时，也应该大力开发线上渠道，紧跟电商直播的潮流。虽然蚂蚁商联已经开始商家直播，但是收效并不明显，并且由于直播频率较低、粉丝数量较少等原因无法起到大规模吸引消费者并达成购买行为的作用。在今后发展过程中，蚂蚁商联如果能够与头部主播进行长期合作，利用头部主播的带货能力以及粉丝数量优势大力推广自有品牌产品，则能盘活线上渠道并进一步提高蚂蚁商联自有品牌的销量。

（三）关注需求变化，紧跟消费趋势

消费趋势是未来消费需求的变化，根本上源于社会发展导致人们生活理念发生变化进而产生的各种新需求。中国的快速发展带来各种消费场景的变化以及经济结构的转型，衍生出差异化的消费观念和消费趋势。

中国幅员辽阔，区域发展的不平衡、城乡差距日益扩大致使许多产品品类在消费升级中也呈现出不平衡的状态。虽然整个零售端供应链扩展与渠道下沉并行，但由于不同城市发展水平不一，品类升级过程也呈现出巨大差异。同样的品类在云贵川等地与在江浙沪等地的需求情况大相径庭，经济相对欠发达地区的产品仍然以满足基本需求为主，主打低价战略，经济相对发达地区的产品向细分场景和高端化逐步演变，采用中高价战略。因此，在未来发展中，蚂蚁商联应充分理解不同区域对于消费升级的所处阶段，并与自身生产经营相结合，有针对性地采取定价策略和营销策略，攻占更多的市场份额。

1. 健康经济

近年来，由于人民生活水平的提升以及疫情的影响，消费者越来越关注健康问题，考虑日常消费如何影响他们的长期健康。消费者不仅关注长寿还关注活得是否健康，愿意通过饮食、生活方式和一些补剂来获得健康的身体，因此绿色食品和保健产品成为新的趋势。蚂蚁商联应该紧跟潮流，树立环保意识，开发绿色产品与保健产品，以满足消费者日益增长的健康需求。

2. 美丽经济

蚂蚁商联的消费主力人群是女性消费者，抓住女性消费者的心就等于抓住了绝大部分消费者的心。美丽经济是女性关注的重点，而美容类产品成为女性消费主流，在未来蚂蚁商联应基于此类需求，开发女性美容类产品。同时，女性为颜值而消费是不可避免的，提升旗下自有品牌产品的外观是蚂蚁商联不断的追求，用产品包装来吸引女性消费者的眼球，进而让其产生购买意愿是提升产品销量的重要途径。

3. 懒人经济

我国家庭结构所带来的消费变化有目共睹，现阶段的我国，生育率低加上区域人口外流速度越来越快，致使家庭人数越来越少，一口之家、两口之家占比越来越多，小家庭诉求日趋重要。小家庭带来了"懒人经济"，智能机器人、自动洗碗机等商品通过科技赋能，更好地满足小家庭的日常生活需求，速冻火锅、自嗨锅、自热饭和方便面、预制菜食品等产品能够满足小家庭足不出户品尝到美食的需求。蚂蚁商联在未来的产品开发中应该重视"懒人经济"，开发出更多方便速食产品以及智能清洁产品以解决小家庭的口味和生活需求。

4. 宠物经济

在中国，尤其是在一线城市，养宠物的人非常多，"85后"到"90后"这部分人群占主体地位。这部分养宠人士超过一半是单身状态，多数是专科及以上学历，消费能力整体偏高，宠物经济大行其道。养宠物以购买主粮为主，这类消费者十分关注主粮的营养成分配料表，希望里面包含天然有机成分，能够对宠物的健康有益。蚂蚁商联应该开展宠物食品的开发与生产工作，为宠物主人提供高性价比的健康产品。另外，宠物生活用品也是主要购买对象，如猫爬架、狗窝等物品，对于这类产品而言，质量是第一位、颜值是第二位，蚂蚁商联在对此类产品进行开发时，既要保障质量，同时也要进行外观创新，可爱、有趣的宠物生活用品一定能够吸引宠物主人的眼球。

在未来的发展中，蚂蚁商联应立足全球零售视野，聚焦新时代消费特质，以自有品牌开发为基础，深耕零售行业的丰富资源，全力挖掘产业链上下游需求，拓宽品类疆土，打造蚂蚁生态的极致商品力，推动国内自有品牌市场向着规模化、规范化的道路稳步前进。

第十章

蚂蚁商联零供关系案例研究

一、蚂蚁商联简介

蚂蚁商业联盟（以下简称蚂蚁商联）由来自中国 6 个省份 12 家商业连锁企业共同组织成立，企业本着"蚂蚁商联、同心共赢"的理念共同组建而成，是一家综合性联盟合作机构，致力于营销运营、联合采购、商品研发、培训咨询等。联盟以同心共赢的价值观，整合优势资源为会员企业提供商品、联采、咨询和培训的服务模式。

（一）服务模式

蚂蚁商联的服务模式可以概括为"4+4+3+2"，即四个服务方向、四个重点项目、三个服务平台和两种合作模式。

（1）四个服务方向。第一，智库服务。会聚全球知名零售专家、教授、合作媒体及成功企业家，形成智囊团队，对企业经营提供指导、定期召集行业会议、组织会员企业参观学习国内外优秀企业、为会员企业提供自有品牌研发信息及商品。第二，营销运营服务。例如，自有品牌单品设计方案、爆款营销方案、全年营销节点促销方案、优秀营销案例资源库等。第三，数据咨询服务。联盟以会员企业共享经营销售数据为基础，提供自有品牌供应链数据、行业市场大数据分析、关联行业市场大数据分析等。第四，会务服务。联盟根据会员企业不同需求，以"自有品牌大会"为主线，组织闭门会议、主论坛和分论坛，为会员企业解决实际问题。

（2）四个重点项目。第一，自有品牌研发中心。整合全球采购基地、代加工工厂、专业设备、物流、仓储等优质资源，打通研发、生产、设计、物流、营销各环节，打造自有品牌供应链，建立自有品牌研发体系。第二，商品及耗材联合采购中心。通过蚂蚁商业联盟进行联合采购，将各个企业需求量大、共性较多的商品打包谈判，不仅可以降低采购成本，而且可以为会员企业带来具有竞争力的商品资源。联合采购并不仅限于商品层面。一些设备、软件、IT 服务等都可以通过联合采购来降低成本。第三，成立联合商学院。整合会员企业资源，为管理人员技能提升提供培训；与全国性大学进行合作，为会员企业提供优秀人才储备。金好来商学院将更名为蚂蚁商学院作为联合商学院基地，首都经济贸易大学教授陈立平教授任院长，开展会员企业员工培训。第四，建立大数据分析体系。以会员企业经营数据为基础，与全球调研机构、咨询公司合作，共同打造行业大数据,为会员企业提供行业数据分析报告及咨询报告。

(3)三个服务平台。第一,联盟实时经营数据分析系统平台。利用蚂蚁(中国)商业联盟数据分析系统平台,打通各会员企业 ERP 系统数据接口,为其经营提供数据支撑。第二,自有品牌 ERP 系统平台。该系统将记录自有品牌及联合采购商品的进销存,更好地进行自有品牌的库存管控。第三,B2B 电商平台。整合源头和研发设计资源,为企业级用户提供更多自有品牌商品的平台化商业模式,实现在线交易和在线客服的互联网电商平台。

(4)两种合作模式。一是联盟会员的加盟,主要针对零售企业。有加盟意向的零售企业通过至少两名董事会成员推荐,并经过加盟资格审查委员会审核认证后,一次性缴纳一年的会费,方可成为联盟会员企业,享受联盟会员服务,并履行联盟会员义务。二是供应商及零售上下游关联企业。认同联盟核心价值观,与联盟发展相吻合的合作企业或生产厂家,经过资格审查委员会审核认证后,签订战略合作协议,成为联盟的合作伙伴。

(二)企业文化

蚂蚁商联的核心价值观为同心共赢;蚂蚁商联的使命为助力企业成员发展、为成员企业提供独有的商品护城河;蚂蚁商联的愿景是成为一流的中国自有品牌标杆企业。

2020 年 3 月,蚂蚁商联《自有品牌文化 18 条》落地执行;2020 年 7 月,蚂蚁商联《联合自有品牌革命宣言》对外发声(见图 10-1)。至此,蚂蚁商联自有品牌文化初成,蚂蚁商联将在自有品牌文化的指导和推动下,为成员企业乃至中国零售业发展做出贡献,为中国的自有品牌发展助力,推动中国自有品牌的全面健康发展。

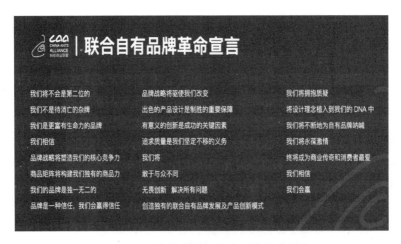

图 10-1 蚂蚁商联联合自有品牌革命宣言

（三）管理团队

蚂蚁商业联盟由最初成员企业派驻制变为职业经理人制，定位于打造国内一流的商业服务团队。近年来商联以公平、公开的原则，广泛吸纳社会各界优秀人才，通过内部深化学习和企业文化驱动，塑造成一支专业化、年轻化、高素质化、敬业感强的服务团队，本科及以上学历占比 90% 以上。蚂蚁商业联盟团队以助力成员企业发展为使命，以责任感为自驱力，深入服务一线，并以不断为成员企业创造价值为追求。

（四）蚂蚁商联成员

截至 2022 年 10 月，蚂蚁商联成员企业已发展到 100 家，区域横跨阿联酋阿布扎比、迪拜和全国 29 个省区市，超过 9000 家门店。

（五）加入蚂蚁商联条件

（1）具有独立法人资格的连锁超市，且认同蚂蚁商业联盟的核心价值观。
（2）年销售额在 2 亿元以上。
（3）由股东会、常务理事会两名（含）以上成员推荐。
（4）须开放共享经营数据。
（5）缴纳 10 万元/年的咨询费。

二、蚂蚁商联主营业务

（一）开发自有品牌

所有的商品都要回归它的本质，蚂蚁商联在自有品牌的开发与建设中，始终坚守让消费者能够买到极具性价比商品的使命。通过打造一类一爆品、单品管理，实现商品引流，利用价格优势形成品牌优势，为企业、组织增值赋能。蚂蚁商联最基本的定位是做好一个平台型的机构，汇聚来自整个供应链网络的资源，最直接的体现就是推出自有品牌商品。截至目前，蚂蚁商联已经开发并上市"我得""极货""饕厨""舒佳宜""惠惠熊"等九个自有品牌（见表 10-1）。

2017 年，蚂蚁商联成立时国内的自有品牌尚处于初级发展阶段，中国零售企业和商超对于自有品牌的概念还不了解，自有品牌只局限于小规模的开发非食

表 10-1　蚂蚁商联旗下自有品牌

品牌名称	经营内容
"我得"	休闲食品、冷冻食品、酒水饮料、休闲零食
"极货"	竹浆纸、家庭清洁用品、拖鞋、极货电池、本色纸、卫浴用品、厨房用品、一次性用品、口腔用品
"饕厨"	方便速食、粮油调味、厨房用品
"舒佳宜"	女性个护
"惠惠熊"	首个全品类品牌，主打高品质、大分量、超实惠的理念，致力于为消费者提供更好的购物体验及生活方式

资料来源：笔者整理。

产品，商品销量在整个零售行业占比仅在 1% 左右。自有品牌整体市场有很大的挖掘潜力，机会巨大，但同时全国范围从业者少、行业推动速度慢、发展前景模糊等不利条件让自有品牌的未来充满了挑战。蚂蚁商联就是在这样一个全新又陌生的领域开启自有品牌的探索。2018 年初，蚂蚁商联开始筹备打造自有品牌的工作，2018 年 5 月左右上市了第一款自有品牌商品——"我得"牛奶，而后商联坚持开发自有品牌整体全品类开发的思路。第一，保持开发的广度，零售商货架上所有应该有的商品都是开发的目标；第二，增强开发的深度，为了满足不同地域、不同消费者习惯以及不同场景使用需求，同一个类别的产品可能需要开发不同规格不同层次的多种商品。

1. "极货"

"极货"，顾名思义追求极致的商品，定义为务实派的生活家，传达了基于生活、理解生活、诠释生活的理念。"极货"的品牌定位为极致性价比，追求优质优价，一方面质量上乘符合消费者预期，另一方面价格低廉，超出消费者价格预期。截至 2020 年 5 月，"极货"覆盖了 782 个单品。"极货"商品采购第一步是在全国范围内招募合适的供应商，根据商品采购量实施单工厂或多工厂采购的措施，如果单品比较小众，采购量较少，商联会选取单一工厂进行采购，如果单品品类多、采购量大或运输成本高，商联可能会在全国范围内招募多家工厂进行采购。为了保证供应商品的质量水平，蚂蚁商联有专门的品控工作团队，结合第三方评估标准对所有供应商定期进行质量评估与反馈。

2. "我得"

"我得"品牌文化为更多的美味选择，从消费者的立场出发，用严谨的态度做天然的产品，严抓食品安全和健康，坚持优中选优，与一线知名工厂携手合作，"我得"希望将少添加零添加的安心优质的健康产品传递给消费者。"我得"

的目标顾客定位在 17～45 岁的女性消费群体。在所有单品中，牛奶、休闲食品和冲调品复购率较高。"我得"牛奶作为蚂蚁商联自有品牌开发的第一个单品，在零售市场表现良好，从上市以来在所有品类中销售额一直排名第一。"我得"食品在开发时所有产品品质均对标市场一线的品牌，同时价格争取和市场二三线品牌持平，优质优价是"我得"产品开发和订购的标准。

"我得"食品在产品开发业务上总体遵循全品类开发的整体思路，具体方向上：一是更趋向于紧跟当下食品的流行趋势，依托大数据分析的结果，除了传统流行的常规休闲食品外，"我得"计划将来把精力集中在轻食、代餐等热门新兴领域的产品开发。二是"我得"目前在已有商品基础之上继续推进不同价格带上的产品开发，在同一品类上挖掘产品开发深度，设计不同价格、不同规格、不同消费群体的产品。同时，"我得"也通过监控和反馈来判断产品是否能取得消费者青睐，在不断推出新产品的同时暂停或淘汰销量不佳的已有单品。未来"我得"食品仍将追随市场流行趋势，保持较快的产品开发速度，将自有品牌产品开发得更全面更细致。"我得"食品在兼顾产品开发的同时也在积极促进双品牌开发这一发展方向，通过和一线品牌促进双品牌联名产品的开发，提高自有品牌的知名度和竞争力。"我得"食品在终端销售时，小品类的休闲食品多鼓励采用组合销售的营销方式，蚂蚁商联针对单件休闲食品客单价低廉的特点，推出组合销售的营销策略，并对成员企业推广成功销售案例，为成员企业提供营销解决方案。

3. "饕厨"

"饕厨"品牌文化是做放心的家庭食材专家。因为"饕厨"在品牌开发时商联已经初具规模，开发经验和开发条件都已经成熟，所以开发模式相比"我得"和"极货"更有逻辑性和计划性，在设计阶段就已经规划了 400 多个单品，覆盖高中低端各个档次，包含餐桌和厨房使用场景下的所有食品都是"饕厨"开发的目标，比如常见的粮、油、面、调味、酱料系列，南北干货、副食品、佐餐系列等。"饕厨"一上市就推出了 168 个单品，涉及大米、食用油、调味、面粉、挂面、干货、杂粮等全线品类。这是蚂蚁商联自有品牌第一次从品牌上市就大规模地覆盖全线品类，也是第一次尝试将产品进行高中低档次区分。截至 2021 年 6 月，"饕厨"一共上新了 255 个单品，"饕厨"保持着每个月上新一个小品类的速度来完善"饕厨"的整个品牌规划。"饕厨"计划用 2 年的时间来完善整个粮油品类的全品类布局。通过企业在前台 POS 数据来看，"饕厨"整个品牌的平均毛利可以达到 36% 以上，食用油的平均毛利可以达到 20%，大米的平均毛利可以达成 25% 以上，其他的品类基本可以达成 40% 以上的毛利率，这大大提升了联盟企业粮油品类的毛利率和毛利额。从 2020 年 10 月上市到 2021 年 5 月底，七个月的时间内，"饕厨"的工厂订货金额近 1 亿元，销售额达 1.5 亿元左右，在全国 26 个省份都有"饕厨"商品在售。明确了商品开发的品类后，"饕厨"在包装设计上尽可能突出食材本身和加工后成品的样式，让消费者拥有更强代入感和场景性。"饕厨"开发的规格和包装形式都以家庭食用习惯来确认，小包装化、家庭使用习惯是"饕厨"开发的准则。"饕厨"品牌定位于全品类的粮油调味副食的产品开发，并且一直在向一线品牌看齐，同时站在商超的角度，"饕厨"使产品定价的毛利高于一线品牌 50% 左右。"饕厨"从顶层到品牌、从品牌到品类、从品类到单品，每一个环节都有自己的逻辑，这样在货架端展示的时候才是一个整体，在品牌端呈现出来时才是一个整体。

（二）提供综合解决方案

2020 年 5 月，在蚂蚁商联内部会议上，启动了代号"蚁店"的项目。"蚁店"是以品牌化为核心，以 52 周 MD 为基础，集自有品牌的"商品开发、品牌推广、选品陈列、助销表演、生活提案、销售促进、知识培训"为一体的综合解决方案。2020 年 6 月，"蚁店"开始在金好来超市、濮阳绿城超市落地测试，经过四个月的打磨、完善与迭代，于 2020 年 10 月在第四届全国自有品牌大会暨蚂蚁商业联盟年会上全新亮相，引起众多成员企业、与会的相关行业人士的瞩目。如今，众多成员企业以"蚁店"为标杆，纷纷开始以品牌推广、陈列助销表演、52 周 MD 计划落地执行为核心的体系化的自有品牌经营，为提升商品力、构筑护城河打下坚实基础。蚂蚁商联还为成员企业提供包括零售的经营技术、经营理念以及经营能力等资源，并整合成一整套综合解决方案，通过培训帮助成员企业成长。例如，在节日、消费节点等，商联会对成员企业进行营销推广培训，将活动形式、活动内容营销方式传达给成员企业。

以"极货"为例，"极货"在门店端，除了常规的陈列商品外，还会对产品进行"溯源"展示，以纸品为例，"极货"商品货架上会展示纸品多工厂布局一览图，将货架上的商品来源呈现给消费者。商联还会给零售商进行定期的营销培训，在商品终端"极货"为产品销售制定"一揽子"的营销方案，包括：怎么让顾客参与当场试用产品，通过体验感的提升扩大产品知名度和获得消费者的信任；对商品的陈列和促销活动给出建议；销售营销话术建议；每类产品在对应货架放置视频机来展示品牌产品的性能和特点等。"极货"将自有品牌的优势通过定期对成员企业的培训传达到销售终端，由终端的零售商应用传达给消费者。

除了给零售商提供高质低价的产品之外，蚂蚁商联在营销业务上也帮助商超或零售企业实现赋能。商联和成员企业在合作过程中，商联项目小组大量巡店，与门店进行交流，了解此区域消费者的消费需求和习惯，并结合数据分析深入了解成员企业之后，商联针对不同零售商的实际情况，一方面对商超自有品牌的选品给出建议并提供销售培训，另一方面拓展自有品牌产品开发以满足成员企业特殊需求。产品上市之后，商联会对成员企业销售自有品牌产品做相应的数据分析和汇总，识别每个品类的卖点，把合适的销售方式和推广计划形成营销计划书传达给零售商，如三句话说清楚产品核心卖点和优势、产品陈列建议等。项目小组在产品销售一段时间之后，继续负责把控自有品牌产品后续的开发以及销售情况，不断提供关于产品销售的帮助和培训，结合实时数据控制自有品牌商品的供给，给企业提供最适合、销售效果最好的自有品牌产品。

（三）全球联合采购

受疫情影响，所有的原材料都在上涨，生产商如此，零售商也是如此，为了解决这个问题，蚂蚁商联依然站在生态的角度进行思考，和原始供应商的牛排工厂达成合作。不仅从牛排工厂采购牛排，同时和牛排工厂一起组单，去原产地采购牛肉，以帮助牛排工厂实现原料的稳定和价格的优化。这样一来不仅可以解决牛排工厂的原料问题，蚂蚁商联成员企业的牛肉采购问题也得到了解决。

类似的例子还有很多，蚂蚁商联的成员企业都是成长型的企业，成长型的企业一定会涉及开店，开店就会涉及耗材、设备等资源，蚂蚁商联专门把这一类需求组织起来，由商联来进行联合谈判，联合采购，帮助成员企业降低经营成本。这只是蚂蚁生态最初级的赋能，在未来蚂蚁商联的品牌矩阵将进一步升级，蚂尔科系统将进一步完善，蚂力大数据也会最直接地呈现数据报表，进而在商品、数据、财税、人力等不同维度赋能蚂蚁生态。

三、支持机构

（一）蚂蚁商学院

蚂蚁商学院的使命为提升零售企业商品力，愿景是成为最懂商品经营的专业性平台。蚂蚁商学院的四大核心业务分别为：讲师成长体系、课程研发体系、向蚂蚁商联学经验系列课程、零售技能培训体系。

2020 年，蚂蚁商学院坚持并秉承"为商品发声，让经营落地"的核心宗旨，共计开办培训 21 场，其中商品大课及复盘共计开设 11 场，涉及健康防护、纸品湿巾、啤酒、白酒、乳制品、休闲食品、粮油等多个品类。每场大课平均参与观看人数达到 3000 余人。除此之外，还围绕商品进行延伸扩展培训：社群营销、直播带货、数据分析、52 周 MD 培训等课程开展得如火如荼。"抓落地效果，抓培训后的执行"是商学院的核心诉求，2020 年通过落地评优，有效奖励机制共计奖励优秀门店 41 家，切实帮助成员企业提升商品经营能力。

（二）蚂力大数据

不管是自有品牌的开发还是经营技术的整合都离不开宝贵的数据资源，商联做到了将成员企业数据进行全面打通。经营数据，是自有品牌开发幕后最可靠的支撑。经营数据分析帮助商联判断产品目标人群，预测未来销售情况、品类差异对销售影响情况等，是产品开发方向和规格的主要依据。为了促进成员企业之间的信息共享，推动中小型零售企业的共同发展，蚂蚁商业联盟要求加入的成员企业要打通自己的销售数据，这样对所有企业的数据进行综合分析，可以更精准地捕捉到消费者的需求，开发出更加满足消费者需求的产品。2018 年 6 月，蚂力大数据线上平台正式发布，这为成员企业自身定位与全国对比搭建了可视化平台。2019 年 2 月报表中心投入使用，标志着蚂力大数据"内外兼备"体系的搭建完成，同时也意味着自有品牌进入以数据为导向的开发时代。在随后的数据优化与硬件升级中，数据平台将继续以会员企业经营数据为基础，与全球调研机构、咨询公司合作，共同打造行业大数据，为会员企业提供行业数据分析及咨询报告。在分析报告中加入了二八法则、帕累托等多维度多模型化的分析方法，向数据指导业务更进了一步。蚂力大数据坚持并秉承"往前站，用数据说话，为成员企业赋能"的理念，为产品服务经理提供选品数据支持，极大提高了商联内部数据支持速度，为成员企业创造价值。

（1）定位：确定品类后通过对联盟企业数据的分析，确定开发产品的单品数、口味、规格、价格、价格带、品牌阻力、对标品、市场份额。

（2）追踪：产品上市销售，对销售情况进行追踪，及时进行补货。

（3）联动：通过小程序排名及销售追踪，确定优势企业，进行经验复制，实现共同销售。

（4）洞察：通过对数据的整理分析，洞察产品趋势、营销变化开发方向，做到有数据支撑的品类开放。

四、蚂蚁商联的特色与优势

（一）资源整合

单打独斗的时代已经过去，如今必须有效整合资源。实体零售自 2012 年达到最好临界点后，面临巨大的下行压力，无论从时间上还是空间上，都促使企业必须转型升级。在转型升级中，企业将会面临不同的问题，尤其是中小零售企业资源有限，比如管理资源、商品资源等，而这样的组织恰恰可以把各个企业的资源和优势整合到一起，特别是在商品联采上，包括自有品牌的开发。例如，一个企业想自己开发自有品牌，起订量、设计成本、议价能力等是不占优势的，大家整合到一起，规模优势便显现出来。从采购层面讲，蚂蚁商联不仅是国内的联采和自有品牌的开发，其还会变成一个整合全球零售商、供应链资源的一个平台。另外，还有学习资源的整合，所有成员实现知识共享，形成良好的共享机制，有利于促进联盟的整体发展。

（二）紧密型联盟组织

蚂蚁商联近期通过几场培训选出了人力资源委员会、业务委员会、企划委员会、营运委员会，这四个委员会奠定了蚂蚁商联下一步如何发展的基础，加上之前 12 家成员企业各自派驻一名骨干组成分工明确的常设机构，共同推进蚂蚁商联各项工作。蚂蚁商联有别于其他联盟之处在于，它是一个紧密型组织，并有四大专业委员会，是一个包含常设机构、研发团队，公司化运作的非营利组织。

（三）颠覆厂商代理商制

很多给大企业、大品牌代工的小厂家，自己想要打市场是很难的。有了这样的组织，随着采购量的增大，通过供应链整合，完全可以实现一个工厂为组织配套加工。蚂蚁商联颠覆厂家原来投入大量营销费用、人员费用以及代理商切割费用等，靠自己做市场的代理商制。未来，按照蚂蚁商联的模式，可以直接建立与厂家的合作，无论是联采还是自有品牌的 OEM，通过一些品类甚至某些单品的大量集采与厂家直接对接，将会给厂商目前的这种代理商模式，特别是中小生产企业厂商带来一种经营模式上的改变。

（四）请进来、走出去

为了让商联与成员企业之间的互动交流更加紧密高效，同时也让外部零售企业和合作伙伴更加全面地了解蚂蚁商联，商联秉承同心共赢的核心价值观，保持开放共享的合作态度，自 2020 年 4 月开始，开放"走进蚂蚁商联"活动，组织商联内外部零售商、品牌商、生产商、服务商走进蚂蚁商联，共享行业信息，分享经营案例，为企业赋能，为行业发展助力。

同时，为了更好地了解成员企业的经营情况，更有针对性地协助成员企业解决自有品牌经营中的实际问题，商联践行"走出去、到一线去"的工作方针，组成了由吴金宏董事长亲自带队、产品总监和服务经理全员参加、业务中台和营销中台部分同事参加的巡店小组，到成员企业进行实地巡店，为成员企业解决经营问题，提供自有品牌体系化经营的解决方案和支持。

（五）蚂蚁生态

蚂蚁生态是蚂蚁商联另一项重要的业务模式，董事长吴金宏表示，当前零供关系的发展应该是手拉手，站在生态的角度上进行"生态融合"。未来的竞争不再是公司与公司之间的竞争，而是生态与生态的竞争。未来的竞争不是你死我活，是共同发展。未来的竞争不是无休止地攫取，而是维护一个更健康的生态。在建立并维护生态的过程中，零售商应该负起责任，在这一思想引导下，蚂蚁生态应运而生。蚂蚁生态就是进行企业级"衣食住行"需求解决方案的生态链，让在这一链条下的所有成员共同发展，在人力、生产、办公、信息、服务、共创共建等不同板块进行深度赋能。打造一个健康的生态链，能够让在蚂蚁生态链里所有的环节者都受益，给他们带来价值，这才是蚂蚁商联的力量，才能实现蚂蚁商联同心共赢的价值观。

（六）积极履行社会责任

1. 支持湖北，助力武汉

面对疫情，蚂蚁商联及成员企业众志成城，共克时艰，勇担社会责任，积极保障市场基本供求的稳定，保证消费者最基本的消费需求。蚂蚁商联董事长吴金宏在除夕当天，驱车 800 余千米安排应急物资，向成员企业武汉中商和黄冈黄商各捐赠 1000 箱消毒液；向黄冈地区医院以及武汉地区中国人民解放军中部战区总医院各捐赠 5 吨消毒液。要求全员 24 小时待命，全力以赴地为成员企业解决问题、提供帮助，实现了众多紧缺物资的资源对接，协助成员企业对接有关工厂资源 22 家、相关防疫专用商品 7 种、民生商品 168 个单品，协调解决物流运输

32 车次、协助订货金额 916.08 万元，其中自有品牌商品占比达到 15.8%。随着疫情的不断升级，各种防疫抗疫物资越发紧缺，消杀用品频频告急，为保障和满足成员企业自用以及消费者的基本需求，蚂蚁商联快速响应，紧急成立"应急开发小组"，启动了"极货消杀系列"专案项目，仅仅用了 21 天，就实现了 84 消毒液、75 度酒精湿巾、口罩、香皂、洗衣液、酒精喷雾、免洗凝胶七个系列，共计 18 款单品的开发，完成了平日不可想象的开发任务，为成员企业和消费者最基本的安全保障争取了时间。

除了捐赠物资、开发产品，蚂蚁商联还发起支援湖北的行动，优先与湖北企业合作，联合采购湖北黄冈的大米，在首航超市进行义卖活动。在资源方面，蚂蚁商联为湖北籍的成员企业捐赠消毒液，如中商、黄商，也为当地的一些医院捐赠物资，还会帮助农民解决菜品滞销、物流问题。在疫情期间，蚂蚁商联临时对零售同行开放，为非成员企业提供防疫商品。此外，为了保护好员工和顾客的安全，蚂蚁商联第一时间组织了相关的培训内容支持成员企业进行全员培训，并面向成员企业编辑发布防疫专题知识进行测试。通过培训和测试，来强化成员企业的安全工作。

2. 河南赈灾

2021 年 7 月，河南等地持续遭遇有史以来最强降雨，郑州、巩义等城市发生内涝灾害，部分河流出现超警戒水位，个别水库溃坝、铁路停运、航班取消，人民生命财产遭受重大损失，防汛赈灾形势严峻。蚂蚁商联董事长吴金宏带领商联团队第一时间奔赴抗汛一线，各成员企业纷纷主动发声，希望通过聚合力量帮助受灾地区。蚂蚁商联开启了通往河南灾区的物资捐赠专项物流通道。蚂蚁商联团队全体员工 24 小时待命，全力调动一切资源，为受灾地区提供民生物资保障，并向受灾地区的零售同行公告：如果您承诺遵守"不发国难财、合理定价，为顾客服务，为社会服务"的原则，我们愿意开放商联所有资源，共同履行民生物资保供责任。倡议成员企业之间、成员企业与合作伙伴之间、成员企业与外部零售企业之间，尽快合理调配资源，优先把部分民生物资调配给灾区企业。

3. 回家的希望——宝贝守护计划

蚂蚁商业联盟联合中华儿慈会回家的希望项目，共同发起了"回家的希望——宝贝守护计划"公益活动。蚂蚁商联指定百余种深受消费者喜欢的、销售量大的自有品牌商品作为公益载体，发布失踪儿童信息，让更多的消费者能够参与到公益中来。同时，每卖出一件指定的公益商品，商联将捐出 1 分钱支持"回家的希望——宝贝守护计划"。不仅如此，蚂蚁商联线下 6500 余家门店，将作为"宝贝守护计划的信息登记和联络点"，为需要帮助的人们提供线索登记、联络、帮助和帮扶。

五、蚂蚁商联的供应链

（一）发展现状

1. 发挥联合采购优势

作为零售业核心的区块，供应链决定着一个超市的上游命脉，也是核心收入来源。目前，蚂蚁商联实行联合采购，这大大增加了采购规模，能够提升联盟企业的谈判能力，使企业成员在商品价格、促销资源方面具有绝对性的优势。同时，蚂蚁联盟以顾客为中心，改善商品结构，持续提高商品力，在选购商品的同时考虑三个要素：品质好、货源稳、成本低，其中品质好摆在第一位。不以降低品质来获取低成本，而应该通过去掉代办等中间环节、找到好果园省去洗果选果环节、自备周转筐装果、联采加大采购量增加议价能力等来降低成本。

第一，在联合采购生鲜产品方面。例如，2020 年 11 月 11 日蚂蚁商联寻味小分队来到重庆周义豆干厂进行了访厂。2020 年 12 月 26 日，蚂蚁商联第一分部理事长单位黄商集团张卫军总经理，携手成员企业贺州泰兴超市生鲜加工事业部副总经理刘总、采购总监李总一行，组织启动了第一分部"广西贺州砂糖橘基地联合采购"活动，此次联采首秀得到成员企业的认可，也希望把"成员企业所在地特色农副产品的联采模式"逐步推广到蚂蚁商联各个成员企业中。真正实现"菜采田头、瓜采地头、果采山头、鱼采水头、货采源头"的良好愿望，提升各个成员企业的供应链核心竞争力。蚂蚁商联董事长吴金宏亲自带队，不远万里来到新疆图木舒克考察红枣生产基地，为联盟企业获取了更优质的生鲜产品资源。12 月 27 日，新疆灰枣联合采购合作计划尘埃落定，新疆灰枣负责人来到郑州蚂蚁商联总部与商联采购部商讨合作细节，并与蚂蚁商联签订合作协议。

第二，在联合采购油粮方面。蚂蚁商联选择恒大粮油集团作为其油粮方面的供应商，是因为恒大粮油集团致力于打造全球中高端食品综合供应平台，成立至今始终坚持为广大消费者甄选世界优质美食，提供放心健康的饮食产品，并结合线上自建大型食品综合购物平台——恒大优选商城，及线下强大经销商渠道体系，且不断开拓新渠道，将众多优质健康食品输送至广大消费者的餐桌。值得一提的是，恒大粮油还针对蚂蚁商业联盟成员企业量身定制了联采产品，如恒粮仓东北珍珠米、恒粮仓优选长粒香等，以及与蚂蚁商业联盟合力打造的自有品牌

"饕厨"系列产品，如"饕厨"优选丝苗米、"饕厨"苏北大米等。

2. 打造柔性供应链模式

所谓柔性是指供应链对于需求变化的敏捷性，或者叫作对于需求变化的适应能力。需求的变化也可以称之为不确定性或者风险，这是供应链上的各个环节都客观存在的一种现象，企业与企业之间或者企业与最终消费者之间。需求的不确定性程度提高会导致供应链管理难度和成本加大。通过实现柔性供应链，做好共创共建共享，推动供应链上下游整合和共享成为重中之重。

如今，供应链已经成为零售和制造业的胜负手，数字化则是打造极致供应链的必然趋势。蚂蚁商联为满足成员企业实现数字化转型的需求，拉动整个产业的上游和配套服务的服务商之间的数字化进程，于 2020 年开始构建蚂尔科系统，蚂尔科系统是连接上游工厂、中间物流服务以及下游零售商的供应链平台。

起初，蚂蚁商联想要构建一个产业数字化平台，包括蚂蚁商联数字中台、业务中台、AI 中台。在这个基础上，再去搭建 S2B2C 的平台，连接供应链、供应商、物流商，以及采购数字化系统，可能还有 B2B 的商城、B2C 的商城。这就是蚂蚁商联蚂尔科系统，或者说是蚂蚁商联数字化的框架图。

蚂尔科系统构建了四个平台：全应用链协同平台、供应商管理平台、全域营销方案平台、数据分析和共享平台，从而打造出一个精准对接和高效敏捷的数字化采购系统，并打通了与上下游相关企业的数据，这为蚂蚁商联的成员企业提供了高效的服务。当成员企业有商品采购需求的时候，在蚂尔科系统里可以看到工厂在原材料、货源等方面的情况，可以减少沟通的时间成本，提高效率和库存周转率，进而提升整个供应链生态的运转流畅度。同时，蚂尔科系统还能服务于蚂蚁商联的上游生产厂商和物流供应商、服务商，服务于整个零售生态。

现阶段，蚂蚁商联仍在帮助上游供应商实现数字化转型，计划开发并为供应商企业提供小型化 ERP。此外，还在进行信用中台、数据中台两大中台体系的搭建，在品控层面建立信用分级，筛选更加合适的供应商企业，通过"规模+信用"实现全链条的完整配合。

（二）存在问题

1. 缺乏供应链资源

就目前情况而言，蚂蚁商联企业存在缺乏上游供应商资源等问题，希望寻找优质的、具有地域特色的合作伙伴。在蚂蚁商联的成员企业中，约 20%的企业存在供应链资源不足问题，约 80%的企业存在不同程度的资源短缺问题。另外，在供应商方面，对于市场的需求不够敏感，并不能随着消费者的变化及时做出调整。为解决零供双方资源信息不对称的现状，一方面满足自有品牌的采购需求，商联企业应加强多渠道获取商品资源的采购能力，积极与供应商建立战略合作关系，通过完善采购成本管理，达到从源头控制成本的目的，也可以获取最优采购成本。另一方面，提高供应端的稳定性，诸如面对新冠肺炎疫情等突发事件时，保证商品货源的稳定供应。

2. 缺乏掌握供应链的能力

疫情引发部分物资需求大幅增加，对正常的供应能力形成冲击，促使企业逐渐重视对企业供应链的维护以应对商业环境变化。在蚂蚁商联的成员企业中，约有40%的企业表示自身的供应链掌控能力一般；约10%的企业表示自身完全不具备供应链的掌控能力。为避免此类问题，企业需要引入现代供应链运营技术以加强企业对供应链的掌控能力，促进供应链持续发展，从供应链发展的角度对待供应链弹性管理。相对于过去的供应链，信息技术背景下的供应链更加具备了网络化、动态化、虚拟化的特点。

(三) 发展趋势

1. 打通零售企业上下游

近年来，零售行业发展日新月异，消费生态体系不断完备。越来越多的零售企业开始关注经济发展和疫情影响带来的行业变化，以消费者需求来迭代内部组织和人员结构，但回归本质，零售的基础逻辑是商品，发展逻辑是以商品为中心衍生出的一系列生产、流通、消费、管理、服务过程。

蚂蚁商业联盟理事长、董事长吴金宏说，企业应通过聚焦商品，分析商品未来趋势走向，定位商品发展战略，提升商品服务认知，为供应商和零售商展现可视化的商品知识图谱，用权威、及时、可靠的信息服务蚂蚁商业联盟的合作伙伴。同时，蚂蚁商业联盟也在不断扩大联盟成员队伍和更多的"自有品牌"影响力，正在联合更多上下游企业，做好其中的关键一环，实现实体零售业的价值体现。

2. 对标行业标杆

蚂蚁商联未来构建的供应链，与小米的供应链构成大致相仿。比如拉动式生产、扁平化渠道，蚂蚁商联有工厂直接服务成员企业；比如轻资产模式、柔性供应链和柔性生产等。蚂蚁商联和小米的供应链，仅差一个前面的 C2B，随着全球联合采购的推动，未来蚂蚁商联有可能达成 B2B2C 的模型，进而能够形成 C2B 的循环。

六、蚂蚁商联的零供关系

（一）零和竞争关系依然存在

目前，蚂蚁商联着力打造自有品牌，虽然已经步入了快车道，但其零供关系依然存在不能忽视的痛点和难点。首先，受限于企业的研发生产能力、消费者的认知度等问题，"贴牌生产"仍然较为盛行，虽然贴牌生产使零供双方的利益互相捆绑，但经常由于疏于与贴牌企业的管理，导致贴牌产品质量不过关，不重视商品力的贴牌生产模式无疑会消耗首批愿意"尝鲜"消费者的信任，进而会影响联盟企业的企业形象，衍生出零供双方的矛盾，表现出这种关系的脆弱性。其次，蚂蚁商联面临供、需、售三端在激烈的竞争下资源错配的行业现状，这主要表现在，在残酷的价格战和日渐走低的利润率下，小型供应商和生产企业苦于找不到平台去展示和销售自己的产品，使零售业总体回报偏低。

（二）合作共赢关系深得人心

零供双方从过去的零和竞争正逐步转变到共赢的合作。比如蚂蚁商联的蚂蚁生态是依托零售产业链条打造的企业级"衣食住行"需求解决方案的生态链，以资源共享、生产共享、服务共享等六大模块体系为基础，为中国零售行业的发展创造更好的生态环境，让身处其中的每个成员共存共荣，协同发展。同时，蚂蚁商联的零供关系也在关键时期发挥了重要作用，体现了其与供应商之间高效的协作互助关系。例如，疫情期间，蚂蚁商联非食团队在周小波的带领下，用18天的时间研发了21款消杀单品，短时间内对接了95家生产工厂，最终与8家工厂确定合作，这类消杀产品解了不少成员企业的燃眉之急。

在一些影响力较大的项目领域上，商联正逐步追求与国内一流工厂寻求战略性合作。无论是从产品的选品到开发再后端的服务，都从供应商和商联双方高层达成战略合作，实现供应商对商联产品100%完全定制，从设计到产品到未来的市场定位全面实现质量和战略性的合作。例如，"我得"休闲食品与恒大冰泉双品牌联名项目、极货与三枪进行战略合作等。

1. 恒大农牧携手蚂蚁商联拥抱零供新模式

恒大农牧集团品牌中心总经理郑君，就恒大农牧与蚂蚁商联现阶段合作模式及未来零供新关系即实惠让利消费者、降低沟通成本、搭建食品追溯体系、形成一体化生态系统、深度参与合作五大体系进行深入介绍。恒大农牧与蚂蚁商联合作开发的"饕厨"粮油单品、"我得"联名瓶装饮用水，都成为双方合作共赢的成果。

2. 创迹软件联姻蚂蚁商联打造钻石型组织

创迹软件有限公司集团事业总经理李萌围绕全球零售市场、供应链数字化变革以及大数据方面，对国内生产商、零售商模式进行了全方位解读。李萌指出，未来的零供协作不再是单点接触，而是钻石型组织或者是镜像团队协作的模式，双方将从战略到执行层面充分融合与绑定。

3. 双枪集团牵手蚂蚁商联铸造商品护城河

双枪集团以筷子、砧板、勺铲为核心产品，采取多元化生产战略，采用全品类产品开发、全产业链经营、全渠道销售、重资产运营等模式构建行业壁垒。以品牌扩展、专利布局、资本优势深耕产业布局。以真诚守信、追求品质塑造企业核心价值观，用人与管理理念齐头并进，成为零售行业领跑者。双枪集团商超事业部总经理王雨森以用户体验为核心，剖析消费者日常生活痛点，以携手极货品牌为实例，为消费者提供价廉物美的生活解决方案、为零售商提供提升产品竞争力的解决方案。王雨森表示，牵手蚂蚁商联，对生产商和零售商来说，都不会被吞噬掉现有份额，而是在现在的份额上去做增量。与蚂蚁商联合作，积极拥抱零售商，将使双方在合作中获得双赢。

七、以蓝亨啤酒厂为例

（一）蓝亨啤酒公司简介

河北蓝亨啤酒有限公司（以下简称蓝亨），位于河北省迁安市杨店子镇首钢工业园区，占地204.38亩。拥有现代化厂房及附属用房13万平方米，工程总投资8亿元。设计能力年产啤酒30万吨。于2007年7月开始建设，2008年12月竣工，2009年3月投产至今。据了解，蓝亨啤酒拥有德国KHS先进生产线，每小时可产罐装纯生啤酒3.6万罐，产量相当可观。据资料显示，蓝亨啤酒目前是迁安市非钢产业重点项目，被政府确定为科学发展示范企业。工厂地处环渤海经济圈腹地，有着基础经济雄厚、地理位置优越、文化底蕴丰富、交通运输方便、发展前景广阔的突出优势。目前，蓝亨啤酒主要以纯粮食酿造为主，主营产品为精酿啤酒、原浆啤酒、低醇啤酒、无醇啤酒及果味啤酒。品牌以"佰斯德利"

为主打的精酿系列啤酒，主要供应啤酒招商、啤酒厂家、啤酒代理、佰斯德利啤酒。

在蓝亨刚开始起步阶段，创始人吴连瑞先生想要做高质量的啤酒产品，所以选择了精酿啤酒，但是当时对于精酿啤酒宣传还是很少，人们对此没有什么概念，加上价格稍贵，所以相比于其他酒厂没有竞争优势，导致销量不高。后来，蓝亨啤酒发展了一条属于自己的道路。考虑到经销商市场被大型酒厂占据，而小型酒厂由于资质不健全只能选择以价格冲量，在这样的市场环境下，蓝亨啤酒选择为超市服务，主要分为厂牌直供和贴牌。蓝亨这样做的优势有两个方面：一是蓝亨之前有做连锁超市的经历，所以对于超市的运作以及需求等方面都很了解；二是蓝亨具有完整的易拉罐生产线并且具有专业的技术人员，这样的资源是很多工厂不具备的。

目前，蓝亨的渠道有超市直供、自有品牌代工、流通餐饮及出口业务。承接全国各大商超的自有品牌定制，与全国200多家商超有合作，主要合作对象有蚂蚁商联、深圳天虹、贵州合力等。在自有品牌方面，蓝亨啤酒已经和许多企业达成合作，如国企北大荒、上市公司深圳天虹以及北京华冠、武商量贩等。

（二）蓝亨啤酒与下游企业合作机制

蓝亨啤酒在寻找自有品牌下游企业时具有自己的标准，因为品牌开发的包材成本高，且具有一定的风险，所以蓝亨会与掌握企业实权的人进行沟通。此外，蓝亨对下游企业的销售额也会有要求，由于小企业做自有品牌成功性较低，所以蓝亨会倾向于选择与大企业合作，并且要求合作企业要有自己的专业开发团队、有自有品牌开发经验，蓝亨认为这样在对接合作过程中默契度会更高。

选择合作以后，蓝亨在产品开发之前会在企业所在地进行调研，根据当地消费者的偏好选择出适合当地的啤酒类型，比如当地消费者是喜欢口感偏淡的，还是口感偏重的单品。由于蚂蚁商联的市场是面向全国，在这样的情况下蓝亨会去调研所有的卖场并且查看销售数据，了解哪支单品受欢迎，然后根据当地需求去开发一支新的单品来满足消费者。

在确定好品类以后，合作企业只需要提供品牌的Logo，还有他们的设计需求，其他工作无需投入过多精力，蓝亨会包揽所有事情。蓝亨有自己的产品研发团队以及设计师、团队营销企划。蓝亨在做销售的同时也在做服务，可以说是"保姆式服务"。

蓝亨啤酒有限公司总经理吴晓峰始终坚信，自有品牌发展空间和发展潜力巨大，因此一直坚持自有品牌开发业务。其表示提供自有品牌开发服务的初衷是因为很多企业并不懂得啤酒单品应该怎么做，不懂得在前期如何宣传进入市场。所以即便产品符合大众市场需求，也可能由于宣传等原因导致失败。由于啤酒具有很强的品牌性，因此对于消费者而言，购买品牌啤酒和非品牌啤酒的心理会有很大区别，在上市前期不进行产品宣传很难产生较大的销量，因此啤酒这一单品需要进行推广。所以蓝亨在与其他企业合作过程中会提供相应的配套服务，比如在超市的屏幕滚动播放产品小视频、指导新产品如何进行堆头陈列、设计价格标签等。此外，在产品开发初期，蓝亨会建议合作企业去通过爆款产品走量引流，在具有一定的客户基础后再去开发利润款产品。

（三）蓝亨啤酒与蚂蚁商联的合作模式

吴晓峰表示，蓝亨之所以选择与蚂蚁商联合作，一个重要的原因是蚂蚁商联具有独特的资源体系，这样可以减轻蓝亨所面临的包材压力，形成良性循环。此外，由于蚂蚁商联对蓝亨给予了充分的信任，使蓝亨愿意与蚂蚁商联承担风险，共同前进。

1. 团队式发展

蚂蚁商联成立以来，开发的第一个品类是牛奶，第二个则是蓝亨与蚂蚁商联合作的"我得"啤酒。起初，双方只开发了黄啤和白啤，随着市场的需求，品类也越来越全，目前有清爽、精酿、原浆，还有无醇一系列的产品。吴晓峰认为，蓝亨与蚂蚁商联并不是简单的合作关系，而是一个团队、一个整体，商联的所有活动方案都是双方一起商定的，比如每个月的蚂蚁商联会议，在设计营销方案和促销活动时，都是双方一起，并且他们已经成功举办过大型啤酒节活动，还有各种小型活动。

蓝亨认为与蚂蚁商联的合作和与其他企业合作最大的不同之处是与蚂蚁商联更像一个团队，蓝亨更多的是在向蚂蚁商联学习，同时蚂蚁商联很信任蓝亨啤酒，给予蓝亨很多自主权利。在遇到问题时，双方能够及时进行沟通。在刚开始合作的时候，存在销售量困难的问题，当时蓝亨负责人觉得找不到方向，蚂蚁商联董事长吴金宏便与他开会沟通，提出建议和方向。另外吴金宏也很支持蓝亨的工作，当蓝亨想进行活动策划时，蚂蚁商联会给予充分的资源和培训支持。另外，蚂蚁商联在做自有品牌的开发中会告诉企业成员怎么去卖产品，而其他企业还认为开发出的自有品牌产品是蓝亨的品牌，因此在这种条件下就很难达成合作。此时企业缺乏认知，不了解是在做自身的品牌还是别人的品牌，不去主打推广产品而是处于被动的状态。实际上，企业应该更多考虑自有品牌怎么打、产品怎么卖、市场怎么推广，而不是用老思维从供应商那里攫取利润。

2. 沟通机制

蚂蚁商联的成员企业众多，蚂蚁商联会委派品牌经理或产品经理与蓝亨沟通。蓝亨的所有方案都是跟产品经理交流，然后去协同他们制定方案，在制定好方案后，产品经理负责去各个企业进行宣讲。在进到一个企业后，他们首先会联系该企业的采购总监，然后把所有人集合在会议室里，针对产品相关知识以及产品活动进行宣讲。在宣讲结束后，还会对相应门店的店长以及食品科长进行宣讲，这样一层一层地往下传递。蓝亨的负责人与蚂蚁商联的产品经理每个月会进行巡店活动，检查门店的堆头陈列、活动进展情况等，形成巡店报告进行调整反馈。

相比其他企业，蚂蚁商联的活动方案和新想法都会更多，落地也会更快。比如与蓝亨合作的上市公司，就存在由于审批流程过长，容易错失最佳销售时机的问题。此外很多上市公司的管理模式僵化，导致方案出来以后无法快速落地，企业没办法按照要求去执行。而蚂蚁商联就比较灵活，只要蓝亨提供方案，然后与相应的企业去沟通，基本上都能落地并很快执行。

（四）小结

通过分析，我们将蓝亨啤酒与蚂蚁商联的合作特点概括为相互信任、团队氛围融洽、执行力高三点。

（1）相互信任。在蚂蚁商联刚起步时，很多工厂并不愿意与其合作，包材压力很大，存在很大的亏损风险。在这时，蓝亨愿意与商联合作，一起经历困难，一起成长。如今双方已经达成了很高的默契，双方更像是一个团队，整体配合度很高，能很轻易地明白对方的想法，节省了很多沟通成本，提升了工作效率。在很多情况下蚂蚁商联并未提出要求，但是蓝亨也会主动去做一些有益于自有品牌产品开发的工作，而且会拿出一定的费用来支持这个品牌。比如在宜昌"我得"系列精酿的全体营销活动中，费用应该由当地的企业去承担，但是蓝亨检查后发现效果并不理想，于是蓝亨决定自己出经费改善活动现场。可见蓝亨是在将"我得"自有品牌当作自己的品牌去进行培养。在开发新品时，蓝亨也不需要跟商联申请，能够实现想做多少就做多少，想开发什么样的产品就开发什么样的产品。蚂蚁商联也会无条件支持，当蚂蚁商联提出工作任务时，也会主动询问该如何配合蓝亨，出现问题时双方能够及时沟通，具有高度的默契。

（2）团队氛围融洽。蚂蚁商联的团队氛围感染了蓝亨，在蓝亨遇到问题时，蚂蚁商联董事长会及时指明方向并给予鼓励，双方还会经常进行会议交流。蓝亨的负责人时常能够从交流中受到激励，迅速从低迷的状态中走出来。此外，蚂蚁商联董事长能够主动联系蓝亨负责人，讨论销售任务。尽管压力很大，但蓝亨依然愿意去配合完成任务。在与蚂蚁商联合作的过程中，大家都在为同一件事忙碌，每天沟通很多细节，沟通之后马上落地，遇到阻碍直接联系领导沟通，直到方案落地。

（3）执行力高。蓝亨与蚂蚁商联的默契度很高，很多事情不需要过分地商榷就可以按照对方的意愿去执行。另外由于蚂蚁商联的系统结构特殊，从方案萌芽到落地很快就可以实现，这样省去了很多中间环节，这是许多企业所不具备的。在合作的过程中，蓝亨与蚂蚁商联实现了双向赋能，蚂蚁商联教会了蓝亨如何用数据分析产品市场、用数据看趋势。蚂蚁商联能够将成员企业所有的数据调出来，分析哪种单品在哪个区域卖得好，分析地区的偏好需求，为蓝亨开发自有品牌新产品提供参考和借鉴。

八、发展建议

随着消费者对需求的概念不断发生变化，零售的市场结构也随之发生深度改变。谁的场景更打动人、服务更好、体验更便捷、产品更实惠，谁就能笼络消费者的心。因此，无论是零售商还是供应商，都应该去思考如何生产并销售满足消费者需求的产品，如何通过重构零供关系来实现合作共赢。通过蚂蚁商联的案例以及蓝亨啤酒的案例，本部分提出了以下三点发展建议：

（一）建立信任生态体系

供应商与企业进行自有品牌开发时应该给予充分信任，在发展初期肯定有困难的时候，既然选择了合作方就应该全心去投入自有品牌开发，愿意陪企业去成长。不要急于求成，一开始没有得到回报不要选择放弃，应该分析市场需求并逐渐改善产品，在获得一定的市场后再逐渐推出利润款产品。盲目追求利润却不能一起经历困难阶段，是不可能取得成功的。

在数字经济时代，数字化是大势所趋、不可阻挡，人人在线、事事在线、物物在线势必会让人们的生活和生产方式随之变化。新的消费环境注定要有新的秩序与格局相匹配，数字化重构了传统零供关系的流程，从过去不在线的、背靠背的各自为政的零和游戏，转向零供在线、同频共振的"以消费者为中心"和以提升效率来助力提升顾客体验的多赢生态。对于零售商来说，要在生产和品牌运营方面运用自己的数据和经验协同生产商与品牌商，共同构筑零售新品牌。对于供应商而言，要更加贴近零售商，做服务型供应商，走下生产线，走向市场，把脉瞬息万变的消费需求。当下供应商和零售者之间不再是一个私下的一对一的关系，它除了加强传统的合作关系以外，现在更应该是一种合作共赢的关系。双方应该通过更多的大数据来了解以及和消费者合作，推动额外的销售。此外，供应商在了解行业趋势和分析消费者的消费能力方面具有优势，而零售商有大量购物者的数据，这样双方可以实现合作共赢。总之，在消费新格局下，零售商与供应商无论在原材料、生产、渠道、服务等商品流通的各个环节，都应该用打造生态的思维去打破上下游关系，共在一个生态下共融共生。

（二）培养自有品牌专业团队

目前国内很多企业在开发自有品牌，但也有很多企业其实并不了解自有品牌的概念，只知道是贴牌行为，怎么去做自有品牌营销也不清楚。如今国内缺乏的并不是产品，而是营销。很多企业开发的产品销量惨淡，只会从产品的角度去思考，而没有考虑是自身的营销问题，没有将产品上市阶段的宣传普及做好。所以，企业需要去培养专业的自有品牌团队与供应商对接，需要转变自有品牌是优品低价的概念，不能拿着自有品牌去打价格战。

（三）建立良好的沟通机制

零售商和供应商双方应该培养一种默契，即知道对方的想法，这样会节省时间成本。发现问题双方应该及时沟通，而不是互相推卸责任。可以定期开会交流，讨论一下最近的活动进展情况，制定活动方案等。另外，应该给予供应商相应的权力与信任，在初期产品开发阶段供应商的经验与市场判断肯定会更准确一些，所以产品开发应以供应商为主，在方案落实阶段应该做到高效，不能因方案落实太晚而失去市场份额。

第十一章

政策建议和管理启示

零售业是我国经济的重要支撑，具有举足轻重的地位。受新冠肺炎疫情影响，零售行业面临着到店客流量下降、购买频次下降等困境。为了渡过难关，零售企业应主动求变、积极应变，才能创造新的商机。为了寻求在渠道、产品、服务上层出不穷的创新，中小零售企业联盟发展趋势持续加速，为扩大内需提供了巨大能量。目前，消费市场正在发生翻天覆地的变化，数字经济时代的来临也为零售业带来了更多的发展契机。对中国零售企业来说，搭上这一列变革快车，才能真正赢得未来。为吸引更多中小零售企业加入联盟，本书认为政府和相关部门可以从以下方面为中小零售企业提供引导和支持，鼓励更多中小零售企业成立联盟组织，实现抱团取暖，推动我国零售业实现高质量发展。

一、政策建议

第一，加强政策支持，强化宣传引导。政府部门可以根据发展需要，通过现有渠道对零售行业的中小企业联盟给予政策支持。例如，鼓励政府、高校、国有企业等向中小零售企业联盟开放创新资源，实现资源共享。此外，相关部门可以制定规范的商业联盟考核标准体系，对在商业模式和组织创新方面表现突出的联盟组织予以表彰奖励及政策倾斜，如可以提供适当的税收优惠，以金融为纽带，吸引零售行业中小企业成立商业联盟。引导各类产业投资基金加大对零售商业联盟中上下游企业的组合式联动投资，强化对联盟整体的融资支持力度，并发挥资源集聚优势，为中小零售企业提供各类增值服务。进一步地，商务部可以指导中国商业联合会和中国连锁经营协会总结零售行业现有商业联盟的经验做法，择优宣传推介典型经验模式，提升零售行业商业联盟工作与服务的水平。采用创新宣传方式方法，进一步推动联盟发展创新和共享理念，凝聚社会共识，营造合力促进零售业中小零售创新、协作、互补、互帮互助的良好氛围。

第二，深化数字化改革，提升零售业数智化水平。网信办可以成立专门的工作组负责中小零售企业的数字化转型工作，发挥龙头企业的数字化牵引作用，以大带小、以强带弱地加强商业联盟数字化转型，打造各个商业联盟的数字化服务平台，推动数字化协同解决方案和场景，开展数字化试点示范行动，遴选一批消费大数据研究示范单位和典型场景，促进提升零售行业整体数字化水平。深入实施零售产业数字化赋能专项行动，发布零售企业数字化转型水平评价标准及评价模型、制定零售企业数字化转型指南，引导深化转型理念。

第三，打造共享平台，实现协同发展。相关部门要引导零售业优秀企业发挥示范引领作用，借助数字化平台积极向其他零售企业开放品牌、设计能力、服务理念、先进经验、经营技术等各类资源要素，打造共享资源示范平台。通过推动商业联盟联合采购，统一优化采购标准等措施，推动资源流转，提升资源配置效率，实现降本增效，进而实现商业联盟组织内部的高效协同。构建零售生态链，带动产业链上下游企业协同发展，促进零售业持续健康发展。协同商业联盟、高校等主体建立人才学院、网络学习平台、公共实训基地等，打造专业化开放共享培训平台，加强零售业人才培养。

二、管理启示

近年来，自有品牌开发成为零售企业和商业联盟竞相进入的领域，自有品牌产品也成为中小零售企业的重要利润增长点。从企业层面来看，想要实现零售商业联盟健康有序地发展，真正推动商业联盟组织自有品牌产品的开发与生产，需要每个成员企业在思想上、认识上和行动上共同努力，具体可以分为以下四个方面。

（一）商业模式

第一，重塑自有品牌认知，发挥商业联盟优势。中小企业在选择开发自有品牌时，要重新学习认识自有品牌，不能将其认定为简单的贴牌行为。同时不能一味地借鉴国外自有品牌的经验，中国零售业的发展以及现状相比于国外，具有独特性，国外的经验可能并不完全适用于我国。中小企业应该结合中国零售行业现状和中国自有品牌发展阶段的客观事实，从企业自身实际出发，分析市场情况和消费者需求，选择合适的产品，同时中小企业应该思考选择开发自有品牌的目的是什么，是用来增加毛利收入还是用来留住消费者。前者更偏向于短期，将自有品牌视为一种工具；后者则更偏向于长期战略问题，需要大量的资源以及人力，往往是中小企业不能负担的，这时就需要联盟组织内的各个企业发挥自身优势进行通力合作。其实无论是在国内还是国外，零售商与大型商超的竞争，通常都会因为对方供应商低价、大量的供货而处于被压制的状态，要想与之抗衡，就要将各个零售商凝聚在一起形成联盟，通过联合采购和自有品牌协同开发来促进联盟和各个零售商的发展，即建立灵活自主的品牌开发模式和针对性较强的产品研发模式，各个企业发挥自身优势进行通力合作，使多项定制化成为可能。

第二，打通数据孤岛，实现资源共享。对于零售企业来说，数据是进行市场分析和产品开发的重要依据，这既能为企业提供产品分析，也能为产品的研发进行引导，因中小企业自身存在数据量小、数据分析能力不足等问题，为此就要发挥联盟组织的作用。联盟组织内的成员企业应该积极地打通数据，形成营销大数据，建立相应的大数据平台，对各个产品进行实时监测，掌握最新的销售动态。从这些大数据中，专业人员可以很快分析预测出消费者的消费需求和消费偏好，进行下一步精准开发和营销，而这都是单独一家中小企业难以实现的。因此成员企业应该秉持开放共享，合作共赢的心态，积极进行数据共享，根据产品的大数据分析不断进行商品创新和服务创新，做到比消费者更懂消费者，时刻走在消费者前面。

第三，提升品牌素养，培养专业团队。团队运作包括商品开发、品牌推广、选品陈列、助销表演、生活提案、销售促进、知识培训等。随着国内自有品牌的热度越来越高，很多企业盲目跟风，选择加入自有品牌热浪中，但往往以失败告终。这可能是因为很多企业对于如何进行自有品牌营销还不是很清楚。所以，中小企业需要去培养专业的自有品牌团队与供应商对接，需要转变自有品牌是优品低价的概念，打破依靠自有品牌打价格战的固有思维。

第四，建立合作机制，打造生态系统。供应商和零售门店是与联盟组织进行自有品牌开发时的亲密合作伙伴，因此联盟组织应该与上下游企业建立良好的沟通机制，发现问题及时沟通，避免沟通脱节。由于不同企业成员在不同的地区，文化、经济水平都不同，合作机制的规划为企业实现可持续发展提供了有效的保障。例如，联盟组织可以定期与供应商开会交流、讨论自有品牌开发的情况、目前营销活动的进展情况、新的想法方案以及存在的问题等。除此之外，联盟组织应给予供应商相应的权力与信任，在产品开发阶段充分发挥供应商在市场判断上的优势，在方案落实阶段联盟组织要加快落实，推动产品尽快上市，进入各个门店进行销售。在销售阶段，联盟组织应密切关注各个门店销售情况，及时进行销售反馈，掌握消费者的消费诉求和消费趋势，并反馈给供应商进行进一步优化。

第五，关注市场变化，建立供应体系。中小型零售商在进行自有品牌开发时应充分关注市场变化，进行快速响应。贴近市场和消费者是中小型零售商的重要优势，对市场变动的持续观测与分析了解是支持自有品牌开发的坚实基础。与此同时，中小型零售商应建立良好的供应链体系，提高整体的运营效率，才能在洞察到市场空间时进行快速的响应，满足消费者需求，跑赢竞争对手。对市场变化的快速响应可以帮助中小型零售商赢取更多的顾客，但留住顾客同样重要。所以在关注自有品牌整体运营效率的同时，中小型零售商还必须保证自有品牌开发的质量，为自己创造长远优势。

（二）品牌决策

第一，布局品牌发展，抢占市场份额。在当今物质丰富的时代，要想提高消费者的购物体验，不仅要持续进行品牌和产品的创新，同时还要重视多品牌的发展战略，形成品牌矩阵。品牌的开发既可以针对某类产品，也可以针对独特的使用场景，中小型零售商的自有品牌发展可以采取两种战略，一种是选取市场集中度不高的大型品类，通过稳健的自有品牌运营参与市场竞争，在品类中占据一席之地，从品类本身的大份额中获取稳定的收益。另一种是进入市场规模较小的品类，通过更为积极的品牌运营快速占领市场成为头部品牌，虽然品类本身的规模不大，但自有品牌可以通过品类内的高市占率获取收益。无论如何，应充分关注市场变化，进行快速响应，贴近消费者是中小型零售商的重要优势，对市场变动的持续观测与分析了解是支持自有品牌开发的坚实基础。

第二，系统开发品牌，完善产品种类。通过先树立品牌，再考虑研发品类的统一顶层设计逻辑会使品牌开发更加系统，并且在品类开发方面，也需按系列依次进行，即在一个品类系列中尽可能地开发多种单品，然后再进行下一个系列，并且随着时间的推移，单品数量不断增长，力求将每一个品类做透。

第三，拓展营销范围，探索其他业态。除了继续深耕超市业态外，还要不断扩展边界，在不同业态中，自有品牌开发都颇具吸引力。例如，开发便利店业态，便利店规模更小，品类和品牌相对较少，自有品牌的竞争压力较小，且便利店顾客品牌忠诚度相对较低，更容易接受自有品牌，故而有一些天然优势，销售贡献和毛利贡献领先于其他业态。大卖场本身规模更大，竞争环境也更为复杂，自有品牌的销售需要进行更多的引导和积累，呈现慢热状态。大卖场本身的发展潜力很大，大卖场应在认识到自有品牌的优势和竞争力的基础上，对自有品牌进行更多的品牌建设和推广，增强自有品牌的认知度和吸引力。小型超市和大型超市规模介于以上两种业态之间，且本身毛利更低，自有品牌的毛利优势可以帮助这两类业态迅速提升毛利水平。同时，大型和小型超市在个人护理等品类上销售占比更高，自有品牌开发可以关注相应需求。

第四，根据地区优势，调整品牌发展。不同地区的品牌布局有不同的侧重。北部地区大型业态较多，自有品牌发展势头强劲，需维持当前优势。中部地区市场更为成熟，中小型零售商应关注如何实现持续增长。东部地区零售业相对发达，竞争较为激烈，自有品牌增长幅度较小，但毛利优势明显，应持续加大自有品牌的开发和推广力度。南部地区自有品牌整体发展有限，中小型零售商需更加着力于提升市场对自有品牌的接纳度，扩大受众基础。不同地域的消费者也会有不同的消费偏好，中小型零售商应加强消费数据监测，密切关注当地消费者购物行为及习惯，因地制宜根据消费者需求开发更适合当地销售的自有品牌。

（三）产品开发

产品开发可以从不同于市场上的产品规格、原材料、承载容器等方面出发，建立自己完整的自主产权，对行业进行颠覆式的创新。

第一，突破固定设计，打造全新形象。品牌选择专业的团队进行设计，不仅要吸引消费者的眼球，还要与其他品牌进行区分，表达出自有品牌的独特之处，即对产品的包装进行特殊设计，突破固有审美，呈现专有气质。对于产品的外观，还可结合高端设计美学进行个性化的创新。

第二，发挥产品优势，进行产品宣传。产品优势包括产地优势、工厂优势以及原材料优势等，这些都可以成为打造高质量产品的优势。例如产地优势，可以通过和有关部门签署与原产地相关的商标使用权来为产品进行背书，这不仅为消费者提供了产品质量保证，也有利于产品的宣传。

第三，关注性价比，迎合消费群体。企业要生产高性价比的产品。现在的消费者越来越理性，尤其是中高收入的消费者，他们是中国消费市场的主力，且偏好于物超所值的产品，受到他们的喜欢有助于占领较大的市场份额。除此之外，要想做出性价比较高的产品，要与知名工厂合作，这些优质工厂拥有顶级配套资源和全球高标准质量检测体系，最好的原料配上最佳的制作工艺，这样的工厂所生产出来的产品与国内一线品牌质量相当，而在价格制定上，力求低价，没有多余的广告费、无中间商赚差价，这使消费者看到的价格仅相当于国内二线或三线品牌产品的价格。

（四）品牌传播

第一，运用媒体技术，助力品牌传播。为使品牌取得较好的传播效果，我们可以借助新媒体的力量。一方面，小视频的宣传必不可少，通过号召全体员工在朋友圈、微博、抖音、微信视频号等自媒体上进行宣传，可以加快品牌的传播速度。另一方面，可以进行品牌的专场直播，以便消费者对品牌进行全方面的了解。

第二，活动不停，宣传不断。品牌方可以举办一些线下活动来增加知名度，前期通过比赛等活动进行预热，预告活动当天会让有名气的专业演员进行表演并与消费者互动，这将为活动当天的热度奠定基础。除此之外，在产品刚上市时可以开展试吃、试饮等促销活动，鼓励消费者参与并发放小礼品，最后品牌也可以根据不同的节假日展开相应的营销活动。

第三，线下场景布局，加固品牌形象。品牌方要重视消费者的购物体验，通过场景布置进一步吸引消费者，加深其对品牌的印象。实体店可以进行多种陈列选择，即集中陈列、地堆陈列、端头陈列、多点陈列、关联陈列等各种方案，不同的门店可以采用不同的陈列方案。在零售端处还可以通过小视频进行宣传，将顾客的体验过程拍成视频，在人少的时候循环播放。

参考文献

[1] Ailawadi K L, Neslin S A, Gedenk K. Pursuing the value-conscious consumer: Store brands versus national brand promotions [J]. Journal of Marketing, 2001, 65 (1): 71-89.

[2] Ailawadi K L, Pauwels K, Steenkamp J-B. Private-label use and store loyalty [J]. Journal of Marketing, 2008, 72 (6): 19-30.

[3] Baltas G, Argouslidis P C. Consumer characteristics and demand for store brands [J]. International Journal of Retail & Distribution Management, 2007, 35 (5): 328-341.

[4] Baltas G. Determinants of store brand choice: A behavioral analysis [J]. Journal of Product & Brand Management, 1997, 6 (5): 315-324.

[5] Baumeister R F, Campbell J D, Krueger J I, et al. Does high self-esteem cause better performance, interpersonal success, happiness, or healthier lifestyles? [J]. Psychological Science in the Public Interest, 2003, 4 (1): 1-44.

[6] Bell D R, Bonfrer A, Chintagunta P K. Recovering stockkeeping-unit-level preferences and response sensitivities from market share models estimated on item aggregates [J]. Journal of Marketing Research, 2005, 42 (2): 169-182.

[7] Beneke J, Brito A, Garvey K-A. Propensity to buy private label merchandise [J]. International Journal of Retail & Distribution Management, 2015, 43 (1): 43-62.

[8] Blair M E, Innis D E. The effects of product knowledge on the evaluation of warranteed brands [J]. Psychology & Marketing, 1996, 13 (5): 445-456.

[9] Bodur H O, Tofighi M, Grohmann B. When should private label brands endorse ethical attributes? [J]. Journal of Retailing, 2016, 92 (2): 204-217.

[10] Broadbridge A, Morgan H P. Retail-brand baby-products: What do consumers think? [J]. Journal of Brand Management, 2001, 8 (3): 196-210.

［11］Burger P C, Schott B. Can private brand buyers be identified? ［J］. Journal of Marketing Research, 1972, 9 (2): 219-222.

［12］Casteran G, Ruspil T. How can an organic label help a private label? ［J］. Journal of Consumer Marketing, 2021, 38 (2): 191-200.

［13］Chou H Y, Wang T Y. Hypermarket private-label products, brand strategies and spokesperson persuasion ［J］. European Journal of Marketing, 2017, 51 (4): 795-820.

［14］Cole M, Ciborowski T J R. The cultural context of learning and thinking ［C］// An Exploration in Experimental Anthropology. New York: Basic Books, 1971.

［15］Cunningham M M S. The Major Dimensions of Perceived Risk ［M］//Risk Taking and Information Handing in Consumer Behavior. Boston: Havard University Press, 1967.

［16］Daekwan K, Gang O J, Hyo H P. Manufacturer's retailer dependence: A private branding perspective ［J］. Industrial Marketing Management, 2015 (49): 95-104.

［17］Darley W K, Lim J S. Effects of store image and attitude toward secondhand stores on shopping frequency and distance traveled ［J］. International Journal of Retail & Distribution Management, 1999, 27 (8): 311-318.

［18］Darley W, Lim J S. Effects of store image and attitude toward secondhand stores on shopping frequency and distance traveled ［J］. International Journal of Retail & Distribution Management, 1999, 27 (8): 311-318.

［19］Deleersnyder B, Dekimpe M G, Steenkamp J-B, et al. The role of national culture in advertising's sensitivity to business cycles: An investigation across continents ［J］. Journal of Marketing Research, 2009, 46 (5): 623-636.

［20］Delvecchio D. Consumer perceptions of private label quality: The role of product category characteristics and consumer use of heuristics ［J］. Journal of Retailing and Consumer Services, 2001, 8 (5): 239-249.

［21］Diallo M F, Burt S, Sparks L. The influence of image and consumer factors on store brand choice in the Brazilian market ［J］. European Business Review, 2015, 27 (5): 495-512.

［22］Dick A, Jain A, Richardson P. Correlates of store brand proneness: Some empirical observations ［J］. Journal of Product & Brand Management, 1995, 4 (4): 15-22.

［23］Escalas J E, Bettman J R. You are what they eat: The influence of reference groups on consumers' connections to brands [J]. Journal of Consumer Psychology, 2003, 13 (3): 339-348.

[24] Garretson J A, Fisher D, Burton S. Antecedents of private label attitude and national brand promotion attitude: Similarities and differences [J]. Journal of Retailing, 2002, 78 (2): 91-99.

[25] Gielens K, Ma Y, Namin A, et al. The future of private labels: Towards a smart private label strategy [J]. Journal of Retailing, 2021, 97 (1): 99-115.

[26] Girard T, Trapp P, Pinar M, et al. Consumer-based brand equity of a private-label brand: Measuring and examining determinants [J]. Journal of Marketing Theory and Practice, 2017, 25 (1): 39-56.

[27] Gómez M, Okazaki S. Estimating store brand shelf space [J]. International Journal of Market Research, 2009, 51 (2): 1-19.

[28] González Mieres C, María Díaz Martín A, Trespalacios Gutiérrez J A. Influence of perceived risk on store brand proneness [J]. International Journal of Retail & Distribution Management, 2006, 34 (10): 761-772.

[29] González-Benito Ó, Martos-Partal M, Fustinoni-Venturini M. Brand equity and store brand tiers: An analysis based on an experimental design [J]. International Journal of Market Research, 2015, 57 (1): 73-94.

[30] Grewal D, Krishnan R, Baker J, et al. The effect of store name, brand name and price discounts on consumers' evaluations and purchase intentions [J]. Journal of Retailing, 1998, 74 (3): 331-352.

[31] Grewal D, Monroe K B, Krishnan R. The effects of price-comparison advertising on buyers' perceptions of acquisition value, transaction value, and behavioral intentions [J]. Journal of Marketing, 1998, 62 (2): 46-59.

[32] Groznik A, Heese H S. Supply chain conflict due to store brands: The value of wholesale price commitment in a retail supply chain [J]. Decision Sciences, 2010, 41 (2): 203-230.

[33] Hampson D P, Mcgoldrick P J. Adaptive Spending in an Economic Crisis: Segmentation by Adaptation Patterns [M]. Springer: Cham, 2017.

[34] Hansen K, Singh V, Chintagunta P. Understanding store-brand purchase behavior across categories [J]. Marketing Science, 2006, 25 (1): 75-90.

[35] Herstein R, Drori N, Berger R, et al. Exploring the gap between policy and practice in private branding strategy management in an emerging market [J]. International Marketing Review, 2015, 34 (4): 559-578.

［36］Herstein R, Tifferet S, Abrantes J L, et al. The effect of personality traits on private brand consumer tendencies: A cross-cultural study of Mediterranean countries ［J］. Cross Cultural Management: An International Journal, 2012, 19 (2): 196-214.

［37］Hoch S J. How should national brands think about private labels? ［J］. Sloan Management Review, 1996 (37): 89-102.

［38］Holbrook M B, Hirschman E C. The experiential aspects of consumption: Consumer fantasies, feelings, and fun ［J］. Journal of Consumer Research, 1982, 9 (2): 132-140.

［39］Homburg C, Giering A. Messung von Markenzufriedenheit und Markenloyalität ［M］. Wiesbaden: Gabler Verlag, 2001: 1159-1170.

［40］Homburg C, Giering A. Personal characteristics as moderators of the relationship between customer satisfaction and loyalty—An empirical analysis ［J］. Psychology & Marketing, 2001, 18 (1): 43-66.

［41］Ipek I, Askin N, Ilter B. Private label usage and store loyalty: The moderating impact of shopping value ［J］. Journal of Retailing and Consumer Services, 2016, 31 (Jul.): 72-79.

［42］Jin B, Suh Y. Integrating effect of consumer perception factors in predicting private brand purchase in a Korean discount store context ［J］. Journal of Consumer Marketing, 2005, 22 (2): 62-71.

［43］Kelting K, Berry C, Van Horen F. The presence of copycat private labels in a product set increases consumers' choice ease when shopping with an abstract mindset ［J］. Journal of Business Research, 2019 (99): 264-274.

［44］Kelting K, Duhachek A, Whitler K. Can copycat private labels improve the consumer's shopping experience? A fluency explanation ［J］. Journal of the Academy of Marketing Science, 2017, 45 (4): 569-585.

［45］Kim D, Jung G O, Park H H. Manufacturer's retailer dependence: A private branding perspective ［J］. Industrial Marketing Management, 2015 (49): 95-104.

［46］Konuk F A. The role of store image, perceived quality, trust and perceived value in predicting consumers' purchase intentions towards organic private label food ［J］. Journal of Retailing and Consumer Services, 2018 (43): 304-310.

［47］Koschate-Fischer N, Cramer J, Hoyer W D. Moderating effects of the relationship between private label share and store loyalty ［J］. Journal of Marketing,

2014, 78 (2): 69-82.

[48] Kumar N, Steenkamp J-B. Private Label Strategy: How to Meet the Store Brand Challenge [M]. Boston: Harvard Business School Press Books, 2007.

[49] Kwon K N, Lee M H, Kwon Y J. The effect of perceived product characteristics on private brand purchases [J]. Journal of Consumer Marketing, 2008, 25 (2): 105-114.

[50] Lamey L, Deleersnyder B, Dekimpe M G, et al. How business cycles contribute to private-label success: Evidence from the United States and Europe [J]. Journal of Marketing, 2007, 71 (1): 1-15.

[51] Lamey L, Deleersnyder B, Steenkamp J-B, et al. The effect of business-cycle fluctuations on private-label share: What has marketing conduct got to do with it? [J]. Journal of Marketing, 2011, 76 (1): 1-19.

[52] Lin Y-C, Chang C-C A. Double standard: The role of environmental consciousness in green product usage [J]. Journal of Marketing, 2012, 76 (5): 125-134.

[53] Liu R L, Sprott D E, Spangenberg E R, et al. Consumer preference for national vs. private brands: The influence of brand engagement and self-concept threat [J]. Journal of Retailing and Consumer Services, 2018 (41): 90-100.

[54] Mathur M, Gangwani S. Mediating role of perceived value on the relationship among perceived risks, perceived quality, and purchase intention of private label brands [J]. International Journal of Applied Management and Technology, 2021, 20 (1): 71-87.

[55] Meyers-Levy J, Maheswaran D. Exploring differences in males' and females' processing strategies [J]. Journal of Consumer Research, 1991, 18 (1): 63-70.

[56] Miceli G, Pieters R. Looking more or less alike: Determinants of perceived visual similarity between copycat and leading brands [J]. Journal of Business Research, 2010, 63 (11): 1121-1128.

[57] Mieres C, Díaz-Martín A, Martín D, et al. Antecedents of the difference in perceived risk between store brands and national brands [J]. European Journal of Marketing, 2006, 40 (1/2): 61-82.

[58] Miquel M-J, Caplliure E-M, Pérez C, et al. Buying private label in durables: Gender and other psychological variables [J]. Journal of Retailing and Consumer Services, 2017 (34): 349-357.

[59] Miquel S, Caplliure E M, Aldas-Manzano J. The effect of personal involvement on the decision to buy store brands [J]. Journal of Product & Brand Management, 2002, 11 (1): 6-18.

[60] Mitchell V W, Walsh G. Gender differences in German consumer decision-making styles [J]. Journal of Consumer Behaviour: An International Research Review, 2004, 3 (4): 331-346.

[61] Morton F S, Zettelmeyer F. The strategic positioning of store brands in retailer-manufacturer negotiations [J]. Review of Industrial Organization, 2004, 24 (2): 161-194.

[62] Myers J G. Determinants of private brand attitude [J]. Journal of Marketing Research, 1967, 4 (1): 73-81.

[63] Napoli J, Dickinson S J, Beverland M B, et al. Measuring consumer-based brand authenticity [J]. Journal of Business Research, 2014, 67 (6): 1090-1098.

[64] Omar O E. Grocery purchase behaviour for national and own-label brands [J]. Service Industries Journal, 1996, 16 (1): 58-66.

[65] Porral C C, Fernández V a M, Boga Ó J, et al. Measuring the influence of customer-based store brand equity in the purchase intention [J]. Management Letters/Cuadernos de Gestión, 2015, 15 (1): 93-118.

[66] Porral C C, Lang M F. Private labels the role of manufacturer identification, brand loyalty and image on purchase intention [J]. British Food Journal, 2015, 117 (2): 506-522.

[67] Porter M E. What is strategy? [J]. Harvard Business Review, 1996, 74 (6): 61-78.

[68] Quelch J, Harding D. Brands versus private labels: Fighting to win [J]. Harvard Business Review, 1996, 74 (1): 99-109.

[69] Rao T R. Are some consumers more prone to purchase private brands? [J]. Journal of Marketing Research, 1969, 6 (4): 447-450.

[70] Richardson P S, Dick A S, Jain A K. Extrinsic and intrinsic of store perceptions cue effects on brand quality [J]. Journal of Marketing, 1994, 58 (10): 28-30.

[71] Richardson P S, Jain A K, Dick A S. Household store brand proneness: A framework [J]. Journal of Retailing, 1996, 72 (2): 159-185.

[72] Rindfleisch A, Burroughs J E, Wong N. The safety of objects: Materialism, existential insecurity, and brand connection [J]. Journal of Consumer Research,

2009, 36 (1): 1-16.

[73] Romaniuk J, Nenycz-Thiel M. Measuring the strength of color brand-name links: The comparative efficacy of measurement approaches [J]. Journal of Advertising Research, 2014, 54 (3): 313-319.

[74] Rossi P, Borges A, Bakpayev M. Private labels versus national brands: The effects of branding on sensory perceptions and purchase intentions [J]. Journal of Retailing and Consumer Services, 2015 (27): 74-79.

[75] Rubio N, Yagüe M J. The determinants of store brand market share [J]. International Journal of Market Research, 2009, 51 (4): 501-519.

[76] Schaefer A. Consumer knowledge and country of origin effects [J]. European Journal of Marketing, 1997, 31 (1): 56-72.

[77] Sethuraman R, Cole C. Factors influencing the price premiums that consumers pay for national brands over store brands [J]. Journal of Product & Brand Management, 1999, 8 (4): 340-351.

[78] Sheau-Fen Y, Sun-May L, Yu-Ghee W. Store brand proneness: Effects of perceived risks, quality and familiarity [J]. Australasian Marketing Journal, 2012, 20 (1): 48-58.

[79] Simcock P, Sudbury L, Wright G. Age, perceived risk and satisfaction in consumer decision making: A review and extension [J]. Journal of Marketing Management, 2006, 22 (3/4): 355-377.

[80] Sirakaya-Turk E, Ekinci Y, Martin D. The efficacy of shopping value in predicting destination loyalty [J]. Journal of Business Research, 2015, 68 (9): 1878-1885.

[81] Sprott D E, Shimp T A. Using product sampling to augment the perceived quality of store brands [J]. Journal of Retailing, 2004, 80 (4): 305-315.

[82] Stoel L, Wickliffe V, Lee K H. Attribute beliefs and spending as antecedents to shopping value [J]. Journal of Business Research, 2004, 57 (10): 1067-1073.

[83] Sunami N, Nadzan M A, Jaremka L M. Does the prospect of fulfilling belonging affect social responses to Rejection? A conceptual replication attempt [J]. Social Psychological and Personality Science, 2019, 10 (3): 307-316.

[84] Wu L, Yang W, Wu J. Private label management: A literature review [J]. Journal of Business Research, 2021, 125 (3): 368-384.

[85] 蔡三发, 宣倩倩. 考虑决策时间顺序的自有品牌渠道策略研究 [J].

物流科技, 2021, 44 (2): 154-160.

[86] 陈国鹏, 张旭梅. 品牌竞争下的双渠道供应链合作广告策略研究 [J]. 技术经济与管理研究, 2019 (5): 8-13.

[87] 陈亮, 唐成伟. 国外零售商自有品牌研究综述 [J]. 商业研究, 2011 (12): 156-161.

[88] 陈瑞义, 琚春华, 盛昭瀚, 等. 基于零售商自有品牌供应链质量协同控制研究 [J]. 中国管理科学, 2015, 23 (8): 63-74.

[89] 陈艳莹, 张小凡. 最低质量标准与高端自有品牌的福利效应 [J]. 财经问题研究, 2019 (2): 27-34.

[90] 达曼国际, 凯度消费者指数. 2021 年中国自有品牌行业发展白皮书 [R/OL]. [2020-12-28]. https: //data. eastmoney. com/report/zw_ industry. jshtml? encodeUrl = 4vQB+2x5v0QzwwkOczu4HoC8FpUWMFz4fufvVKTZ pK0=.

[91] 段永瑞, 徐建, 霍佳震. 考虑参照效应的自有品牌动态定价策略 [J]. 工业工程与管理, 2017, 22 (1): 14-21.

[92] 范小军, 陈宏民. 零售商导入自有品牌对渠道竞争的影响研究 [J]. 中国管理科学, 2011, 19 (6): 79-87.

[93] 范小军, 黄沛. 自有品牌成功的先决因素和影响效应研究 [J]. 管理科学学报, 2012, 15 (12): 25-39.

[94] 范小军, 王成付, 刘艳. 成本差异条件下的自有品牌定位策略与渠道效应 [J]. 系统工程理论与实践, 2018, 38 (8): 2006-2017.

[95] 冯建英, 穆维松, 傅泽田. 消费者的购买意愿研究综述 [J]. 现代管理科学, 2006 (11): 7-9.

[96] 付红艳, 张鹏举. 自有品牌与买方抗衡势力假说 [J]. 财经问题研究, 2016 (10): 22-29.

[97] 何莹. 制造商应对自有品牌之策 [J]. 商讯商业经济文荟, 2004 (5): 74-76.

[98] 贺爱忠, 李钰. 商店形象对自有品牌信任及购买意愿影响的实证研究 [J]. 南开管理评论, 2010, 13 (2): 79-89.

[99] 黄漫宇. 零售商引入自有品牌的决策模型分析 [C] //中国商业经济学会. 首届中部地区商业经济论坛论文集, 2007.

[100] 霍佳震, 马晓义. 零售商自有品牌购买意愿影响因素的实证研究 [J]. 上海管理科学, 2016, 38 (5): 1-11.

[101] 江烨, 陈瑞义. 自有品牌产品质量管理的模式与协作研究 [J]. 绿色科技, 2017 (20): 220-222.

[102] 李飞，程丹．西方零售商自有品牌理论研究综述［J］．北京工商大学学报（社会科学版），2006（1）：1-5.

[103] 李海，崔南方，徐贤浩．零售商自有品牌与制造商直销渠道的互动博弈问题研究［J］．中国管理科学，2016，24（1）：107-115.

[104] 李辉，王丽芬，段钢．影响消费者购买零售商自有品牌的因素——一个文献综述［J］．经济研究参考，2016（66）：48-53.

[105] 李辉，王丽芬．国内外零售商自有品牌研究综述［J］．社会科学动态，2017（5）：91-95.

[106] 李健生，赵星宇，杨宜苗．外部线索对自有品牌购买意愿的影响：感知风险和信任的中介作用［J］．经济问题探索，2015（8）：44-51.

[107] 李静静，王华清．基于渠道权力的自有品牌产品定价方式选择［J］．江苏商论，2011（1）：27-30.

[108] 李凯，孙建华，严建援．间接和混合渠道下零售商引入自有品牌的影响分析［J］．运筹与管理，2017，26（1）：103-112.

[109] 李佩，魏航，王广永，等．拥有自有品牌零售商的平台开放策略研究［J］．中国管理科学，2019，27（3）：105-115.

[110] 李雪梅，霍佳震．制造商双渠道和零售商自有品牌条件下的广告博弈模型［J］．物流科技，2021，44（4）：17-21.

[111] 李永强，彭峰，白璇．消费者愿意购买零售商自有品牌吗？［J］．管理世界，2008（10）：175-176.

[112] 李宗活，杨文胜，孙浩．全渠道环境下制造商品牌和零售商自有品牌优惠券促销［J］．中国管理科学，2021（12）：157-167.

[113] 刘盾，宋慧玲，聂佳佳．放弃制造商品牌？——制造商入侵与自有品牌引入的博弈分析［J］．工业工程，2020，23（1）：35-43+58.

[114] 刘海龙，齐琪．自有品牌与制造商品牌差异述评［J］．商业经济研究，2017（14）：46-48.

[115] 刘海龙，张蒙，朱辰．基于纵向融合的零售商自有品牌发展研究［J］．商业经济研究，2021（23）：62-65.

[116] 刘文纲．网络零售商与传统零售商自有品牌战略及成长路径比较研究［J］．商业经济与管理，2016（1）：12-20.

[117] 刘文纲，王明坤．零售企业自有品牌战略实施现状研究——以北京市为例［J］．商业经济研究，2019（23）：80-82.

[118] 刘志杰，孙倩．互联网购物平台自有品牌战略研究［J］．商业经济研究，2020（9）：101-104.

［119］吕芹，霍佳震．基于制造商和零售商自有品牌竞争的供应链广告决策［J］．中国管理科学，2011，19（1）：48-54．

［120］马亮，李凯，李伟．主导零售商自有品牌决策及影响研究［J］．产经评论，2017，8（2）：122-135．

［121］尼尔马利亚·库马尔，简-贝内迪克特·E. M. 斯丁坎普．自有品牌：狼来了［M］．段纪超，译．北京：商务印书馆，2010．

［122］任方旭．制造商品牌投入下服装零售商自有品牌产品的渠道价格决策分析［J］．商业研究，2015（8）：149-155．

［123］单娟，范小军．零售商形象、品类特征与自有品牌购买意愿［J］．管理评论，2016，28（5）：85-95．

［124］沈启超，何波．制造商广告能否遏制零售商引入自有品牌？［J］．管理工程学报，2022，36（2）：1-10．

［125］施玉梅．大型零售商自有品牌开发策略探究——以大润发为例［J］．商业时代，2014（34）：25-27．

［126］宋蕾，张剑光．自有品牌购买意愿影响因素研究述评［J］．商业经济研究，2018（23）：59-62．

［127］宋晓迪．感知质量对零售商自有品牌购买意愿影响的研究——感知价值的中介作用［C］．合肥：第十届（2015）中国管理学年会，2015．

［128］陶鹏德，王国才，赵彦辉．零售商自有品牌感知价值对购买意愿影响的实证研究［J］．南京社会科学，2009（9）：40-45．

［129］田建春，杨文勇．自有品牌驱动的零售商与制造商竞争机制研究［J］．福州大学学报（哲学社会科学版），2011，25（6）：38-42．

［130］童利忠，雷涛．自有品牌的品牌信任对品牌形象与购买意愿的中介作用研究［J］．软科学，2014，28（9）：105-108+113．

［131］童小军，赖俊明．制造商与零售商基于自有品牌合作博弈研究［J］．现代商贸工业，2015，36（8）：4-7．

［132］汪旭晖．店铺形象对自有品牌感知与购买意向的影响研究［J］．财经问题研究，2007（8）：77-83．

［133］王华清，李静静．基于感知质量的自有品牌产品定价决策［J］．系统工程理论与实践，2011，31（8）：1454-1459．

［134］王继光，郭颖强．公平关切视角下零售商自有品牌定价决策［J］．商业研究，2021（1）：7-14．

［135］王玖河，赵慧，王勇．基于演化博弈的自有品牌供应链质量控制激励机制比较研究［J］．数学的实践与认识，2019a，49（19）：42-53．

［136］王玖河，赵慧，张宁宁．自有品牌零售商与制造商竞合策略演化博弈分析［J］．经济与管理，2019b，33（6）：27-33.

［137］王晓平．零制融合背景下本土零售业的演化与创新——以自有品牌为视角［J］．商业经济研究，2018（16）：16-19.

［138］吴萍．新零售背景下实体零售的环境分析与自有品牌战略实施路径［J］．商业经济研究，2019（23）：57-60.

［139］肖建敏，黄宗盛．考虑消费者满意的强势零售商自有品牌导入策略分析［J］．软科学，2019，33（1）：109-113.

［140］谢莉娟，毛基业．信息技术与"产品-供应链"匹配机制变革——自有品牌零售情境的案例研究［J］．管理学报，2021，18（4）：475-485.

［141］谢庆红，罗二芳．国内外零售商自有品牌发展研究综述［J］．经济学动态，2011（10）：99-102.

［142］谢伟彤．零售品牌与自有品牌间价值传导的机制——基于品牌名称一致性的调节作用分析［J］．商业经济研究，2019（16）：75-78.

［143］幸丽萍，王芳．消费者自有品牌购买意愿研究［J］．经济研究导刊，2010（22）：180-181.

［144］徐乔梅．我国零售企业自有品牌的发展现状及战略优化［J］．商业经济研究，2016（23）：49-51.

［145］许甜甜．零售商自有品牌与品牌制造商创新决策研究［J/OL］．中国矿业大学学报（社会科学版）：1-12［2021-12-21］．http：//kns-cnki-net．vpnstu．zjgsu．edu．cn：8118/kcms/detail/32. 1593. C. 20211008. 1641. 004. html.

［146］杨德锋，李清，赵平，等．商店情感、面子意识与零售商自有品牌购买意愿的关系研究［J］．财贸经济，2012（8）：97-104.

［147］杨德锋，王新新．价格促销对品牌资产的影响：竞争反应的调节作用［J］．南开管理评论，2008a（3）：20-30+38.

［148］杨德锋，王新新．制造商线索与零售商自有品牌感知质量［J］．中国工业经济，2008b（1）：87-95.

［149］杨德锋，王新新．零售商自有品牌感知质量的形成与提升研究：基于线索视角［J］．消费经济，2007（6）：68-71.

［150］杨帆静．网络零售商与传统零售商自有品牌战略比较研究——以京东商城与华润万家为例［J］．价格月刊，2017（11）：81-84.

［151］张炳凯．零售商品牌外部线索对消费者购买意愿的影响［J］．商业经济研究，2018（2）：34-36.

［152］张弘，昝杨杨．自有品牌竞争力的经济学分析［J］．商业经济研究，

2016（4）：47-49.

[153] 张满林，付铁山．日本零售商自有品牌 50 年创新发展及启示［J］．价格月刊，2016（9）：60-64.

[154] 张庆伟．国外自有品牌的演变历史与发展状况研究［J］．商业经济研究，2017（13）：37-39.

[155] 张玥．零售商自有品牌战略及成长路径比较研究［J］．商业经济研究，2018（5）：61-63.

[156] 张赞．零售商引入自有品牌动机的博弈分析［J］．财贸经济，2009（4）：129-134.

[157] 赵玻．零售商自有品牌及其竞争效应［J］．商业经济与管理，2007（11）：26-29.

[158] 周勇．中国自有品牌发展纪实（1987-2021）［R］．2021.